उत्तर प्रदेश का स्वतंत्रता संग्राम
बलिया

संरक्षण

योगी आदित्यनाथ

माननीय मुख्यमंत्री, उत्तर प्रदेश

मार्गदर्शन

श्री जयवीर सिंह

माननीय मंत्री, संस्कृति एवं पर्यटन विभाग, उत्तर प्रदेश

निर्देशन

श्री मुकेश कुमार मेश्राम

प्रमुख सचिव, संस्कृति एवं पर्यटन विभाग, उत्तर प्रदेश
अध्यक्ष-संस्थान

श्री शिशिर

निदेशक, संस्कृति निदेशालय, उत्तर प्रदेश
उपाध्यक्ष-संस्थान

उत्तर प्रदेश का स्वतंत्रता संग्राम
बलिया

डॉ. शिव कुमार सिंह 'कौशिकेय'

कार्यकारी संपादक
डॉ. लवकुश द्विवेदी

वाणी प्रकाशन

ESTD.-1986

वाणी प्रकाशन
4695, 21-ए, दरियागंज, नयी दिल्ली-110 002
फ़ोन : +91 11 23273167, 23275710
शाखाएँ
अशोक राजपथ, पटना-800 004, बिहार
कॉफ़ी हाउस कैम्पस, महात्मा गांधी मार्ग, प्रयागराज-211 001, उत्तर प्रदेश
महात्मा गांधी अन्तरराष्ट्रीय हिन्दी विश्वविद्यालय, वर्धा-442 001, महाराष्ट्र
36/ए, शेक्सपियर सरणी, रानी बिरला गर्ल्स कॉलेज के पास, कोलकाता-700 017, प. बंगाल
sales@vaniprakashan.in
vaniprakashan@gmail.com

In Association with

Ayodhya Shodh Sansthan
presents

Uttar Pradesh Ka Swatantrata Sangram : Baliya
by Dr. Shiv Kumar Singh 'Kaushikeya'
Executive Editor : Dr. Lavkush Dwivedi

ISBN : 978-93-5518-836-6
History

प्रथम संस्करण 2024
मूल्य : ₹ 495

आर. टेक ऑफ़सेट प्रिंटर्स, दिल्ली-110032 में मुद्रित

वाणी प्रकाशन का लोगो मक़बूल फ़िदा हुसेन की कूची से

अपनी बात

अध्यात्म, अवदान तथा बलिदान की भूमि बलिया के इतिहास को आजादी की हीरक वर्षगाँठ-आजादी के अमृत महोत्सव पर सहेजने का सौभाग्य जिसे मिला हो, अपने भाग्य पर कैसे नहीं इतराएगा।

भारत भूमि का वह भाग्यवान प्रदेश जिसकी विश्व पटल पर पहचान ही मर्यादा पुरुषोत्तम भगवान श्रीराम, मानव जीवन का सार बताने वाली श्रीमद्भगवद्गीता के उद्घोषक योगेश्वर श्रीकृष्ण, महामानव तथागत बुद्ध, महात्मा कबीर, संत शिरोमणि रविदास सरीखे विश्ववंदनीय महापुरुषों की जन्मभूमि-पालनभूमि-कर्मभूमि होने के सौभाग्य-गौरव से अलंकृत है वह उत्तर प्रदेश है।

जिस भू-भाग की पवित्र भूमि ने हर कालखंड में विश्व मानवता के समक्ष खड़े हुए प्रश्नों का उत्तर/समाधान दिया है, उसी उत्तर प्रदेश के पूर्वी छोर के अंतिम जनपद बलिया की यह कहानी है।

इति-हास = अर्थात जो बीत गया है। बहुत सारे लोगों को यह अनावश्यक बात लगती है। उसको क्या जानना है? जो बीत चुका है, उसे जानकर क्या करेंगे?

हमारे मनीषियों ने कहा है—"यदि इतिहास और स्वतंत्रता दोनों ही शत्रु के हाथ में पड़कर नष्ट हो रहे हों और दोनों में से किसी एक को ही बचाने का अपने पास सामर्थ्य बचा हो, तो स्वतंत्रता प्राप्ति के मोह को छोड़कर, इतिहास को बचा लेना चाहिए। क्योंकि उचित अवसर समय पाकर, स्वतंत्रता को पुनः प्राप्त किया जा सकता है, परंतु इतिहास के नष्ट हो जाने पर पुनः उसे नहीं प्राप्त किया जा सकता है, और यदि इतिहास बचा लिया जाता है तो उससे प्रेरणा-प्रोत्साहन पाकर स्वतंत्रता को पुनः प्राप्त किया जा सकता है।"

बलिया जिले के स्वाधीनता संग्राम का इतिहास लिखा जाए और उसमें हिंदी साहित्य के शलाका पुरुष बाबू भारतेंदु हरिश्चंद्र जी का उल्लेख नहीं हो तो भारतवर्षोन्नति कैसे सम्भव है?

वर्ष 1884 में दिसंबर की ठिठुराती ठंड में आर्य देशोपकारिणी सभा ने बलिया के ददरी मेले में अपनी गद्य और पद्य की रचनाओं से स्वतंत्रता के लिए भारतवासियों को जगाने वाले भारतेंदु जी को व्याख्यान के निमित्त आमंत्रित किया था।

गंगा-सरयू संगम तट पर ददरी के आध्यात्मिक, सांस्कृतिक, व्यावसायिक समागम में ब्रिटिश सरकार के कलक्टर मिस्टर डी.टी. रावर्ट की उपस्थिति में भारतेंदु बाबू ने जो कहा था, मुझे लगता है कि उसी के कुछ अंश जो मेरी दृष्टि में आत्मनिर्भर भारत के निर्माण का मंत्र बन सकते हैं, उद्धृत करना समीचीन होगा।

भारतेंदु हरिश्चंद्र जी ने कहा—बलिया में जो कुछ हमने देखा, वह बहुत ही प्रशंसा के योग्य है। इस उत्साह का मूल कारण जो हमने खोजा, तो प्रगट हो गया कि इस देश के भाग्य से आजकल यहाँ सारा समाज ही ऐसा एकत्र है।

उन्होंने भारतीयों को उनका बल स्मरण कराते हुए कहा—"का चुप साधि रहा बलवाना"।

जरा स्मरण करें, राजा और ब्राह्मणों के जिम्मे ही यह काम था कि देश में नाना प्रकार की विद्या और नीति को फैलावें और अब भी ये लोग चाहें तो हिंदुस्तान प्रतिदिन कौन कहै, प्रतिछिन बढ़ै। पर इन्हीं लोगों को सारे संसार के निकम्मेपन ने घेर रखा है। "बौद्धारो मत्सरग्रस्ता अभवः स्मरदूषिता।" हम नहीं समझते हैं कि इनको लाज भी क्यों नहीं आती कि उस समय में जब इनके पुरुषों के पास कोई सामान नहीं था तब उन लोगों ने जंगल में पत्ते और मिट्टी की कुटियों में बैठकर बाँस की नलियों से जो तारा ग्रह वेध करके उनकी गति लिखी है, वह ऐसी ठीक है कि सोलह लाख रुपये के लागत की विलायत में जो दूरबीनें बनीं हैं, उनसे उन ग्रहों को वेध करने में भी वही गति ठीक आती है।

भारतेंदु हरिश्चंद्र बाबू की दूसरी बात जो मुझे सबसे अधिक सामयिक लग रही है, वह यह है। उन्होंने कहा था कि "इस समय में सरकार का राज्य पाकर और उन्नति का इतना सामान पाकर भी तुम लोग अपने को न सुधारो तो तुम्हीं रहो और वह सुधारना भी ऐसा होना चाहिए कि सब बात में उन्नति हो। धर्म में, घर के काम में, बाहर के काम में, रोजगार में, शिष्टाचार में, चाल-चलन में, शरीर के बल में, मन के बल में, समाज में, बालक में, युवा में, वृद्ध में, स्त्री में, पुरुष में, अमीर में, गरीब में, भारतवर्ष की सब अवस्था, सब जाति, सब देश में उन्नति करो। सब ऐसी बातों को छोड़ो जो तुम्हारे इस पथ के कंटक हों, चाहें तुम्हें लोग निकम्मा कहैं या नंगा कहैं, कृस्तान कहैं या भ्रष्ट कहैं। तुम केवल अपने देश की दीनदशा को देखो और उनकी बात मत सुनो।

अपमानं पुरस्कृत्य मानं कृत्वा तु पृष्ठतः।
स्वकार्य्य साधयेत् धीमान् कार्य्यध्वंसो हि मूर्खता।।

जो लोग अपने को देश हितैषी लगाते हों, वह अपने सुख को होम करके, अपने धन और मान का बलिदान करके कमर कस कर के उठो। देखादेखी थोड़े दिनों दिन में सब हो जाएगा। अपनी खराबियों के मूल कारणों को खोजो। कोई धर्म की आड़ में, कोई देश की चाल की आड़ में, कोई सुख की आड़ में छिपे हैं। उन चोरों को वहाँ-वहाँ से पकड़-पकड़ कर लाओ। उनको बाँध-बाँध कर कैद करो। हम इससे बढ़कर क्या कहें।"

बलिया की धरती से भारतेंदु बाबू ने देश के मुस्लिम समुदाय के लोगों से कहा था—“मुसलमान भाइयों को भी उचित है कि इस हिंदुस्तान में बसकर वे लोग हिंदुओं को नीचा समझना छोड़ दें। ठीक भाइयों की भाँति हिंदुओं से बरताव करें। ऐसी बात, जो हिंदुओं का जी दुखानेवाली हों, न करें। घर में आग लगै, तब जेठानी-द्यौरानी को आपस का डाह छोड़कर एक साथ वह आग बुझानी चाहिए। जो बात हिंदुओं को नहीं मयस्सर हैं, वह धर्म के प्रभाव से मुसलमानों को सहज प्राप्त हैं। उनमें जाति नहीं, खाने-पीने में चौका-चूल्हा नहीं, विलायत जाने में रोक-टोक नहीं। फिर भी बड़े ही सोच की बात है, मुसलमानों ने अभी तक अपनी दशा कुछ नहीं सुधारी।”

इसी तरह से हिंदी साहित्य के शिखर पुरुष भारतेंदु हरिश्चंद्र जी ने हिंदुओं के लिए कहा था कि—“भाई हिंदुओ! तुम भी मत-मतांतर का आग्रह छोड़ो। आपस में प्रेम बढ़ाओ। इस महामंत्र का जाप करो। जो हिंदुस्तान में रहे, चाहे किसी रंग, किसी जाति का क्यों न हो, वह हिंदू। हिंदू की सहायता करो। बंगाली, मराठा, पंजाबी, मदरासी, वैदिक, जैन, ब्रह्मो, मुसलमान सब एक का हाथ एक पकड़ो। कारीगरी जिसमें तुम्हारे यहाँ बढ़ै, तुम्हारा रुपया तुम्हारे ही देश में रहै वह करो।” और अंतिम बात जो उन्होंने 1884 ईस्वी अर्थात आज से 138 वर्ष पूर्व भारतवासियों के लिए बाग़ी-बलिदानी बलिया की धरती से धिक्कारते हुए कहा था—“हाय अफ़सोस, तुम ऐसे हो गए कि अपने निज काम की वस्तु भी नहीं बना सकते। भाइयों, अब नींद से चौंको, अपने देश की सब प्रकार से उन्नति करो। जिसमें तुम्हारी भलाई हो वैसी ही किताब पढ़ो, वैसे ही खेल खेलो, वैसी बातचीत करो। परदेशी वस्तु, परदेशी भाषा का भरोसा मत रखो। अपने देश में अपनी भाषा में उन्नति करो।”

आजादी के अमृतमहोत्सव की वेला में स्वतंत्रता के साहित्य की मशाल लेकर अनथक चले भारतेंदु हरिश्चंद्र बाबू का यह प्रेरक संदेश हमारे लिए एक सबल, समर्थ, आत्मनिर्भर भारत बनाने के स्वर्णिम सुअवसर का पाथेय है।

सीमित पृष्ठ संख्या-समय के अनुशासन के बाद भी बलिया की एक संपूर्ण झलक आपको मिलेगी। इस पुस्तक में आपको, आपके मन उठने वाले हर प्रश्न-प्रतिप्रश्न का उत्तर मिलेगा, ऐसा मुझे पूर्ण विश्वास है।

इस पुस्तक के प्रणयन में मैंने कुँवर सिंह-अमर सिंह, लेखक—डॉ. कालीकिंकर दत्त, अनुवादक-पंडित छविनाथ पांडेय, प्रकाशक-बिहार राष्ट्रभाषा परिषद् पटना, प्रकाशन वर्ष-1956, स्वतंत्रता संग्राम सेनानी श्री देवनाथ उपाध्याय जी पुस्तक ‘‘बलिया में क्रांति और दमन’’ (वर्ष 1946) किताब महल इलाहाबाद, बलिया गजेटियर, सूचना विभाग उत्तर प्रदेश लखनऊ द्वारा प्रकाशित पुस्तक ‘स्वतंत्रता संग्राम के सैनिक’ संपादक एसपी भट्टाचार्य (वर्ष 1965), स्वतंत्रता संग्राम सेनानी बाबू दुर्गा प्रसाद गुप्त की पुस्तक “स्वतंत्रता संग्राम में बलिया” (वर्ष 1988) सार्वभौम प्रकाशन बलिया, स्वतंत्रता संग्राम सेनानी बाबू महेंद्र प्रसाद की पुस्तक “बलिया में राष्ट्रीय आंदोलन” (वर्ष 1970) मानव

मंदिर मुद्रणालय वाराणसी, सूचना जनसंपर्क विभाग बलिया द्वारा 1997 में प्रकाशित 'स्मारिका-1942' संपादक श्री सुरेंद्र नाथ सिंह, सहायक सूचना निदेशक बलिया, जनपदीय विकास पुस्तिका 'बलिया दर्पण' संपादक श्रीरामबली सिंह यादव, अपर जिला सूचना अधिकारी बलिया तथा क्षेत्रीय अभिलेखागार वाराणसी से प्रकाशित ''1942 की अगस्त क्रांति और बलिया इत्यादि पुस्तकों से तथ्यों का संकलन किया है।

इसके अतिरिक्त जिले के ख्यातिनाम स्वतंत्रता संग्राम सेनानी स्व. ठाकुर जगन्नाथ सिंह, सेरिया, स्व. धरीक्षन यादव भगवानपुर, पंडित महानंद मिश्र जी एवं अपने पिता स्व. रामाशीष सिंह जी से सुनें संस्मरणों को अपने शब्दों में पिरोया है।

इसके लिए मैंने जीवित स्वतंत्रता संग्राम सेनानी 91वर्षीय श्रीरामरक्षा गोड़ जी से बात करने का प्रयास किया। लेकिन अस्वस्थता के कारण वह कुछ भी बताने की स्थिति में नहीं हैं। इसके अतिरिक्त स्वतंत्रता संग्राम सेनानी स्व. डाक्टर सीताराम गुप्त के पुत्र डाक्टर राजकुमार गुप्त डूहां बिहरा, स्वतंत्रता संग्राम सेनानी स्व. कामता सिंह के पुत्र श्री महेंद्र सिंह, पूर्व प्रधानाचार्य बेलसरा, स्वतंत्रता संग्राम सेनानी स्व. महेंद्र प्रसाद जी के दौहित्र श्री मधुसूदन श्रीवास्तव एडवोकेट, अमर शहीद राधा रमण पांडेय जी के पौत्र श्री शैलेश पांडेय बरियारपुर, स्वतंत्रता संग्राम सेनानी स्व. राजन गुप्ता जी के पुत्र श्री योगेंद्र प्रसाद गुप्ता चितबड़ागाँव, गोवा मुक्ति आंदोलन के स्वतंत्रता संग्राम सेनानी श्रीराम विचार पांडेय से संवाद कर तथ्यों की पुष्टि की है। इन सभी लोगों के प्रति आभार व्यक्त करता हूँ।

मैं विशेष रूप से उत्तर प्रदेश सरकार के मा. मुख्यमंत्री श्री योगी आदित्यनाथ जी के सौ दिनों की विभागीय कार्य योजना नीति और मा. संस्कृति मंत्री श्री जयवीर सिंह, प्रमुख सचिव संस्कृति विभाग श्री मुकेश मेश्राम जी, निदेशक, अयोध्या शोध संस्थान डॉ. लवकुश द्विवेदी जी, समन्वयक श्री आलोक पराड़कर जी एवं इस इतिहास लेखक समिति के सभी महनीय जनों के प्रति भी कृतज्ञता ज्ञापित करता हूँ।

इस पुस्तक में मेरा अपना कहने योग्य कुछ भी नहीं है। मैंने इसमें जो कुछ भी लिखा है, उसे अपने उन पूर्वजों का कृपा प्रसाद मानता हूँ, जिन्होंने देश की स्वतंत्रता के लिए अपने जीवन और जवानी को खपाया-गलाया और मुझे इस कार्य के लिए उचित पात्र समझकर हमारे साथ अपने संस्मरणों को साझा किया था। इसके लिए उन सभी नमनीय-वंदनीय पूर्वजों के श्रीचरणों में प्रणाम करता हूँ।

इस कार्य में श्री शैलेन्द्र सिंह, श्री गजेन्द्र कुमार सिंह एवं हमारे सुपुत्र डॉ. राघवेंद्र प्रताप सिंह ने भी अनथक सहयोग किया है। ईश्वर से इनके मंगलमय यशस्वी दीर्घायु जीवन की कामना करता हूँ।

–डॉ. शिव कुमार सिंह 'कौशिकेय'

अनुक्रम

प्रथम अध्याय

दैहिक-दैविक-भौतिक पापनाशिनी भगवती गंगा, तम-अघ हारिणी तमसा (बूढ़ी सरयू), वाशिष्ठी सरयू-घाघरा नदियों से घिरा बलिया जनपद उत्तर प्रदेश प्रांत के पूर्वी छोर का अंतिम जिला है, जो आजमगढ़ मण्डल के अंतर्गत आता है।

बलिया जिले को विमुक्त भूमि के रूप में माना जाता है। यह माता सती के आत्मदाह से व्यथित भगवान शिव की क्रोधाग्नि को शांत करने वाली साधनाभूमि के रूप में प्रतिष्ठित रही है, जहाँ समाधारित शिव ने देव सेनापति कामदेव के अस्तित्व को अनंग किया था। जिसकी स्मृति का श्री कामेश्वरधाम कारों बलिया आज भी जीवंत है।

श्रीमदवाल्मीकीय रामायण के अनुसार रामायणकाल में महर्षि विश्वामित्र जी के साथ अयोध्या के राजकुमार श्रीराम-लक्ष्मण अयोध्या से सिद्धाश्रम (बक्सर, बिहार) जिले के लखनेश्वरडीह, रामघाट नगहर होते हुए कामेश्वरधाम कारों पहुँचे थे और यहाँ पर रात्रि विश्राम किया था। प्रातः काल सुबाहु मारीच को भगाने के बाद भरौली-उजियार में गंगा नदी पार करके सिद्धाश्रम पहुँचे थे।

बलिया जिले को भृगुक्षेत्र-दर्दर क्षेत्र के नाते भी जाना जाता है। त्रिदेवों ब्रह्मा-विष्णु-महेश की परीक्षा करने वाले महर्षि भृगु को भगवान श्रीहरि विष्णु जी के वक्ष पर पद प्रहार करने के पाप से मुक्त कराने वाली भूमि के रूप में भी प्रतिष्ठा प्राप्त है।

महर्षि भृगु के शिष्य दर्दर मुनि ने वैदिक काल में गुरु आज्ञा से गंगा नदी की जलधारा को गंगासागर तक अविरल रखने के लिए उस कालखंड में अयोध्या तक ही प्रवाहित होने वाली सरयू नदी की जलधारा को जन सहयोग से लाकर भृगुक्षेत्र बलिया में गंगा-सरयू का संगम कराया था, जिसकी परंपरा का दर्दरी-ददरी मेला आज भी लगता है। महर्षि भृगु द्वारा रचित ज्योतिष ग्रंथ भृगु संहिता, महर्षि भृगु के शिष्य ऋषि भारद्वाज पुत्र गर्ग मुनि के द्वारा प्रणीत गर्ग संहिता, भार्गव पराशर मुनि द्वारा रचित पराशर संहिता, पराशर पुत्र महाभारत महाकाव्य के रचयिता वेदव्यास की जन्मभूमि बलिया में साहित्य सृजन की अजस्र धारा, बाबा नवनिधि दास, शिवनारायनी संप्रदाय के परमहंस शिवनारायण स्वामी, सुवचनी दासी, आचार्य हजारी प्रसाद द्विवेदी, पंडित दूधनाथ उपाध्याय, प्रसिद्ध नारायण सिंह, हरिहर प्रसाद वर्मा 'श्रीहरि', आचार्य परशुराम चतुर्वेदी, डॉ. उदय नारायण तिवारी, भगवत शरण उपाध्याय, डॉ. अमरकांत, डॉ. केदारनाथ सिंह, डॉ. कृष्ण बिहारी मिश्र, डाक्टर शिवदत्त 'सुमित्र', डॉ. उदय नारायण तिवारी, श्री दूधनाथ सिंह, श्री लालजी

सहाय 'लोचन' श्री काशी प्रसाद 'उन्मेष' बाबू दुर्गा प्रसाद गुप्त, श्री सालिकराम सालिक 'बलियावी' हजरत आसी सिकंदरपुरी, वकील अहमद आजिज तथा अहमद हमेश बाँसपारी सरीखे साहित्य सृजकों की महनीय लेखनी से निसृत होती रही है।

पद्मश्री पंडित रघुनाथ शर्मा, पद्मश्री मेजर जनरल शारदानन्द सिंह, पद्मश्री रघुनाथ सिंह गहलौत की जन्मभूमि बलिया जिले को 'बाग़ी बलिया' भी कहा जाता है।

बलिदान की इस भूमि ने ब्रिटिश दासता के काल में पोस्ते-अफीम और नील की खेती करने वाले किसानों ने निलहे अंग्रेज व्यापारियों और सरकार के शोषण के विरुद्ध अनेक बार बगावत किया था। 1857 के सैनिक विद्रोह की चिनगारी इसी माटी के लाल मंगल पांडे के बंदूक से कलकत्ता के बैरकपुर सैनिक छावनी में निकली थी, जिसने ईस्ट इंडिया कंपनी की सरकार को हिला कर रख दिया था। 1858 में जगदीशपुर के जागीरदार वीरवर कुँवर सिंह के साथ खड़े होकर बलिया जिले की जनता ने ब्रितानिया सरकार को बता दिया था कि मातृभूमि के प्रेम का जज्बा हमारी रगों में दौड़ता है।

1920-22 के असहयोग आंदोलन, 1930 के सविनय अवज्ञा आंदोलन और नमक सत्याग्रह में सक्रिय भूमिका निभाने वाले बलिया जिले की जनता ने 1942 के भारत छोड़ो आंदोलन में ब्रिटिश सरकार से सत्ता छीन कर स्वराज सरकार की स्थापना कर इतिहास रच दिया था।

बलिया जिले को संपूर्ण क्रांति के सूत्रधार लोकनायक जयप्रकाश नारायण, पूर्व प्रधानमंत्री श्री चंद्रशेखर, छोटे लोहिया जनेश्वर मिश्र जैसी राजनैतिक हस्तियों को जन्म देने का गौरव प्राप्त है।

25:33 उत्तरी अक्षांश तथा 26:11 पूर्वी अक्षांश 83:39 उत्तरी देशान्तर 84:39 पर्वी देशान्तर पर समुद्र तल से 64:51मीटर की ऊँचाई पर स्थित इस जिले का समतल मैदानी भू-भाग का सामान्य ढलान पश्चिम से पूर्व दिशा की ओर 0:0059 है। जिले का सबसे ऊँचा गाँव पश्चिम में बिल्थरारोड तहसील का चक सुहेल है, जो समुद्र तल से 69:81 मीटर ऊँचा है और सबसे कम ऊँचाई का गाँव पूर्व दिशा में बैरिया तहसील का लहसनी गाँव है जो समुद्र तल से 49:33 मीटर ऊँचा है।

गंगा-घाघरा (सरयू) के दोआब में बलिया जिले की मिट्टी को दो भागों में विभक्त किया जा सकता है, खादर और बांगर। नदियों के द्वारा लाई गई जलोढ़-रेत मिश्रित बलुई मिट्टी की भूमि को खादर और पुरानी जलोढ़ भूमि को बांगर मिट्टी कहते हैं।

बलिया जिले में दो प्रमुख नदियों गंगा, घाघरा के अतिरिक्त मगही, तमसा-टौंस (बूढ़ी सरयू) नदी प्रवाहमान है।

जिले में जल प्रचुरता से उपलब्ध है। सुरहाताल, कवलेश्वर ताल, दहताल मुड़ियारी, रेवती दहताल, रामपुर दह, बहेरा नाला, कटहल नाला, टिगहरा नाला, कौलास ताल अनेक जलागार हैं जो वर्ष भर पानी से भरे रहते हैं। बलिया जिले का संपूर्ण क्षेत्रफल 1981 वर्ग किलोमीटर है।

जिले की कुल जनसंख्या 2011 की जनगणना के अनुसार 3239774 है। जिसमें 1672902 पुरुष और 1566872 महिलाएँ हैं। छः साल तक के कुल बच्चे 471852 हैं, जिसमें बालक 248293 और 223559 बालिकाएँ हैं। जो सभी अब 2022 में पूर्ण वयस्क हो गये हैं।

जिले में कुल साक्षरता 1963590 है। जिसमें साक्षर पुरुषों की संख्या 1160960 और साक्षर महिलाओं की संख्या 802630 है। पुरुष-महिला का अनुपात 1000 पुरुष पर 937 महिलाओं का है।

(स्रोत-सांख्यिकीय विभाग बलिया।)

उत्तर दिशा में घाघरा नदी और दक्षिण दिशा में गंगा नदी की जलधारा इस जिले की सीमा का निर्धारण करती है। वर्तमान समय में पूर्व दिशा में घाघरा नदी के पार बिहार प्रांत का छपरा जिला है। उत्तर-पूर्व में बिहार के सीवान जिले की सीमा है, उत्तर में देवरिया जिला, उत्तर-पश्चिम में मऊ जिले की सीमा तथा पश्चिम में गाजीपुर जिले की सीमा है। दक्षिण-पश्चिम में बिहार के बक्सर जिले की सीमा है और दक्षिण दिशा में गंगा नदी के पार भोजपुर जिले की सीमा है।

बलिया के नामकरण की कहानियाँ

बलिया जिले के नामकरण की अनेक कहानियाँ हैं। ब्रिटिश गजेटियर के अनुसार इस जिले का नाम यहाँ की बलुई मिट्टी के कारण बलुआ पड़ा, जो बलिया हो गया है।

इसी गजेटियर के अनुसार यहाँ पर रामायण महाकाव्य के रचयिता महर्षि वाल्मीकि का आश्रम था, जिससे इसका नाम बालमीकीया पड़ा, कालांतर में बालमीकीया से बलिया हो गया।

इसके अतिरिक्त स्थानीय लेखकों में पंडित रघुनाथ शर्मा ने जिले के नामकरण का संबंध असुरेंद्र दानवीर राजा बलि के उस यज्ञ से जोड़ते हैं, जिसमें श्रीहरि विष्णु जी को वामन ब्राह्मण के रूप में दान लेने के लिए आना पड़ा था। इनके अनुसार बलिया वही स्थान है, जहाँ राजा बलि ने अपने कुलगुरु भृगुपुत्र काव्य-शुक्राचार्य के सांनिध्य में यज्ञ किया था। संस्कृत में यज्ञ को 'याग' कहते हैं, जिससे इसका नाम बलियाग पड़ा। कालांतर में ग अक्षर का लोप हो गया और बलिया हो गया है। बलिया नगर में एक प्रसिद्ध शिवालय भी है, जहाँ पर राजा पूजित शिवलिंग के होने की बात कही जाती है, इस मंदिर को बलिश्वर-बालेश्वर मंदिर के नाम से जाना जाता है।

दूसरे साहित्यकार बाबू दुर्गा प्रसाद गुप्त इसके नामकरण के लिए इसे बुलि राजाओं की राजधानी होने के कारण बलिया होना बताते हैं।

पौराणिक कथा के अनुसार ब्रह्मा जी के पुत्र महर्षि भृगु ने यहाँ पर गंगा तट पर तपस्या किया था। अपने शिष्य दर्दर मुनि के माध्यम से गंगा-सरयू का संगम कराया था।

किंवदंतियों के अनुसार बलिया सदर तहसील के हाँसनगर गाँव के गंगा तट पर एक कौवा जल पीकर हंस बन गया था। ब्रह्मा जी का हंस यहाँ पर गंगा जल पीकर त्रिमेखला सूत्रधारी साक्षात नारायण बन गया था।

पौराणिक काल में समाधारित भगवान शिव ने सदर तहसील के कारों गाँव में देव सेनापति कामदेव को अपने तीसरे नेत्र की अग्नि से भस्म कर दिया था।

एक किंवदंती यह भी है कि माँ कामाख्या अपने भक्त हरषु भगत के बुलाने पर जब बिहार के दिघवारा (छपरा) और थावे (सीवान) आई थीं तो यहाँ से वापस लौटने के समय बिल्थरारोड तहसील के सोनाडीह गाँव में विश्राम किया था। जहाँ चैत्र नवरात्रि पर्व के बाद मेला लगता है।

ऐतिहासिक-पुरातात्विक महत्व की दृष्टि से बलिया जिले का भू-भाग अति समृद्ध है। जिले में खैराडीह, लखनेश्वरडीह, पक्का कोट, देवकली (सिकंदरपुर) कारों, देवडीह (बाँसडीह), वैना आदि पुरातात्विक स्थलों से बौद्धकाल, कुषाणकाल के अनेकों पुरावशेष मिलते हैं।

बलिया गजेटियर के अनुसार खैराडीह के निकट ही ऋषि जमदग्नि का आश्रम था, जहाँ परशुराम जी का जन्म हुआ था।

महाभारत महाकाव्य के रचयिता वेदव्यास की जन्म जिले की सदर तहसील के वर्तमान बेचिरागी मौजा बाँसथाना में हुआ था। इसके निकट ही विलासपुर नाम गाँव भी स्थित है, जिसके बारे में कहा जाता है कि महाभारत काल के पूर्व में गंगा नदी के तट पर अवस्थित यह एक वैभवशाली नगर था। जहाँ पर हस्तिनापुर तक से राजा महाराजा आखेट करने और प्रकृति की गोद में विश्राम करने आते थे।

डाक्टर भीमराव रामजी अंबेडकर की पुस्तक 'द बुद्धा एंड हिज धम्मा' के अनुसार कपिलवस्तु के राजकुमार सिद्धार्थ ने महर्षि भृगु के भृगुआश्रम में कुछ समय तक रहकर यज्ञ, कर्मकांड, ध्यान-साधना सीखा था। जब उनको यहाँ संतुष्टि नहीं मिली तो वह अलार-कलार मुनि से मिलने चले गए थे।

बलिया गजेटियर, आरा गजेटियर और ब्रिटिश इतिहासकारों कर्निंघम की पुस्तक "आर्कियोलॉजिकल सर्वे आफ इंडिया वाल्यूम 16, डॉ. ओल्डहेम के अनुसार बुद्धत्व की प्राप्ति के बाद अर्हत तथागत बुद्ध ने उरुवेला तीर्थ (बोधगया) से कासियों के नगर मृगदाव (सारनाथ) की यात्रा पैदल ही किया था। बुद्ध ने गंगा नदी को बलिया जिले की सदर तहसील के अमांव गाँव के निकट पार किया था। जहाँ पर इनका सामना मानवभक्षी मानवों से हुआ था, जिनका हृदय परिवर्तन तथागत बुद्ध ने किया था। जो कालांतर में अहिंसक होकर संघारामों में रहने लगे।

इस स्थान का उल्लेख ह्वेनसांग और फाह्यान दोनों बौद्ध तीर्थयात्रियों ने किया था। जिसके आधार पर यहाँ मगध सम्राट के द्वारा शिलालेख लगाया गया था, जो नष्ट हो चुका है। इस स्थान को वर्तमान में बुढ़वा शिवालय के रूप में पूजा जाता है। अपनी

पुस्तक ओल्डमस् मेम्वायर में ओल्डमस् ने यहाँ पर विशाल बरगद का पेड़ होने और फूलझड़ी जैसी ज्योति निकलने का उल्लेख किया है।

बलिया जिले की सांस्कृतिक परंपरा भी काफी समृद्ध है। कार्तिक पूर्णिमा से लगने वाले ददरी मेले को मानव जीवन की आध्यात्मिक, आर्थिक, सामाजिक, साहित्यिक, सांस्कृतिक गवेषणा का संगम माना जाता है।

जिले के नामकरण की कहानी में जिस वाल्मीकि आश्रम से बलिया नामकरण की बातें बताई गयीं हैं। यह स्थान बलिया जिले की बाँसडीह तहसील की सीमा पर स्थित है पचेवं गाँव के बारे में मान्यता है कि यहीं पर महर्षि वाल्मीकि का आश्रम था, जहाँ पर अयोध्या की परित्यक्त महारानी सीता जी ने अपने जुड़वा पुत्रों कुश-लव को जन्म दिया था। यहाँ पहले विशाल बरगद और आम के पेड़ों का बाग था, जहाँ पर सीता नवमी के दिन से मेला लगता था। यहाँ एक सरोवर के तट पर छोटा मंदिर है, जिसमें लाल पत्थर की सीता जी की खड़ी मूर्ति स्थापित है, इनके दोनों पार्श्व में इनके दोनों पुत्र कुश-लव हाथ पकड़कर खड़े हैं।

भृगुक्षेत्र की पंचकोशी परिक्रमा के समय महिलाएँ जब नाचती-गाती हैं तो वह ज्यादातर गीत सीता जी को संबोधित करते हुए—

बतावऽ जननी राम कहिया ले अईहन....गाती है।

आध्यात्मिक परंपरा के संत-महात्मा

जिले से अध्यात्म के नवपंथों का उदय भी हुआ है। शिवनारायनी संप्रदाय के संस्थापक श्री शिवनारायण स्वामी का जन्म सिकंदरपुर तहसील के चंद्रवार गाँव में हुआ था।

विश्व में बहुत तीव्रता से लोकप्रिय हो रहें विहंगम योग के संस्थापक संत सदाफलदेव जी महाराज जो स्वतंत्रता संग्राम सेनानी भी थे, इनका जन्म पकड़ी गाँव में हुआ था।

बलिया जिले में यारी संप्रदाय के भीखा साहेब-गुलाल साहेब की गद्दी चितबड़ागाव में है। यहाँ नाथपंथी बाबा अमरनाथ का मठ-मंदिर जन्मभूमि महाराजपुर, रसड़ा, नागपुर, खेजुरी में है। स्वामी चौनराम बाबा सहतवार, स्वामी महाराज बाबा मिल्की मठिया, स्वामी सुदिष्ट बाबा कोटवां रानीगंज, स्वामी नंदलाल बाबा, हरिदास बाबा गायघाट रेवती, स्वामी होरिल बाबा चकिया जमालपुर, स्वामी बिशुनदास बाबा कोटवां, स्वामी सनोरथ दास बाबा चकिया जमालपुर, श्री रघुपति दास, भरतदास केवरा, बाबा लक्ष्मणदास जी बैरिया, स्वामी रामप्रसाद दास जी हल्दी, स्वामी जंगली बाबा जाम रसड़ा, स्वामी मुनिश्वरानंद खपड़िया बाबा श्रीपालपुर, योगी गंगाधर शास्त्री जी लिलकर, श्रीराम सिंहासन ब्रह्मचारी जी दादर आश्रम, योगी रामसूरत कुमार गुरुराया, महात्मा नरहरिदास जी फकरुराय का टोला तथा स्वामी खगेद्र भारती डूहां बिहरा आदि संत-महात्माओं ने इसे आध्यात्मिक प्रेरणा से अभिसिंचित किया है।

लोकसंस्कृति, लोकगीत, लोकनृत्य

बलिया जिले के गौरा गाँव में वीर लोरिक का जन्म हुआ था। जिनकी वीरगाथा लोरकी-लोरिकायन के रूप में गाई जाती है। लोकगायन में बिरहा, रामायनी, शिवनारायनी, आल्हा, चौता-चइती, गोड़ऊ नाच, चमरुआ नाच, धोबिया नृत्य, फरी/जंघिया नाच, जँतसार, निरगुन, सोहर, झूमर, पीड़िया, रोपनी, सोहनी, कटनी, बारहमासा, खेलौना, तिलक, विवाह गीत, मुंडन गीत इत्यादि लोक परंपरा के गीतों की लम्बी श्रृंखला है।

बलिया जिले के पर्यटन स्थल

1. महर्षि भृगु मंदिर, भृगुआश्रम बलिया।
   (ज्योतिष ग्रंथ 'भृगु संहिता' रचयिता, भार्गव वंश के मूल पुरुष, महर्षि भृगु की समाधि)
2. बाबा बालेश्वरनाथ मंदिर, बलिया नगर।
   (दानवीर राजा बलि द्वारा स्थापित पूजित लिंग विग्रह का शिवालय)
3. श्री कामेश्वरधाम कारों बलिया।
   (भगवान शिव की साधना भूमि, कामदहन स्थली लोकमान्यता के अनुसार भगवान शिव ने यही पर कामदेव के अस्तित्व को अनंग किया था। श्रीमदवाल्मीकीय रामायण बालकांड के अध्याय 23 के अनुसार महर्षि विश्वामित्र जी के साथ अयोध्या से सिद्धाश्रम (बक्सर बिहार) जाते समय विश्वामित्र जी के साथ श्रीराम-लक्ष्मण ने यहाँ रात्रि विश्राम किया था। अघोरपंथ के प्रतिष्ठापक बाबा कीनाराम जी को इस मठ के श्री महंथ शिवाराम जी संयंस्त दीक्षा दिया था।)
4. लखनेश्वरडीह मुड़ेरा, रसड़ा बलिया।
   (श्रीमदबाल्मीकीय रामायण बालकांड के अध्याय 22 के अनुसार अयोध्या से सिद्धाश्रम (बक्सर) जाते समय विश्वामित्र जी श्रीराम-लक्ष्मण जी को असुरों की मायावी शक्तियों से लड़ने के लिए बला-अतिबला विद्या सिखाया था। यहाँ पर लक्ष्मण जी के हाथों निर्मित बालू का शिवलिंग विग्रह है। कालांतर में श्री लक्ष्मण जी के पुत्र चंद्रकेतु ने यहाँ मल्लराज की स्थापना किया था। यह समृद्ध पुरातात्विक स्थल भी है।)
5. वनखण्डीनाथ मठ डूहां बिहरा, बलिया।
   (सरयू-घाघरा नदी के उत्तर तट पर किला नुमा बना लगभग 300 वर्ष पुराना मठ है। जो सिद्ध संतों की साधना स्थली रही है। स्वतंत्रता संग्राम में इस मठ के श्री महंथ सच्चिदानंद भारती जी एवं शिष्यों की सहभागिता रही है।)
6. सूर्यमंदिर देवकली सिकंदरपुर बलिया।
   (महर्षि भृगु के ईरान से बलिया आने के पुरातात्विक प्रमाणों, भारतीय-ईरानी शैली

की बूट पहने सूर्य, देवी विग्रह आदि दुर्लभ प्रतिमाओं एवं बौद्धकालीन पुरावशेषों से समृद्ध स्थल)

7. वृत्तिकूट आश्रम पकड़ी बलिया।
(विहंगम योग के संस्थापक, स्वतंत्रता संग्राम सेनानी स्वामी सदाफलदेव जी महाराज की जन्म एवं साधना स्थली जहाँ देश-विदेश से प्रतिवर्ष हजारों लोग दर्शन करने आते हैं।)

8. जयप्रकाश नारायण पक्षी विहार, सुरहाताल बलिया।
(24:9 वर्ग किमी में गंगा-सरयू नदियों के द्वारा खराद कर बनाई गयी, प्राकृतिक झील है, जिसमें सैकड़ों किस्म की जलीय वनस्पतियां पायीं जाती है। सरकार के द्वारा इसे पक्षी विहार पर्यटन स्थल के रूप में विकसित किया जा रहा है। वर्तमान में जननायक चंद्रशेखर विश्वविद्यालय बसंतपुर बलिया भी यही पर चल रहा है।)

9. श्रीनाथ मठ रसड़ा, बलिया।
(18 वीं सदी के सिद्ध संत स्वामी अमरनाथ बाबा-नाथ बाबा का प्रसिद्ध मठ जो रमणीय सरोवर के तट पर स्थित है। यहाँ की अनोखी रामलीला बहुत ही प्रसिद्ध है, मठ प्रांगण में रामलीला के स्थाई चबूतरे बनें हैं, दर्शक दीर्घा भी बनी है। स्वतंत्रता आंदोलन के समय इसके घिरनई पोखरा (अब गांधी पार्क रसड़ा) और रामलीला मैदान में सभाएं होती थी।)

10. कुशेश्वर-क्षितिश्वर शिवालय कुसौरा, बलिया।
(महर्षि विश्वामित्र जी एवं इनके पिता राजा गाधि के द्वारा सुपूजित शिवलिंग विग्रह, जिसके बारे लोकमान्यता है कि अयोध्या की निर्वासित महारानी सीता जी भी वाल्मीकि जी के आश्रम में रहने के दौरान इनकी पूजा करती थी। जिससे इनको सीतेश्वर कहा जाने लगा, जिसका अपभ्रंश छितेश्वर हो गया है। भृगुक्षेत्र की पंचकोशी परिक्रमा का एक पड़ाव/रात्रि विश्राम यहाँ पर होता है।)

11. श्री चौनराम बाबा मठिया सहतवार, बलिया।
(नगरपंचायत सहतवार में दो खण्डों विभक्त मायापुरी और मोक्षपुरी नाम के इस रमणीक स्थल पर सदैव भारी भीड़ रहती है। स्वतंत्रता आंदोलन के समय भी यह मठ गतिविधियों का केंद्र रहा है। आज भी इसके सुंदर मनोहारी बड़ा पोखरा पर बड़ी सभाएं होती है।)

12. श्री महाराज बाबा समाधि मिल्की मठिया बैरिया।
(बलिया जिले के पूर्वी छोर की तहसील बैरिया में स्थित यह भव्य-दिव्य मठ 1942 की अगस्त क्रांति के समय गतिविधियों का सबसे बड़ा केंद्र था। तत्कालीन महंथ सिद्धसंत स्वामी रघुपति दास जी महाराज के शिष्य बाबा लक्ष्मण दास जी ने स्वतंत्रता संग्राम में सक्रिय भूमिका निभाई थी।)

13. योगी रामसूरत कुमार जन्म स्थली नरदरा, बलिया।

(दक्षिण भारत के तिरुवल्लुवर में प्रसिद्ध योगी रामसूरत कुमार जन्म स्थली का दर्शन करने प्रतिवर्ष हजारों लोग आते हैं।)

14. गंगा नदी की डॉल्फिन सेंचुरी–
(गंगा-तमसा (बूढ़ी सरयू) के वर्तमान संगम माल्देपुर बलिया में डॉल्फिनों-सूंसों के करतब-किल्लोल देखने लोग आते हैं। यहीं पर वेदव्यास की जन्मभूमि बाँसथाना भी है)

15. पाराशर आश्रम परसिया बलिया।
(वेदव्यास जी के पिता पाराशर मुनि जी का आश्रम जहाँ द्वैपायन व्यास जी का लालन पालन, शिक्षा-दीक्षा हुई थी। वर्तमान समय में पर्यटन स्थल के रूप विकसित करने का प्रयास किया जारहा है।)

16. माँ मंगला भवानी कोरंटाडीह का आश्रम है।
(गंगा नदी के तट पर स्थित माँ मंगला भवानी के प्रति उत्तर प्रदेश, बिहार के लोगों में बहुत आस्था है। यहाँ सदैव भक्तों की भीड़ लगी रहती है।)

17. अविद्धकर्ण बौद्ध विहार स्थल अमांव–
(शासकीय अभिलेखों, चीनी बौद्ध यात्रियों फाह्यान और ह्वेनसांग के यात्रा वृतांत के अनुसार बोधगया से सारनाथ जाते समय तथागत बुद्ध ने यहाँ मानवभक्षी जंगली मनुष्यों का हृदय परिवर्तन किया था। पूर्व काल में यहाँ अविद्धकर्ण विहार था।)

18. पचरुंखा देवी गायघाट रेवती।
(वीरवर कुँवर सिंह ने अपने 1858 के विजय अभियान के दौरान जंगल में स्थित इसी स्थान पर पड़ाव डाला था। जहाँ ब्रिटिश फौज के साथ संघर्ष हुआ था।)

19. जल्पा-कल्पा मंदिर किला कोहना सिकंदरपुर–
(1493 ईस्वी में सिकंदर लोदी के किले को स्थानीय जनता बनाने नहीं दे रही थी। नजूमियों की सलाह पर लोदी ने किले की नींव में एक ब्राह्मण और एक अनुसूचित कन्या की बलि दिलवाया था। यहाँ मेला लगता है।)

20. गूदड़ शरीफ सिकंदरपुर–
(16 वीं सदी के सूफी फकीर की गूदड़ और सबसे छोटी कुरान की एक प्रति यहाँ पर रखी है। जहाँ वर्ष में एक बार गूदड़ शरीफ उर्स होता है, देश भर से हजारों लोग इसमें शामिल होते हैं।)

संदर्भ ग्रंथ

1. बलिया गजेटियर (वर्ष 1986) संपादक–डॉ. परमानंद मिश्र।
2. बलिया दर्पण (2003-04) संपादक–रामबली सिंह यादव।
3. बलिया और उसके निवासी, लेखक–बाबू दुर्गा प्रसाद गुप्त।
4. भृगुक्षेत्र महात्म (वर्ष 2007) लेखक–कौशिकेय शिवकुमार सिंह।
5. बलिया विरासत (वर्ष 2017) लेखक–कौशिकेय शिवकुमार सिंह।

द्वितीय अध्याय

ईस्ट इंडिया कंपनी सरकार के पूर्व जिले का इतिहास

एक पौराणिक दन्तकथा के अनुसार मनु द्वारा स्थापित क्षत्रिय राजाओं का सूर्यवंश सबसे प्राचीन कोसल राजवंश है। बलिया जिले का भू-भाग भी इसी कोसल राज्य का हिस्सा था ,जहाँ एक व्यवस्थित शासन व्यवस्था थी। वैदिक परंपरा के अनुसार मनु के ज्येष्ठ पुत्र इक्ष्वाकु इसके प्रथम राजा हुए थे। इनके बाद राजा रामचंद्र जी के राज्याभिषेक के पूर्व इस राजवंश में अनेक महाप्रतापी राजा हुए थे।

बलिया जिले की रसड़ा तहसील में स्थित पुरातात्विक स्थल लखनेश्वरडीह गाँव के बारे में मान्यता है कि इसका नाम राजा रामचंद्र जी के छोटे भाई श्री लक्ष्मण जी के नाम पर पड़ा था। जो महर्षि विश्वामित्र जी के साथ अयोध्या से सिद्धाश्रम बक्सर जाते समय श्रीराम के साथ यहाँ आये थे। यहाँ पर उन्होंने भगवान शिव के एक मंदिर की भी स्थापना किया था। वर्तमान बूढ़ी सरयू-तमसा नदी के तट पर स्थित इस पुरावशेष स्थल पर पड़े ध्वंसावशेषों एवं यहाँ प्राप्त मूर्तियों पुरावशेषों से यह बात प्रमाणित होती है कि कभी यहाँ पर मानवों की सघन समृद्ध बसति थी।

लक्ष्मण जी के पुत्र चंद्रकेतु को मल्ल कहा जाता है। मल्ल अर्थात शूरवीर-वीर। कालांतर में चंद्रकेतु ने मल्ल राज्य की स्थापना किया था और इस स्थान को अपनी राजधानी बनाया था।

इस मल्ल राज्य की दक्षिण दिशा में काशी, दक्षिण-पूर्व में मगध और दक्षिण-पश्चिम में कोसल राज्य था। इस तरह से वर्तमान बलिया जिले का कुछ पश्चिमी भू-भाग मल्ल राज्य में तथा शेष कोसल राज्य में था।

मौर्यकालीन बलिया

अखंड भारत के संस्थापक सम्राट चंद्रगुप्त मौर्य के कालखंड में यह भू-भाग कोसल राज्य में था।

ईसापूर्व 6वीं शताब्दी में जब हर्यक वंश के श्रेणिक-भर क्षत्रिय राजा बिंबिसार ने जब कोसल पर आक्रमण किया तो कोसल नरेश प्रसेनजित ने अपनी बहन महाकोशला

का विवाह मगध सम्राट बिंबिसार के साथ करके संधि कर लिया। साथ ही इस भू-भाग को जो मगध की सीमा पर स्थित था, मगध सम्राट को दहेज में दे दिया था।

मगध की राजगद्दी पर जब सम्राट बिंबसार को बंदी बनाकर उनके पुत्र अजातशत्रु बैठें तो कोसल नरेश प्रसेनजित ने बहन को दहेज में दिये गये इस भू-भाग को वापस अपने अधिकार में ले लिया। मगध सम्राट अजातशत्रु को यह बात अच्छी नहीं लगी और उन्होंने कोसल पर आक्रमण कर दिया। इसबार भी कोसल नरेश प्रसेनजित को मगध सम्राट से संधि करना पड़ा। इन्होंने अपनी पुत्री वाजिरा का विवाह मगध सम्राट अजातशत्रु के साथ करके पुनः सीमान्त के इस भू-भाग को मगध सम्राट को दहेज में दे दिया था।

बलिया जिले के वर्तमान भू-भाग की पुरातन सीमाओं को परगनों से समझा जा सकता है। सिकंदरपुर, कोपाचीट और लखनेश्वरडीह परगना पर मल्ल राजाओं का शासन था। इसके दक्षिण तथा पश्चिम में काशी राज्य की सीमा थी। इसके पूर्व दिशा में गड़हा परगना करुष राज्य में था। द्वाबा परगना अंग राज्य के अंतर्गत आता था। खरीद और बाँसडीह परगना वज्जियों के अधीन था। इसमें मल्ल और वज्जी राज्य वैशाली गणराज्य के अंग थे।

मगध साम्राज्य के अंतिम सम्राट बृहद्रथ की हत्या के बाद पुष्यमित्र शुंग का शासनकाल में कोसल राज्य के अधीन रहे, लखनेश्वरडीह, भदाँव और सिकंदरपुर परगनों के भू-भाग पर चेरों और भांड राजाओं का आधिपत्य हो गया। इसी तरह से बाँसडीह, द्वाबा, कोपाचीट परगना भी चेरों अधीन हो गया।

मध्यकालीन बलिया

इन इन चेर, भांड राजाओं ने ही मुस्लिम आक्रमण से बेहाल-बेघर हुए मालवा, उज्जैन मध्यप्रदेश के राजपूत राजाओं को अपने यहाँ शरण दिया था।

मुस्लिम आक्रमणकारियों में पहली बार सन् 1194 में कुतुबुद्दीन ऐबक बलिया जिले में घाघरा नदी के तट पर पहुँचा था, जिसे अब कुतुबगंज घाट कहा जाता है। सन् 1202 ईस्वी में इख़्तियार मुहम्मद ने घाघरा नदी के तट पर स्थित कठौड़ा, पुरुषोत्तम पुर (वर्तमान सिकंदरपुर नगर पंचायत), कुतुबगंज समृद्ध नगरों पर अधिकार कर लिया था।

बलिया जिले के वर्तमान भू-भाग का राजनैतिक नामकरण सन् 1302 ईस्वी में सेनापति बख्तियार ख़िलजी ने राजस्व वसूली की ईकाई महाल बनाकर किया था। यह महाल अंगदेश (वर्तमान बिहार) एवं बंगदेश (वर्तमान बंगाल) के भू-भाग को काटकर बनाया गया था।

लोदीवंश के कालखंड में भी यह भू-भाग गतिविधियों के केंद्र में रहा। इसके पीछे मूल कारण गंगा और घाघरा नदियों के माध्यम से होने वाला व्यापार था। जिले में घाघरा

नदी के तट पर स्थित मनियर, खरीद, कठौड़ा गाँव समृद्ध बाजार और नाव पत्तन थे, जहाँ से वर्तमान बिहार, बंगाल तक व्यापार होता था।

सन् 1493 ईस्वी में सिकंदर लोदी बलिया जिले के नावपत्तन कठौड़ा में आया था। मध्ययुगीन इतिहास का जल एवं थल पर होने वाला प्रथम युद्ध इसी भू-भाग पर 05 मई 1529 ईस्वी को घाघरा नदी के तट पर स्थित खरीद गाँव में महमूद लोदी और बाबर के बीच हुआ था, जिसमें बाबर विजयी हुए थे।

मुगल बादशाह औरंगजेब की मौत के बाद बलिया जिले में राजपूत जमींदार अपनी हुकूमत चलाने लगे। लेकिन सन् 1719 ईस्वी में दिल्ली की गद्दी पर बैठते ही मुहम्मद शाह ने इन जमींदारों से लगान वसूल करने लगा।

ईस्ट इंडिया कंपनी के शासनकाल में बलिया

29 दिसंबर 1764 ईस्वी को इस जिले का भू-भाग ईस्ट इंडिया कंपनी के अधीन हो गया था।

सन् 1798 ईस्वी में ईस्ट इंडिया कंपनी ने जब गाजीपुर जिले को बनाया तब बलिया को गाजीपुर जिले की एक तहसील बनाया था।

01 नवंबर 1879 ईस्वी को ब्रिटिश सरकार ने बलिया जिले के वर्तमान भू-भाग को जिला बनाया था, जिसमें तीन तहसीलें बलिया सदर, बाँसडीह और रसड़ा तहसील बनाई गयी थी।

संदर्भ ग्रंथ

1. बलिया गजेटियर वर्ष 1996, संपादक-डॉ. परमानन्द मिश्र।
2. बलिया और उसके निवासी, 1986, गुप्त बाबू दुर्गा प्रसाद।
3. बलिया विरासत वर्ष 2020, कौशिकेय शिवकुमार सिंह।

तृतीय अध्याय

ईस्ट इंडिया कंपनी सरकार के विरुद्ध विद्रोह के कारण

गंगा-सरयू (घाघरा) के दोआब में बसे बलिया जिले के भू-भाग को काफी समृद्ध और जीवट का जीवन जीने वाले लोगों की भूमि माना जाता है। ब्रिटिश ईस्ट इंडिया कंपनी के शासनकाल में यह भू-भाग गाजीपुर जिले की एक तहसील था तथा दूसरी तरफ जिले का पूर्वी भू-भाग बिहार के शाहाबाद जिले से जुड़ा हुआ था।

यहाँ पर इस बात का उल्लेख करना सामयिक होगा कि आखिरकार वह कौन से कारण थे, जिसके कारण भारतीय लोग ईस्ट इंडिया कंपनी के शासन का विरोध कर रहे थे। क्योंकि कंपनी सरकार के द्वारा बलिया जिले जैसे बाढ़ एवं सूखाग्रस्त इलाके में रेलवे लाइन, नदियों पर पुल बनाने और नील, अफीम (पोस्ता) की खेती से लोगों के जीवन स्तर में सुधार हो रहा था। जातीय छुआछूत के भेदभाव पर भी अंकुश लगाने का प्रयास किया जा रहा था।

इन सभी बातों के बाद भी विद्रोह-बगावत की बातें आम जनता के दिलों दिमाग में क्यों उठने लगी थी।

ईसाई मिशनरियों की कुटिल चाल

इसके पीछे ईसाई धर्म के प्रसार में लगी मिशनरियों की भूमिका प्रमुख थी, जो जनता को उद्वेलित कर रही थी। रेवरेण्ड विलियम वायर्स जिन्होंने उत्तर भारत के अधिकांश जिलों की यात्रा किया था, अपने 1884 ईस्वी में प्रकाशित यात्रा वृतांत ''रिकलेक्शन्स आफ नार्थ इंडिया' में लिखा है कि–लोग ईसाई पादरियों से काफी नाराज थे। अनेक स्थानों पर इनका बहुत विरोध भी हो रहा है।

सन् 1855 ईस्वी में एक ईसाई पादरी ने एक पर्चा छपवाया था। जिसमें लिखा था कि–

"अब वह समय आ गया है, जब (हिन्दुस्तानी) लोगों को इस बात पर गम्भीरता से विचार करना चाहिए कि सभी लोगों को एक ही धर्म अपना लेना चाहिए या नहीं। रेल, जहाज, बिजली, टेलीग्राम बहुत तेजी से दुनिया के सभी देशों को आपस में जोड़ रहें हैं।

सभी एक-दूसरे के निकट आते जा रहे हैं। इस प्रकार से इस दुनिया की आवश्यकताएँ एक हैं, चिंताएँ एक हैं और शोक संताप भी एक हैं। इसलिये सभी का धर्म भी एक ही होना चाहिए।"

इस पत्र में सरकारी नौकरी करने वाले लोगों को विशेष रूप से इंगित किया गया था कि उन्हें कंपनी सरकार की नौकरी करने के लिए ईसाई धर्म को स्वीकार कर लेना चाहिए।

ईसाई पादरियों मिशनरियों की इस कुटिल चाल की पुष्टि मि. डब्ल्यू टेलर की पुस्तक "अवर क्राइसिस" पृष्ठ 06 से भी होती है। मि. टेलर ने लिखा है कि—हिन्दुस्तान की जनता के मन में यह बात पूरी तरह से बैठ चुकी है कि सरकार शीघ्र ही अपनी प्रजा का धर्म बदलवाने के लिए जोर-जबरदस्ती करेगी।

कंपनी सरकार के ब्रिटिश अफसरों के रौब दाब में ईसाई पादरियों मिशनरियों के द्वारा धर्मांतरण की कोशिश और रैयतदारों-गरीब किसानों की फसलों के खरीदारी भुगतान करने के बदले अय्याशी ने बगावत की आग को सुलगा दिया था।

जिले पर गुलामी छाया

बलिया जिले के वर्तमान भू-भाग पर गुलामी की काली छाया प्रत्यक्ष रूप से 21 जनवरी 1798 ईस्वी से तब पड़ने लगी थी, जब ईस्ट इंडिया कंपनी ने अवध के नबाब सआदत अली खाँ से संधि कर लिया और अवध के दूसरे दावेदार वजीर अली को पेंशन देकर बनारस भेज दिया।

बलिया जिले के वर्तमान भू-भाग का पश्चिमी हिस्सा बनारस स्टेट के राजा चेतसिंह के अधिकार में था। चेतसिंह कंपनी सरकार से विद्रोह करने की इच्छा रखते थे। लेकिन बाद में इन्होंने भी संधि कर लिया।

सन् 1793 ईस्वी में ईस्ट इंडिया कंपनी ने लार्ड कार्नवालिस के नेतृत्व में भूमि के स्थाई बन्दोबस्त की व्यवस्था दिया था। इसके जरिये कंपनी सरकार ने जहाँ प्रत्यक्ष-अप्रत्यक्ष रूप से संपूर्ण भूमि पर अपना अधिकार जमा लिया। वहीं दूसरी ओर जमींदारी देने के नाम पर भारतीयों के बीच किसानों-कामगारों का शोषण करने वाले एक वर्ग को तैयार कर लिया।

इस जागीरदारी-जमींदारी को लेने के लिए राजाओं, जागीरदारों, जमींदारों में आपसी प्रतिस्पर्धा होने लगी और कंपनी सरकार का भू- राजस्व बढ़ गया।

1814 ईस्वी में इसी स्थाई बंदोबस्त में थोड़ा हेरफेर करके पहले से ही लगान वसूली कर रहें, राजाओं, जागीरदारों जमींदारों को उनके अधिकार के इलाके नीलाम दिये जाने लगे।

18वीं सदी के पूर्वार्ध में वर्तमान रसड़ा तहसील के इलाके को राजा चेतसिंह ने कंपनी सरकार से ऊँची बोली लगाकर नीलाम ले लिया। इन्होंने इलाके के सेंगर राजपूतों

की लगान को बढ़ा दिया, जिसका किसानों ने विरोध करना शुरू किया तो कंपनी सरकार ने अपने परगनाधिकारी को लगान वसूली के लिए भेजा।

उस समय सेंगर राजपूत परिवार के ही नाथपंथी सिद्ध महात्मा स्वामी अमरनाथ बाबा जिनको नाथबाबा कहा जाता है, सभी किसान बाबा के पास गए, बाबा ने कहा कि सभी लाठी लेकर हमारे साथ चलो, जब हजारों किसान श्री नाथ बाबा के नेतृत्व में परगनाधिकारी के पास पहुंचे तो उसके साथ आयें सिपाहियों की घिग्घी बँध गयी, उसने बाबा से क्षमा माँगते हुए, किसानों का लगान आधा कर दिया।

तब से लेकर आज तक प्रतिवर्ष श्री नाथ बाबा की लठ्ठ पूजा-रोट पूजा सेंगर राजपूतों के द्वारा की जाती है। इस पूजा में हजारों लोग लाठियों के साथ शामिल होते हैं।

मंगल पांडे ने 1857 की सैनिक क्रांति का बिगुल बजाया

1857 के प्रथम स्वतंत्रता संग्राम की चिनगारी को सुलगाने का गौरव भी बलिया जिले के अमर बलिदानी मंगल पांडे को प्राप्त है। ईस्ट इंडिया कंपनी फौज की देशी पैदल सेना के 1446 नंबर के सिपाही मंगल पांडे का जन्म बलिया जिले की सदर तहसील के नगवां गाँव (तत्कालीन गाजीपुर जिले की बलिया तहसील का नगवां गाँव) में पिता पंडित सुदिष्ट पांडे एवं माता जानकी देवी के पुत्र रूप में 30जनवरी 1831ईस्वी को हुआ था। जिन्होंने कंपनी सरकार के द्वारा गाय और सूअर की चर्बी लगे कारतूस की टोपी को दाँतों से खोलने के कारण, मातादीन भंगी के द्वारा धर्म भ्रष्ट कहे जाने पर 29 मार्च 1857 को कलकत्ता के बैरकपुर सैनिक छावनी में दो ब्रिटिश फौजी अफसरों मेजर ह्यूसन और कैप्टन बाव पर गोली दाग कर भारत में सैनिक विद्रोह का आगाज़ किया था। इसके बाद मेरठ, दिल्ली की सैनिक छावनी में विद्रोह की आग फैली जो ईस्ट इंडिया कंपनी सरकार के हाथों से सत्ता निकलने का कारण बनी।

कंपनी सरकार के डरे हुए ब्रिटिश फौजी अफसरों ने अपने ही ब्रिटिश रुल्स की धज्जियां उड़ाते हुए 8 अप्रैल 1857 को बैरकपुर सैनिक छावनी में सिपाही मंगल पांडे को फांसी पर लटका दिया। यह भारत की स्वाधीनता के संघर्ष में प्रथम बलिदान था।

1857 के प्रथम स्वतंत्रता संग्राम में बलिया जिले का योगदान

वर्तमान में जो बलिया जिला आजमगढ़ मण्डल का जनपद है अमर शहीद मंगल पांडे की शहादत के समय इसका स्वरुप बिलकुल अलग था। यह गाजीपुर जिले की एक तहसील था। बलिया गजेटियर 1907 के पृष्ठ संख्या 155 के अनुसार इसका कुछ भाग गाजीपुर जिले का हिस्सा था और कुछ भू-भाग आजमगढ़ जिले का हिस्सा था। कुछ भू-भाग जिले की स्थापना के समय बिहार के बिहिया परगना से लिया गया है। मंगल पांडे के विद्रोह और फांसी की सजा के बाद यहाँ पर भी लोगों ने विद्रोह किया था। इस विद्रोह

में आजमगढ़ जिले के लोगों ने कंपनी सरकार से अपनी जमीनें छीन लिया था, लगान देना बंद कर दिया था। बलिया तहसील के कुछ हिस्सों में भी लोगों ने ऐसा ही किया था। किन्तु इस विद्रोह को अंग्रेजी फौज ने बर्बरता पूर्वक दबा दिया था। लेकिन प्रथम स्वतंत्रता संग्राम के लिए निर्धारित तिथि 10 मई 1857 के बाद बगावत भड़क उठी। उस समय कंपनी सरकार ने यहाँ पर एक ज्वाइंट मजिस्ट्रेट की तैनाती की थी। इसके बावजूद भी जनता ने विद्रोह किया था, जिसको दबाने के लिए यहाँ पर मार्शल लॉ लगा दिया था। जिसके बाद जनता और अधिक उग्र हो उठी थी। जनता के द्वारा कंपनी सरकार का खजाना लूटने की घटनाएं काफी बढ़ गयी।

ब्रिटिश सरकार का खजाना लूटा गया

3 जून 1857 को ब्रिटिश फौज के तीन सैनिकों की सुरक्षा में सरकारी खजाना ब्रिटिश छावनी कोरंटाडीह जा रहा था। जिसे चौरा गाँव के पास जनता ने लूट लिया। इस घटना में एक सैनिक मारा गया था और इनकी गोली चौरा गाँव के गोविन्द मल्लाह शहीद हुए थे। इस तरह की लूटपाट विद्रोह को रोकने के लिए कंपनी सरकार ने अपने अंग्रेजी फौज की 78 वीं हाई लैण्डर्स टुकड़ी के सौ सशस्त्र सैनिकों को वाराणसी से बुलाकर बलिया में तैनात कर दिया। इस फौज ने बर्बरता की सारी हदें लांघतें हुए, विद्रोहियों और उनके समर्थकों पर घोर अत्याचार किया। बगावत करने वाले सैकड़ों लोगों को गोली मारने के बाद उनके सिर धड़ से अलग करके पिपराघाट पुल (फेफना-चितबड़ागाव के बीच तमसा नदी पर बना पुल) से कोरंटाडीह तक पेड़ पर इनके शवों को टाँग दिया गया था, ताकि लोग भयभीत होकर विरोध करना बंद कर दें। कई गांवों में आग लगा दी गयी। गाँव के रसूखदारों के ऊपर भारी जुर्माना लगाया गया और उन्हें चेतावनी दी गयी कि किसी भी तरह की लूटपाट अराजकता के लिए तुम्हें ही सीधे जिम्मेदार मानते हुए कार्यवाई की जायेगी।

विद्रोही सेना का हमला

जिले का जो भू-भाग उस समय आजमगढ़ में था, सिकंदरपुर थाना क्षेत्र के लिलकर गाँव के वीर योद्धा बाबू गरीब नारायण राय के नेतृत्व में बनी विद्रोही सेना के छः सौ सैनिकों के पास बारह सौ बंदूकें थीं। इस विद्रोही सेना ने सिकंदरपुर थाना और ब्रिटिश ठिकानों पर आक्रमण कर यहाँ रखें हथियारों और सम्पत्ति को लूट लिया था। इन लोगों ने नगरा तहसील पर भी धावा बोल दिया था, लेकिन यहाँ पर तैनात भारतीय मूल के तहसीलदार मौलवी अली हसन ने विद्रोही सेना के नेता गरीब नारायण राय का पैर पकड़ लिया और अपनी नौकरी और परिवार की दुहाई देते हुए कंपनी सरकार के खजाने और हथियारों को लुटने से बचा लिया। इस विद्रोही सेना ने आजमगढ़, देवरिया, गोरखपुर और चम्पारण से अंग्रेजों को खदेड़ दिया था।

वीरवर कुँवर सिंह का विजय अभियान

1857 की क्रांति के महानायक वीरवर कुँवर सिंह की जागीरदारी जगदीशपुर और बलिया जिले के भू-भाग की सीमा का निर्धारण गंगा नदी की जलधारा करती है। उस समय जगदीशपुर से उत्तर गंगा तट तक जंगल था।

14 अगस्त 1857 को वीरवर कुँवर सिंह ने अपने गाँव जगदीशपुर से विजय अभियान शुरू किया था। इसके पहले हुई सैनिकों की भरती में गंगा पार के भू-भाग बलिया के भी युवाओं ने भी भाग लिया सैकड़ों युवा देश को पराधीनता से मुक्त कराने वाली इस विद्रोही फौज में भर्ती हुए थे। जिसमें ज्यादातर ईस्ट इंडिया कंपनी की फौज में मंगल पांडे के विद्रोह के बाद भंग की गयी देशी पैदल सेना के सिपाही थे।

वीरवर कुँवर सिंह का विजय अभियान सासाराम, डेहरी, रोहतास (बिहार), विजयगढ़, रामगढ़, मिर्जापुर, रीवां, बाँदा, कालपी, कानपुर, लखनऊ, फैजाबाद, अकबरपुर, 17 मार्च 1858 को अतरौलिया और 22 मार्च 1858 को जब आजमगढ़ पहुँची तो ब्रिटिश सरकार के फौजी अफसरों को इस बात का अंदाजा हो गया था कि इस विद्रोही इलाके में विद्रोही सेना को जनता की मदद मिलने लगेगी।

22 मार्च को आजमगढ़ में कर्नल मिलमैन ने आक्रमण किया। प्रारंभ में ब्रितानी फौज भारी पड़ी लेकिन अंत में वीरवर कुँवर सिंह सेना ने मिलमैन की फौज को चारों तरफ से घेर लिया और उन्हें भागकर जान बचानी पड़ी। 26 मार्च को आजमगढ़ पर वीरवर का कब्जा हो गया।

27 मार्च को कर्नल डेम्स के नेतृत्व में 37वीं पलटन पहुँची, उसे भी पराजय का मुँह देखना पड़ा। वीरवर कुँवर सिंह की सेना के हाथों बार-बार पराजित होने से ब्रिटिश अफसर बौखला गये थे। इन लोगों ने इस विद्रोही सेना को चारों तरफ से घेरने की योजना बनाया। क्योंकि वीरवर कुँवर सिंह का बलिया पहुँचने का सीधा अर्थ था कि वह अपने सुरक्षित इलाके में पहुँच जाते।

ब्रितानी सरकार के अफसरों ने वीरवर कुँवर सिंह को चारों तरफ से घेरने की योजना बनाया।

ब्रिटिश गवर्नर जनरल लार्ड कैनिंग ने इलाहाबाद (प्रयागराज) में डेरा डाल दिया। ब्रिटिश सेना के प्रधान सेनापति कालिन कैम्पबेल ने लखनऊ में मोर्चा सँभाला। ब्रिटिश फौज के दक्षिण कमान के सेनानायक लार्ड मार्कर ने बनारस की कमान संभाली। आजमगढ़ में ब्रितानी छावनी के मुख्य कमांडर कर्नल डेम्स पहले से ही वीरवर की विद्रोही सेना पर आक्रमण के लिए तैयार बैठे थे। अपनी फौजी टुकड़ी को लेकर सर ई. लुगार्ड एवं ब्रिगेडियर डगलस पहले से ही इनका पीछा करते हुए आ रहे थे। इन सभी के अलावा गोरखपुर, सारण (अब छपरा), आरा, बक्सर, और गाजीपुर में भी जिलों के कलक्टर, एसपी के साथ ब्रिटिश फौजी अफसरों ने वीरवर कुॅवर सिंह और उनकी सेना को घेर कर मारने का पूरा प्रबन्ध कर लिया था।

ब्रितानी सरकार के छक्के छुड़ाने वाले सभी तरह के युद्ध लड़ने में पारंगत अस्सी साल के कुशल योद्धा वीरवर कुँवर सिंह को ब्रिटिश फौज की हर गतिविधि की जानकारी मिल रही थी। उन्होंने अपनी सेना को दो भागों में विभक्त किया। दो हजार सैनिकों की कमान निशान सिंह को सौंपा और स्वयं दो हजार सैनिकों को लेकर 17/18 अप्रैल की रात को घोसी (वर्तमान मऊ जिले की नगरपंचायत) में विश्राम किया और बलिया जिले (तब गाजीपुर जिला) की ओर चल पड़े। 19 अप्रैल 1858 ईस्वी को वीरवर कुँवर सिंह के नेतृत्व में विद्रोही सेना नगरा (वर्तमान बलिया जिले की नगरपंचायत) आ गयी। इनका पीछा कर रहे, सर ई. लुगार्ड की ब्रिटिश फौज के साथ 700 तलवार धारी सिक्ख सैनिकों के साथ 18 तोपें भी थीं। ब्रिगेडियर डगलस के साथ एक बिग्रेड पैदल सैनिक, हार्स आर्टिलरिज, कैवलरी अश्वारोही सैनिक थे।

वीरवर कुँवर सिंह बलिया पहुँचे

20 अप्रैल को सिकंदरपुर होते हुए वीरवर की सेना काजीपुर पहुँच गयी। यहाँ से इन्होंने घाघरा नदी के रास्ते नाव से मनियर पहुँच गए। मनियर में वीरवर कुँवर सिंह और इनकी सेना का विजेता राजा के रूप में स्वागत किया गया। सभी सैनिकों की आवभगत-सेवा पूरे मन से की गयी। इतना ही नहीं यहाँ की जनता पूरी तरह से एकमत हो गयी थी।

ब्रिटिश सरकार के मुखबिरों को पकड़ कर भूसा रखने वाले घरों में बंद करके जनता ने पहरा बैठा दिया था। जिसके कारण वर्तमान बलिया जिले के नगरा से सिकंदरपुर और काजीपुर से नाव द्वारा मनियर पहुँचने की सूचना ब्रिटिश फौज के पास नहीं पहुँच पाई थी। तत्कालीन गाजीपुर जिले के कलक्टर मि. राबर्ट डेविस, ब्रिगेडियर डगलस की फौज के साथ बाँसडीह में रास्ता रोककर बैठे थे। लेकिन बलिया जिले की जनता ने इनको पूरी तरह से पंगु बना दिया था।

विद्रोही सेना के पीछे चल रहे ई.लुगार्ड के नेतृत्व वाली फौज भी मनियर पहुँच गयी।

21 अप्रैल 1858 को प्रातः काल मनियर में दक्षिण-पूर्व बाँसडीह की ओर से ब्रिगेडियर डगलस की फौज और पश्चिम दिशा से ई. लुगार्ड के नेतृत्व वाली फौज ने आक्रमण किया, लेकिन स्थानीय लोगों ने वीरवर और पूरी विद्रोही सेना को जंगल के रास्ते पूर्व दिशा की ओर आगे सहतवार की तरफ बढ़ा दिया।

सहतवार वीरवर कुँवर सिंह की ननिहाल थी। बताया जाता है कि वीरवर बहुत थोड़े समय के लिए अपनी ननिहाल के लोगों से मिलने के लिए अकेले गये थे।

पचरुखा के जंगल में रक्तरंजित संघर्ष

इसके बाद अपनी सेना के साथ पचरुखा जंगल में जाकर डेरा डाल दिया। यह सभी लोग बुरी तरह से थके हुए थे। इनके सुरक्षा की जिम्मेदारी स्थानीय इलाके के राजपूतों और आम जनता ने संभाल लिया।

रात्रि में इनका पीछा कर रही ब्रिटिश फौज यहाँ पहुँच गयी। ई. लुगार्ड, ब्रिगेडियर डगलस और जिले के कलक्टर राबर्ट डेविस ने रात में ही आक्रमण करने का फैसला किया।

ब्रिटिश फौज के पास तलवार, बंदूकें थीं, लेकिन स्थानीय लोगों के पास केवल तलवार थी। इस जंगल में ही डोम जाति के लोगों की बस्ती थी, जो बाँस की दौरी-डलिया, बेना-हाथ से झलने वाला पंखा आदि बनाने का काम करते थे। अपने मुखिया दहारी डोम के नेतृत्व में इन परिवारों के युवाओं महिलाओं ने बाँस के खप्पचे (तलवार) और गोजा-भाले तैयार किया और ब्रिटिश फौज के ऊपर टूट पड़े। वर्तमान पचरुखा देवी मंदिर गायघाट के उत्तर दिशा में घाघरा नदी के छाड़न मुड़िकटवा नाले में सैकड़ों ब्रिटिश फौज के सैनिकों को मार कर फेंक दिया था। यहाँ पर अब प्रतिवर्ष विजय दिवस का आयोजन किया जाता है।

वीरवर कुँवर सिंह की सकुशल वापसी

ब्रिटिश फौज और जनता की लड़ाई के बीच ही वीरवर कुँवर सिंह अपनी सेना के साथ यहाँ से शिवपुर घाट के लिए निकल पड़े। शिवपुर घाट पर स्थानीय मल्लाहों और साहुओं ने पहले से ही बीस नावों का प्रबंध कर रखा था। ये नावें प्रशासन की नजरों से बचाने के लिए झुरमुटों में बँधी थी अथवा किनारे पर डूबों कर रखी गयी थी। वीरवर कुँवर सिंह के पहुँचतें ही नावें तैयार मिलीं और गंगा नदी पार कराने लगीं। तब तक सुबह हो गयी थी, ब्रिटिश फौज शिवपुर घाट पहुँच गयी। बताया जाता है कि फौज ने कुँवर सिंह की मदद करने वाले मल्लाहों को पकड़ने की कोशिश किया लेकिन सभी भाग गये। नदी के किनारे से फौज ने फायर करना शुरू कर दिया। जिसकी एक गोली वीरवर कुँवर सिंह की दाहिने हाथ में लग गयी थी, वीरवर ने अपनी उस हाथ को तलवार से काटकर गंगा जी को चढ़ा दिया था। वीरवर अपने जगदीशपुर के जंगलों में पहुँच गए थे।

ब्रिटिश फौज का दमनचक्र

इस विद्रोह के बाद बलिया जिले (तत्कालीन गाजीपुर जिला) की जनता ने ईस्ट इंडिया कंपनी सरकार की गुलामी को मानने से पूरी तरह से मना कर दिया। किसानों ने लगान देना बंद कर दिया। जब कंपनी सरकार के जमींदार किसानों से लगान वसूल करने आते थे तो वह कहते थे कि हम जगदीशपुर के जागीरदार बाबू कुँवर सिंह की रियाया है, उन्होंने कंपनी सरकार से इस इलाके को जीत लिया है।

इसके बाद अंग्रेज अफसरों ने इलाके के अपने विश्वस्त हल्दी राज्य, बैरिया, रतसड़, नगरा, बाँसथाना, अंजोरपुर, श्रीनगर, दोकटी और सोनवानी के बड़े भू-स्वामियों, जमींदारों को धन और जमीन का लालच देकर किसानों पर दबाब बनाना शुरू कर दिया।

वर्तमान बलिया सदर तहसील के चौरा, कथरिया, दौलतपुर, इटहीं तथा पिपरा गाँव को बाग़ी गाँव घोषित कर दिया गया। पचरुंखा की लड़ाई में भाग लेने वाले घूरा राय और जद्दू सिंह को जिन्दा या मुर्दा गिरफ्तार करने के लिए इनाम घोषित किया गया।

विद्रोही जनता का गुरिल्ला युद्ध

इस विद्रोह के बाद गाजीपुर जिले की बलिया तहसील में तैनात सभी अंग्रेज अफसर बलिया छोड़कर गाजीपुर चले गए थे। जुलाई 1858 में ज्वाइंट मजिस्ट्रेट मि. जे. वैक्स के नेतृत्व में पैदल सेना की एक टुकड़ी बलिया तहसील पर कब्ज़ा करने के लिए भेजी गयी। इसकी मदद करने के लिए आजमगढ़ से ब्रिगेडियर डगलस के नेतृत्व में ब्रितानी फौज पैदल सेना और हार्स आर्टिलरिज के साथ पहुँची। इन लोगों को पूरे बलिया में नदियों पर ध्वस्त किये गये पुल तथा सड़कों को जगह-जगह काटकर बंद किये गये रास्तों की दुश्वारियाँ झेलनी पड़ीं थीं।

सड़कों, पुलों को ठीक करते हुए जब यह फौज वर्तमान जिला मुख्यालय बलिया पहुँचीं तो पूरब द्वाबा-बैरिया की ओर से आई विद्रोही जनता की फौज ने हमला कर दिया। ब्रिगेडियर डगलस की फौज के साथ गुरिल्ला युद्ध होने लगा। यह युद्ध लगभग दस दिनों तक चलता रहा। लेकिन ब्रितानी हुकूमत के भू-स्वामियों जमींदारों ने विद्रोह करने वाले लोगों में फूट डाल दिया और बलिया पुनः ब्रितानी हुकूमत का गुलाम बन गया।

संदर्भ ग्रंथ

1. कुँवर सिंह-अमर सिंह (वर्ष 1956) संपादक-डॉ कालीकिंकर दत्त, अनुवादक-पंडित छविनाथ पांडेय प्रकाशक-बिहार राष्ट्रभाषा परिषद्, मुद्रक-सर्वोदय प्रेस पटना-4।
2. क्रांति का प्रथम नायक मंगल पांडे, लेखक-कौशिकेय शिवकुमार सिंह, प्रकाशक- कोशल पब्लिशिंग हाउस फैजाबाद।

चतुर्थ अध्याय

गोरक्षा और बिशुन चुटकी

जनता के द्वारा ब्रिटिश सरकार को मिल रही चुनौतियों का स्थाई समाधान निकालने के लिए ब्रिटिश सरकार के अफसरों ने यहाँ पर रहने वाली जनता के बीच फूट डालने की साजिश रची। इस जंग में हिन्दू-मुसलमान दोनों ही कौम के लोग साथ मिलकर लड़ रहे थे। हिन्दू गाय को माँ मानते हैं और गौपालन, गौशालाओं के लिए बिशुन चुटकी अर्थात गौसेवा के लिए प्रत्येक परिवार से अनाज और भूसा एकत्र कर गौशालाओं को देने की परंपरा थी।

1863 में तत्कालीन आजमगढ़ जिले के मऊनाथ भंजन (वर्तमान मऊ जिले का जिला मुख्यालय) नगर के मुस्लिम समुदाय को उकसा कर एक ही दिन सैकड़ों गायों की कुर्बानी करा दिया। जिससे हिन्दू जनता उद्वेलित होकर विरोध में सड़कों पर उतर आई। अंग्रेजी हुकूमत खुल्लम-खुल्ला गायों की कुर्बानी करने वाले मुसलमानों के साथ खड़ी हो गयी। आजमगढ़, गाजीपुर, बलिया में साम्प्रदायिक तनाव फैल गया। यह और अधिक तीव्रता से तब बढ़ने लगा जब ब्रिटिश सरकार की फौज और पुलिस एक तरफा आंदोलन कर रहे हिन्दुओं को गिरफ्तार कर उन्हें जेल में डालने लगी और प्रताड़ित करने लगी।

बलिया जिले के कवि स्व. पंडित दूधनाथ उपाध्याय ने भोजपुरी में ''गोविलाप छन्दावली'' लिखा, उसे पुस्तक के रूप में छपवाकर बांटने लगे। लेकिन ब्रितानी सरकार ने इस पुस्तक को जब्त कर लिया और सारी प्रतियाँ जलवा दिया था।

कांग्रेस स्थापना की पृष्ठभूमि

इण्डियन नेशनल कांग्रेस की स्थापना के पहले इस भारतीय उपमहाद्वीप जिसमें वर्तमान का भारत, पाकिस्तान, बंगलादेश, वर्मा (म्यांमार), अफगानिस्तान का भू-भाग भी शामिल था। इसे ब्रिटिश साम्राज्य की गुलामी से मुक्त कराने के लिए आदिवासी वनवासी समुदायों के लोग और राजे, रजवाड़े, जागीरदारों के द्वारा विद्रोह किया जाता रहा था।

1857 के सैनिक विद्रोह और 1858 में वीरवर कुँवर सिंह के विजय अभियान के बाद सन् 1876 ईस्वी में श्री सुरेंद्र नाथ बनर्जी ने ''इण्डियन एसोसिएशन' नाम से

एक संगठन का कलकत्ता में गठन किया। पूर्व आईसीएस अधिकारी श्री बनर्जी को इण्डियन सिविल सर्विस से निकाल दिया गया था। इनके संगठन बनाने का लक्ष्य भी स्वतंत्रता प्राप्त करने का नहीं था। इन्होंने ब्रिटिश सरकार के सिविल सर्विस के भर्ती नियमों में सुधार, परीक्षा की आयु सीमा बढ़ाने, आर्म्स एक्ट, वर्नाक्युलर एक्ट में सुधार को लेकर संगठन बनाया था। जिसका कांग्रेस की स्थापना के बाद कांग्रेस में विलय हो गया था।

कांग्रेस की स्थापना

देश में प्रत्यक्ष और परोक्ष रूप से धधकती-सुलगती स्वाधीनता प्राप्ति की आग, सशस्त्र विद्रोह की घटनाओं के शमनार्थ एवं देश को ब्रिटिश सरकार से वार्ता एवं अहिंसक आंदोलन के जरिये स्वाधीन कराने के लिए 28 दिसंबर 1885 ईस्वी में अंग्रेजी सरकार के पूर्व आईसीएस अधिकारी मि.ए. ओ. ह्यूम के हाथों कलकत्ता में कांग्रेस की स्थापना की गई थी। जिसके प्रथम अध्यक्ष श्री उमेशचंद्र बनर्जी और प्रधानमंत्री श्री ए.ओ. ह्यूम स्वयं बनें थे। जो लगातार इक्कीस साल तक इस पद पर रहे।

इसके लिए तैयारी श्री ह्यूम ने 1883 में ही शुरू कर दी थी। 01 मार्च 1883 को उन्होंने कलकत्ता विश्वविद्यालय के स्नातक छात्रों के नाम एक देशभक्ति से ओत-प्रोत पत्र लिखकर सभी से इस संगठन में जुड़ने की अपील किया था। इसके पीछे उनकी मंशा पूरी तरह से स्पष्ट थी कि 1857 के सशस्त्र विद्रोह से प्रेरणा लेकर भारतीय नौजवान जन विद्रोह का नेतृत्व करने वाले नहीं बनने लगें। वह ब्रिटिश सरकार के विरुद्ध होने वाले विद्रोह को राष्ट्रीय विपदा के रूप में देखते थे।

श्री ह्यूम के द्वारा स्थापित कांग्रेस के बारे में लाला लाजपत राय जी ने कहा था कि–'मिस्टर ह्यूम ब्रिटिश साम्राज्य को विद्रोह से बचाने के लिए इस संगठन को बना रहें हैं।'

इसका पहला अधिवेशन बम्बई (अब मुंबई) में हुआ था। बलिया जिले (01नवंबर 1879 को बलिया जिला बन गया था) से बम्बई की दूरी बहुत अधिक है। कांग्रेस के इस प्रथम अधिवेशन में बलिया जिले से किसी के भाग लेने का कोई साक्ष्य उल्लेख नहीं मिलता है।

कांग्रेस का दूसरा अधिवेशन 1886 ईस्वी में कलकत्ता में हुआ था। जिसमें बलिया से प्रतिनिधि के रूप में पंडित इन्द्रदत्त उपाध्याय एम ए, मंत्री आर्य देशोपकारिणी समिति, श्री देव नारायण सिंह उपमंत्री, श्री देवी प्रसाद प्लीडर सेक्रेटरी म्युनिसिपल बोर्ड बलिया, श्री भगवान दीन एवं उपमंत्री बलिया इन्स्टिट्यूट शामिल हुए थे।

कांग्रेस का तीसरा अधिवेशन सन् 1887 ईस्वी में मद्रास (अब चौन्नई) में हुआ जिसमें बलिया जिले से श्री देवी प्रसाद प्लीडर प्रतिनिधि के रूप में भाग लिए थे।

सन् 1888 ईस्वी में सम्पन्न कांग्रेस के वार्षिक अधिवेशन में श्री देवी प्रसाद प्लीडर के नेतृत्व में श्री परमेश्वरी दयाल, श्री नंदन प्रसाद, श्रीरामकुमार और श्री राधा मोहन पांडे बैरिया ने भाग लिया था।

1892 के अधिवेशन में बाबू जमुना प्रसाद जी को यह सौभाग्य प्राप्त हुआ था।

1910 ईस्वी में जब कांग्रेस का अधिवेशन प्रयागराज में सम्पन्न होना था। बलिया जिले के प्रतिनिधि के रूप में इस अधिवेशन में शामिल होने के लिए ढेर सारे लोगों ने बलिया-प्रयागराज एक कर दिया। बहुत सारे लोगों ने भारी-भरकम चंदा देकर स्वागत समिति के सदस्य तक का सम्मान प्राप्त किया था। बहुत सारे लोगों से चंदा लेकर प्रतिनिधि बना दिया गया।

बलिया जिले के मूलनिवासी बनारस में निवास करने वाले बाबू गौरीशंकर प्रसाद वकील साहब और बाबू परमेश्वरी दयाल वकील साहब बलिया जिले के प्रतिनिधि के रूप में कांग्रेस के अधिवेशनों में शामिल होते रहते थे।

1857-58 में हुए विद्रोह के बाद ब्रिटिश सरकार ने ईस्ट इंडिया कंपनी के हाथों से भारत की सत्ता छीनकर स्वयं अपने हाथों में ले लिया था। साम-दाम-दंड-भेद के सहारे ब्रितानी संसद की देखरेख में सत्ता की जड़ें मजबूती से जमाने की कोशिशें की जा रही थीं।

कांग्रेस की स्थापना के बाद सशस्त्र संघर्ष करने वाले संगठनों को अपराधी की श्रेणी में रख दिया गया था। कांग्रेस प्रत्यक्ष रूप से ब्रिटिश सरकार के खिलाफ़ हथियार उठाने वाले लोगों को अराजकता फैलाने वाले अपराधियों का गिरोह घोषित कर चुकी थी। ब्रिटिश हुकूमत भारत की स्वाधीनता के लिए संघर्ष करने वाले संगठन के रूप में केवल कांग्रेस को ही मान्यता दे रही थी। कांग्रेस के प्रस्ताव पर भारतीयों की आवाज़ सत्ताधीश ब्रिटिश सरकार तक पहुँच पाती थी।

ऐसी स्थिति में भारतीय युवा कुंठित हो रहे थे, उन्हें लगता था कि अब हम कभी अंग्रेजों की दासता से मुक्त नहीं हो पायेंगे।

आजादी का अलख जगाने वाले अखबार

इस विषम परिस्थिति में देश के कलमकारों ने जनता को जगाने का जिम्मा उठाया। बलिया बहुत छोटा सा जिला है। उस समय यहाँ पर खेती करने वाले किसानों और कलकत्ता में नौकरी करने वाले कामगारों के अलावा जो सम्पन्न समृद्ध लोग रहते थे, उसमें से ज्यादातर सरकारी अमले के साथ रहने में ही भलाई समझते थे।

जिले में गिने-चुने लोगों के पास ही डाकखाने से 10-15 दिनों की यात्रा करके अखबार पहुँचते थे। जिसे तीन-चार गाँवों के अखबार पढ़ने के शौकीन लोग पढ़ते थे।

जिले के वरिष्ठतम स्वतंत्रता संग्राम सेनानी 1923, 24, 25, 28, 30, 31, 38 और इसके बाद भी जिला कांग्रेस कमेटी के अध्यक्ष रहें स्व. ठाकुर जगन्नाथ सिंह जी का एक

साक्षात्कार जून 1978 में जिले के वरिष्ठ साहित्यकार स्व. नरेन्द्र शास्त्री जी ने किया था। जिसमें ठाकुर साहब ने बताया है कि-1904-05 में बलिया जिले में कलकत्ता से ''बंगवासी हिन्दी साप्ताहिक'' अखबार आता था। इसके बाद नागपुर से ''केशरी साप्ताहिक'' आने लगा। केशरी के यशस्वी संपादक श्री माधवराव सप्रे राष्ट्रीय विचारधारा के थे।केशरी अखबार का मुख्यपृष्ठ ही युवाओं को प्रेरित करने वाला था। इसके मुख्य पृष्ठ के ऊपर सिंहासन पर बैठी भारत माता का चित्र होता था। इसी पर नीचे एक सोये हुए शेर और उसके आसपास चार हाथियों को चरते हुए चित्रित किया गया था। सोये हुए शेर के नीचे लिखा होता था –

''रे गयंद मतिअंध छिनहु समुचित तोहिं नाही।
बसिबो अब या बिपिन मोर दुर्गम भुई माही।
गुरु सिलानी गजजानि नखन सों बिद्रावति कर ,
गिर कंदर मह परयो लखो यह निद्रित केहरि।। ''

अर्थात-सिंह रुपी भारत सो रहा है और हाथी रुपी अंग्रेज देश की वाटिका को उजाड़ रहा है। हाय देश की यह दुर्दशा ....

इसके बाद भारत में अंग्रेजी राज के लेखक श्री सुन्दरलाल जी का ''कर्मयोगी'' आने लगा। फिर बम्बई से ''वैंकटेश्वर समाचार'' आने लगा। इसके बाद ''सरस्वती मासिक'' भी आने लगी।

देशभक्ति के गीतों-आलेखों, संपादकीय और चित्रों से भरे इन साहित्यों ने भारतमाता के शेर पुत्रों को जगाने में अहम भूमिका निभाई।

1905-06 के बंग भंग और स्वदेशी आंदोलन के दौरान भी बलिया जिले में जन जागृति हुई।सन् 1908 ईस्वी में लोकमान्य बाल गंगाधर तिलक जी गिरफ्तारी की हलचल भी बलिया पहुँचीं थी। लेकिन इस दौरान यहाँ कांग्रेस बहुत शैशवावस्था में थी। इसके कारण किसी उल्लेखनीय घटना का विवरण नहीं प्राप्त हो पाया।

छात्रों की बगावत

सन् 1910-11 गवर्नमेंट स्कूल बलिया के विद्यार्थियों को आठ-आठ आना (पचास पैसे) अपने क्लास टीचर के पास जमा करने का आदेश जारी किया गया।

छात्रों को बताया गया कि ब्रितानिया सरकार के नये राजा का राज्याभिषेक हुआ है। जिसकी खुशी का जश्न मनाया जा रहा है। इस खुशी को प्रदर्शित करने के लिए सभी छात्रों को एक-एक तमगा दिया जायेगा, जिस पर नये राजा जार्ज पंचम की तस्वीर लगी है। कल सभी बच्चों को अपने-अपने सीने पर वह तमगा लगाकर स्कूल आना है। कुछ बच्चों को यह बात ठीक नहीं लगी। लेकिन कुछ कर नहीं सकते थे, अठन्नी सभी ने जमा कर दिया।

अगले दिन सारे बच्चे सीने पर जार्ज पंचम की तस्वीर वाले तमगे को लगाकर स्कूल पहुँचे। स्कूल के सेकेण्ड मास्टर श्री सूरज प्रसाद गुप्ता सभी कक्षाओं में घूम कर तमगा चेक कर रहे थे। जब उनकी नजर ठाकुर जगन्नाथ सिंह पर पड़ी तो उन्होंने पूछा कि तुम्हारा तमगा कहाँ है?

ठाकुर जगन्नाथ सिंह ने अपने पैर उठाकर जूते के फीते में लगा तगमा दिखा दिया।

मास्टर साहब ने कहा कि—यही तगमा लगाने की जगह है?

जगन्नाथ सिंह ने धीरता से लेकिन कठोर शब्दों में कहा—तो क्या इस पर वशिष्ठ, विश्वामित्र या रघुबर राम की फोटो लगी है कि मैं इसे छाती पर लगाऊँ?

स्कूल के प्रिंसिपल तारा बाबू और अध्यापक श्री मुनि मोहन मुखर्जी ने डाँट फटकार लगाकर मामले को संभाल लिया।

यह घटना थी तो बहुत मामूली लेकिन जिले के सबसे प्रतिष्ठित गवर्नमेंट स्कूल बलिया के विद्यार्थियों में आजादी की आग जल रही है। यह बताने के लिए काफी थी।

बलिया जिले में एक अफवाह फैलाई गयी कि—भारत के राजा के तौर पर 22 जून 1911 को दिल्ली में जार्ज पंचम की ताजपोशी के मौके पर लोकमान्य बाल गंगाधर तिलक जी महाराज को छोड़ दिया जायेगा। लेकिन हुआ बिलकुल इसके उलट।

''हाकिम है हुकुम सुनाता हाई कोर्ट कै, मिस्टर तिलक कैद भोगैं छः बरस कै।''

तिलक महाराज को छः साल की सजा का समाचार मिलते ही बलिया गवर्नमेंट स्कूल के विद्यार्थी उबल पड़े।

गवर्नमेंट स्कूल में 'विद्यार्थी परिषद' का गठन

बलिया शहर के आदित्य राम मंदिर में छात्रों की बैठक हुई, जिसमें ठाकुर जगन्नाथ सिंह, पंडित हृदय नारायण तिवारी, मुनीश्वर मिश्र, केदार उपाध्याय, शिवदत्त तिवारी, नंदकिशोर चौबे और पंडित परशुराम चतुर्वेदी (जो बाद में देश के ख्यातिनाम साहित्यकार हुए) सहित कुल पैंतीस छात्रों ने भाग लिया और अपने भाषण में इसका पुरजोर विरोध किया। इस अन्यायपूर्ण घटना का विरोध करने और लोकमान्य तिलक जी के समर्थन में जनता को जागरूक करने के लिए ''विद्यार्थी परिषद' नाम से छात्रों का एक संगठन बनाया गया। संगठन के विस्तार के लिए इसकी नियमित रूप से सायंकाल आदित्य राम मंदिर में बैठक करने तथा बलिया शहर और जिले के शेष स्कूलों के बच्चों को जोड़ने के बाद पदाधिकारियों का चुनाव कराने की बात निश्चित की गयी।

अपने जीवन में पहली बार देश की आजादी के लिए संगठित प्रयास करने की खुशी में सभी उत्साहित थे।आदित्य राम ठाकुरवाड़ी के देवी-देवताओं को सभी ने प्रणाम किया। आपस में उस समय जिसके पास जितने पैसे थे, उसमें से अपने सामर्थ्य के अनुसार चंदा दिया। उस चंदे के पैसे में से फूल, अगरबत्ती, पेड़ा मिठाई मंगाया गया। सभी लोगों

ने सामूहिक रूप से भृगु जी मंदिर, बाबा बालेश्वर नाथ, हनुमान गढ़ी आदि प्रायः सभी मंदिरों में पूजा अर्चना की गयी।

बलिया जिले में महाबीरी झंडा जुलूस का शुभारंभ

सावन का महीना था। बलिया शहर के दक्षिणी तट पर गंगा नदी का पानी बढ़ रहा था। बादलों की आवाजाही से कभी धूप-कभी छाँव के बीच बदरा सावन की फुहारें लोगों के तन-मन को भिगो रही थी। गवर्नमेंट स्कूल के हास्टल से पाँच बजे शाम को विद्यार्थी परिषद के बच्चों की टोली अपनी नियमित बैठक के लिए निकली। आज जहाजघाट (वर्तमान स्व.से. सरदार रामाशीष चौक बालेश्वरघाट) कुछ ज्यादा ही गुलजार था। नहाने वाले लोगों की संख्या अधिक थी, घाट के मंदिरों की घंटियों की गूँज बता रही थी कि हिन्दुओं का कोई पर्व है। मस्तों की टोली थोड़ी देर ठहरने के बाद मेस्टन स्कूल हास्टल (वर्तमान लक्ष्मीराज देवी इंटरमीडिएट कालेज का उपेक्षित हास्टल) के छात्रों से मिल कर उन्हें साथ लेने के इरादे से आगे बढ़ी, लेकिन थोड़ी देर बाद मन बदल गया, और आदित्य राम मंदिर पहुँच गए।

आज की बैठक में यही प्रमुख विषय था कि लोगों को अपने साथ जोड़ा कैसे जाएँ?

आपसी बहस के बाद तय हुआ कि जार्ज पंचम की ताजपोशी के विरोध में और तिलक महाराज के समर्थन में जुलूस निकाला जाएँ। यही सबसे सस्ता और सुविधा जनक है। चंदे के पैसे में से दो गज लाल एक रंगा कपड़ा खरीदा गया, चौक में एक दर्जी से उसका झंडा सिलवाया गया, पेंटर से उस पर सफेद रंग से एक तरफ वंदेमातरम और दूसरी ओर ''भारत भास्कर तिलक महाराज की जै'' लिखवाया गया। घुरुहू नरायन के छपरा रामपुर गाँव में कोइरी बिरादरी के लोगों का बाँस की कोठ थी, उसमें से सबसे लम्बा बाँस काटा गया। उसे बढ़ई से छिलवाकर उसमें तिलक महाराज का झंडा लगाया गया। ठाकुर जगन्नाथ सिंह के भरसर वाले घर पर तिलक महाराज का एक चित्र था, जिसे वह जाकर ले आये। सारी तैयारी के बाद आदित्य राम मंदिर के सामने एक हवनकुण्ड बनाया गया। उसके ठीक बगल में यह झंडा ऐसे गाड़ा गया कि हवनकुण्ड से निकलने वाला धुआँ झण्डे को लगे। बाजार से धूप, काली तिल, गुड़, घी आदि हवन-पूजन की सामग्री खरीद कर लाई गई। बच्चों के द्वारा की जा रही इस पूजा को शहर के लोग कौतूहल से देख रहे थे।

क्योंकि उस दिन बलिया शहर और सभी सरकारी भवनों को जार्ज पंचम की ताजपोशी का जश्न मनाने के कागज की रंग-बिरंगी झण्डियों से सजाया गया था। स्कूली बच्चों के प्रभातफेरी जुलूस निकाले गए थे, जो कागज के बनें यूनियन जैक झण्डे लेकर सड़कों पर ''जार्ज पंचम की जय'' ''अंग्रेजी राज का सूरज चमकता रहे।'' के नारे लगाते घूमें थे।

आदित्य राम मंदिर के सामने पूजा कराने के लिए पंडित ढूढ़ें जाने लगे। कोई तैयार नहीं हो रहा था, बगल में ही जुबली संस्कृत कालेज था, मंदिरों के पुजारी थे, लेकिन बच्चों के इस बवाल में पड़कर कौन अपनी जान आफत में डाले? सभी ने मना कर दिया।

तब तक हनुमानगंज संस्कृत पाठशाला के एक शिक्षक किसी काम से बलिया आये थे, बच्चों ने उन्हें प्रणाम किया और प्रार्थना किया कि-हमारे महाबीरी झण्डे का पूजन करा दीजिये, हम आपकी दक्षिणा भी देंगे। पंडित जी सीधे-साधे थे, उनको कुछ पता नहीं था, उन्होंने साविधि पूजन-हवन सम्पन्न कराया।

इसके बाद विद्यार्थी परिषद की वानरी सेना अपने असली रूप में प्रकट हुई। सभी सदस्यों ने तिलक महाराज की गिरफ्तारी के समय केशरी में छपी कविता–

''रामअवध लागी जबै सौंपी भरत बुलाय
भारत केहि के सौंपी तुम परयो बंदीगृह जाय।
हाय तिलक भारत तिलक लोक तिलक सुखदाय ,
भारत केहि के सौंपि तुम परयो बंदीगृह जाय।।''

का सस्वर जोर-जोर से पाठ करने लगे। इसके साथ-साथ हवन कुण्ड में तिलक महाराज के नाम की आहुतियां देने लगे। पंडित जी को बात समझ में आ गयी। इन बच्चों के बीच से खिसक गये।

आदित्य राम मंदिर के सामने हवन-पूजा के बाद झण्डे को लेकर शहर में जुलूस निकल पड़ा। जुलूस में वंदेमातरम, तिलक महाराज की जै, बोलीं बोलीं बजरंगबली की जै-जै, बोलीं बोलीं भिरुगु बाबा की जै-जै आदि नारों जयकारों के बीच चलते समय गीत भी गाया जा रहा था–

बंग भद्रौ बंधुओं पंजाब सबका संग है।
आज चारों देश में दृढ़ एकता रंग है।
युक्त देश समेत ही समवेत होकर सादरम्।
सब मिलिके बोलो प्रेम से अब क्यों न बंदेमातरम्।।

हनुमान गढ़ी, बाबा बालेश्वरनाथ के मंदिर से होते हुए जब यह जुलूस भृगु मंदिर की ओर बढ़ रहा था, सामने जापलिनगंज पुलिस चौकी थी, चौकी से एक हट्ठा-कट्ठा सिपाही बाहर निकला और साथ चल रहे बाँसडीह के एक गढ़पति परिवार के बच्चे को डाँटते हुए पूछा-यह क्या है?

बच्चा डर गया, उसने कहा कि-मैं इस जुलूस में नहीं हूँ। मैं किताब खरीदने जा रहा हूँ।

इस ठाकुर जगन्नाथ सिंह ने इस घटना को देख लिया था। वह आगे बढ़कर सिपाही से पूछें–क्या जानना चाहते हो?

सिपाही के लिए यह बात अप्रत्याशित थी। वह घूरते हुए अपना सवाल दोहराया—मैं पूछ रहा हूँ, यह क्या है?

ठाकुर साहब ने कठोरता के साथ उत्तर दिया—जो तेरी आँखों से दिखाई दे रहा है, जो तेरे कान सुन रहे हैं, वही सब तो है।

पता नहीं सिपाही ने क्या सोचा और चुपचाप खड़े होकर जुलूस को सामने से गुजरते हुए देखने लगा।

सभी मंदिरों के द्वार पर जाकर लोकमान्य तिलक जी के निरोगी स्वास्थ्य एवं दीर्घायु के लिए प्रार्थना की गयी। सायंकाल जहाज घाट पर माँ गंगा की जलधारा से झण्डे को स्पर्श कराया गया, पूजन किया गया।

तब से लेकर आज तक संपूर्ण बलिया जिले के गाँव, कस्बे, नगरों में महाबीरी झंडा जुलूस निकालने की परंपरा प्रारंभ हुई जो सैकड़ों वर्षों से आज चल रही है।

गवर्नमेंट स्कूल के बच्चों द्वारा निकालें गये जुलूस से जिले में आंतरिक उत्साह बढ़ा और जिला प्रशासन में हड़कंप मच गया।

जुलूस में शामिल गवर्नमेंट स्कूल के 25 छात्रों के निष्कासन, प्रधानाचार्य तारा बाबू का प्रमोशन रोकने तथा उप प्रधानाचार्य (सेकेण्ड मास्टर) श्री मुनि मोहन मुखर्जी का तबादला अल्मोड़ा करने का आदेश जारी आ गया। मात्रा 24 घंटे के अंदर ही तत्कालीन पुलिस अधीक्षक बलिया मिस्टर हिक्स का स्थानांतरण कर दिया गया था।

जिले के कलेक्टर मिस्टर जैप्लिंग (जापलिन) को सरकार ने आदेशित किया कि आपके जिले में प्राइमरी और मिडिल स्कूल के अध्यापक बच्चों को ब्रिटिश सरकार के विरुद्ध विद्रोह करने के लिए बहका रहें हैं।

जिला बेसिक शिक्षा अधिकारी ने सबसे पहले ठाकुर जगन्नाथ सिंह के गाँव भरसर के मिडिल स्कूल को बसरिकापुर स्थानांतरित करने का आदेश दिया। जिले के शिक्षकों को हिदायत दी गई कि कोई भी देशभक्ति की पत्र-पत्रिकाएँ नहीं मंगाएँ, उसे स्कूल में किसी भी स्थिति में लेकर नहीं आएंगे, अन्यथा उनको बर्खास्त कर दिया जाएगा। इस दौरान श्री गणेश शंकर विद्यार्थी के "प्रताप" प्रयागराज प्रकाशित "अभ्युदय", भारत भारती, बंगवासी, अमृत बाजार पत्रिका आदि की प्रतिया जहाँ भी मिलीं, उन्हें जलवा दिया था।

इस जुलूस काण्ड की एक और घटना उल्लेखनीय है। इस जुलूस की ख़बर को डिस्ट्रिक्ट मजिस्ट्रेट तक पहुँचाने वाले श्रीराम सुन्दर सिंह को बाद में सरकारी नौकरी दी गयी थी। इसी तरह से रसड़ा तहसील के जाम गाँव निवासी श्री भगवान सिंह जो शिक्षक का सामान्य प्रशिक्षण प्राप्त किये थे। उन्हें अपर प्राइमरी स्कूल में शिक्षक नियुक्त कर दिया गया था। लेकिन वह अपने डिप्टी कलेक्टर को खुश रखने में नाकाम रहे, इसलिये पदच्युत कर दिए गए। कांग्रेस के कर्मठ कार्यकर्ता श्री भगवान सिंह को महात्मा गांधी जी ने कहा कि तुम फौज में भरती हो जाओं। फौज के अफसरों को भी इनकी गतिविधियां नहीं जँची, जबलपुर (मध्यप्रदेश) छावनी में तैनाती के दौरान निकाल दिए गए।

यहाँ से निकलने के बाद इन्होंने श्री माखनलाल चतुर्वेदी जी के ''कर्मवीर'' में नौकरी करना शुरू कर दिया। असहयोग आंदोलन में भाग लेने के कारण इन्हें बलिया जिले की कोर्ट ने दो साल कैद बामुशक्कत की सजा सुनाई।

श्री भगवान सिंह ने अपने नाम को बदलकर किसानों को जगाने का काम शुरू कर दिया। कालांतर में यह पूरे प्रदेश में किसान नेता स्वामी भगवान के नाम से प्रसिद्ध हुए।

होम रूल लीग की स्थापना

जिस समय प्रथम विश्व युद्ध शुरू हुआ था। उस समय लोकमान्य बाल गंगाधर तिलक जी प्रायः बीमार रहते थे। सबसे पहले इन्होंने ही होम रूल की माँग उठाया और होम रूल लीग की स्थापना किया था।

पंजाब केसरी लाला लाजपत राय निर्वासित कर दिए गए थे। गोपाल कृष्ण गोखले, सर फिरोज शाह मेहता निधन हो गया था।

लेकिन उस समय अंग्रेज विदेशी समाजसेविका श्रीमती एनी बेसेंट देश और कांग्रेस की कर्णधार बन कर उभरीं, इन्होंने जार्ज अरुंडेल, सी. डी. रामास्वामी और बी.पी. वाडिया को साथ लेकर 01 सितंबर 1916 को होम रूल लीग की स्थापना किया। विश्व युद्ध के कारण संकट में पड़े ब्रिटिश साम्राज्य को संकट से उबारने के लिए महात्मा गांधी जी ने देश के युवाओं को फौज में भर्ती कराने के लिए लगे हुए थे।

श्रीमती एनी वेसेंट ने कहा कि यही वह समय है जब ब्रितानी सरकार से अपनी बात मनवाई जा सकती है, लोहा गरम है, बस चोट करने की जरुरत है। 1917 में कांग्रेस के पंडित जवाहरलाल नेहरु, वी चक्रवर्ती और जे बनर्जी ने भी होम रूल लीग का दामन थाम लिया। इसके पीछे बलिया जिले के भी नेता भी होम रूल लीग में शामिल हो गये थे। जून 1917 में मद्रास के गवर्नर ने श्रीमती एनी बेसेंट, जार्ज अरुंडेल, बीपी वाडिया को मद्रास बुलाया और इनको नजरबंद कर दिया।

होम रूल लीग के नेताओं की नजरबंदी के खिलाफ़ हुए देशव्यापी प्रदर्शन में बलिया भी शामिल हुआ था। जिसमें रसड़ा तहसील में किसान आंदोलन चलाने के अभियोग में श्री हरिभजन पाठक को दफा 106 में गिरफ्तार किया गया और पाँच किसानों को जेल में बंद कर दिया गया था। पंडित मदनमोहन मालवीय, श्री पुरुषोत्तम दास टंडन जी ने पाठक जी को जेल से छुड़वाया।

1918 में जब विश्व युद्ध समाप्त हुआ तब जार्ज पंचम के शान्ति महोत्सव में सभी राजनैतिक कैदियों को रिहा किया गया।

रोलेट एक्ट-न वकील, न दलील और न अपील। किसी को भी संदेह के आधार पर गिरफ्तार करके सजा दी जाने वाली व्यवस्था के विरुद्ध भी 06 अप्रैल से लेकर 13 अप्रैल 1918 तक बलिया जिले में हड़ताल, प्रदर्शन, व्रत-उपवास के कार्यक्रम आयोजित किये गये।

प्रथम विश्व युद्ध की समाप्ति के बाद महात्मा गांधी जी को भारत को आजादी देने के वादे से ब्रिटिश सरकार मुकर गयी। जबकि गांधी जी ने सरकार का सहयोग किया था। ब्रिटिश सरकार ने मांटेगू चेग्सफोर्ड सुधार का लालीपाप लेकर आयी। विक्षुब्ध महात्मा गांधी जी ने अब सरकार के असहयोग का आंदोलन चलाया। जिसके दमन के लिए रोलेट एक्ट का खुलकर खूब उपयोग किया गया।

1919 के जालियांवाला बाग काण्ड की व्यथा से भी बलिया अछूता नहीं रहा, जब यह समाचार बलिया पहुँचा तो अधिकांश लोगों के घरों में चूल्हा नहीं जला। बलिया जिले की यह परंपरा थी कि जब किसी परिजन, आत्मीय की मृत्यु का समाचार जिस दिन मिले, उस दिन वयस्क उपवास रखते थे।

01अगस्त 1920 को लोकमान्य बाल गंगाधर तिलक जी का निधन हो गया। बलिया के युवा इनसे बहुत प्रभावित थे, लेकिन मृत्यु पर किसी का कोई वश नहीं है। थोड़े दिनों तक रोने-कलपने के बाद उनके सपनों का भारत ''पूर्ण स्वराज की सरकार'' के लिए जुट गये।

लाला लाजपत राय निर्वासन से स्वदेश लौट आयें और इनकी अध्यक्षता में अखिल भारतीय कांग्रेस का अधिवेशन कलकत्ता में सम्पन्न हुआ। जिसमें महात्मा गांधी जी ने असहयोग आंदोलन का प्रस्ताव रखा। पंडित मोतीलाल नेहरू, देशबंधु चितरंजन दास ने गांधी जी के इस प्रस्ताव का पुरजोर विरोध किया, लेकिन यह प्रस्ताव पारित हो गया।

इस प्रस्ताव के विरुद्ध नागपुर में कांग्रेस का विशेष अधिवेशन श्री विजय राघवाचार्य की अध्यक्षता में दिसंबर 1920 में बुलाया गया। जिसमें सरकारी कौंसिल, कचहरी, स्कूल और सरकारी नौकरी का बहिष्कार, तिलक स्वराज फण्ड के लिए एक करोड़ रुपये का संग्रह, एक करोड़ लोगों को कांग्रेस का सदस्य बनाने और चरखा प्रचार तथा गाँव में पंचायतों की स्थापना 30 जून 1921 तक करने का लक्ष्य तय किया गया।

अब देश के दो बड़े अधिवक्ता पंडित मोतीलाल नेहरू जी और श्री देशबंधु चितरंजन दास के बीच देशसेवा के लिए त्याग करने की प्रतिस्पर्धा छिड़ी। उन दिनों चितरंजन दास जी की वकालत से होने वाली आय पचास हजार रुपये प्रतिदिन थी, इन्होंने अपनी वकालत छोड़ दिया और राष्ट्रीय आंदोलन में कूद पड़े। पंडित मोतीलाल नेहरू जी ने अपनी कोर्ट प्रैक्टिस बंद कर दिया, केवल चेम्बर प्रैक्टिस करने लगे।

असहयोग आंदोलन

ब्रिटिश सरकार और कांग्रेस के बीच हुए शासन सुधार की व्यवस्था के अनुसार प्रत्येक जिले से प्रांतीय सरकार की कौंसिल के लिए एक सदस्य का चुनाव होना था।

बलिया जिले से प्रांतीय सरकार की कौंसिल के लिए डुमराँव राज्य के मैनेजर ठाकुर हनुमान सिंह, रसड़ा के प्रसिद्ध व्यवसायी, समाजसेवी बाबू गौरीशंकर प्रसाद अग्रवाल और हल्दी के राजा साहब चुनाव लड़े। जिसमें ठाकुर हनुमान सिंह विजयी हुए।

बलिया शहर के मूलनिवासी सम्पन्न खत्री सरदार चमनसिंह का बाग जिले की सभी सामाजिक राजनैतिक गतिविधियों का केंद्र था। वर्तमान समय में यह चमनसिंह बाग पूरी तरह से कांक्रीट का जंगल हो गया है, घनी आबादी है। इसी चमनसिंह बाग में श्री हरिहरनाथ शास्त्री, श्रीरामजी लाल मुख्तार, बाबू केदारनाथ, बाबू मुरलीमनोहर लाल एडवोकेट, श्रीराम दहिन ओझा आदि कांग्रेस कार्यकर्ताओं की बैठक हुई थी। जिसमें बलिया जिले में कांग्रेस की जिला इकाई का गठन हुआ, जिसमें श्री मुख्तार रामजी लाल जिला अध्यक्ष और श्री मुरली मनोहर लाल जिला मंत्री बने।

तिलक स्वराज फण्ड के लिए तेरह हजार रुपये का चंदा एकत्र हुआ। जो नागपुर के विशेष अधिवेशन में जिले के हिस्से का आधा था। कुल 26 हजार रुपये बलिया जिले को देना था। जिले में छब्बीस हजार लोगों को कांग्रेस का साधारण सदस्य बनाया गया। असहयोग आंदोलन के तहत श्री मुरलीमनोहर लाल ने अपने वकालत की पढाई छोड़ दिया। श्रीरामजी लाल मुख्तार, श्रीरामचंद्र लाल, श्री जगन्नाथ प्रसाद ने मुख्तारी त्याग दिया। श्री नागेश्वर उपाध्याय, श्री मथुरा लाल, श्री अवध बिहारी पांडे, श्रीराम स्नेही सिंह, श्री धर्मदेव चौबे ने अध्यापक की नौकरी छोड़ दिया। श्री नंदकिशोर राय, ठाकुर हरिवंश सिंह एवं श्री सीताराम गुप्त (डूहां) अपनी पढाई छोड़कर प्रयाग से बलिया आ गये। इन लोगों ने बलिया शहर के स्कूलों में पढ़ने वाले छात्रों से मिलकर असहयोग आंदोलन में भाग लेने का आवाहृन किया। जिसके फलस्वरूप 18 फरवरी 1921 को स्थानीय स्कूलों के 60 छात्रों ने अपनी पढाई छोड़ दिया और राष्ट्रीय आंदोलन में कूद पड़े।

बलिया शहर के टाऊनहाल (वर्तमान क्रांति मैदान) के पूर्वी हिस्से में बना मकान (अब बापू भवन) में जिला कांग्रेस कमेटी का कार्यालय खोला गया। संगठन के विस्तार के लिए जिले को 18 मण्डलों में बांटा गया। उस समय बलिया जिले में तीन तहसीलें थीं कि बलिया सदर, बाँसडीह और रसड़ा तहसील, प्रत्येक तहसील में छः मण्डल बनाये गये। बलिया सदर तहसील में दलनछपरा-बैरिया मण्डल, हल्दी मण्डल, चितबड़ागाव मण्डल, गड़वार मण्डल, सोहांव मण्डल और बलिया मण्डल।

बाँसडीह तहसील में—रेवती मण्डल, सहतवार मण्डल, मनियर मण्डल, सिकंदरपुर मण्डल, खेजुरी मण्डल और बाँसडीह मण्डल।

रसड़ा तहसील में-सीयर मण्डल (अब बिल्थरारोड), अवराई मण्डल, रतनपुरा मण्डल (अब मऊ जिले में है), चिलकहर मण्डल और रसड़ा मण्डल।

इस मण्डल गठन के बाद असहयोग आंदोलन में गति आने लगी। लेकिन इसके साथ-साथ जिला प्रशासन के कान भी खड़े हो गये, और जिला मजिस्ट्रेट मि. राबर्ट ने अपने अधीनस्थों को सख्ती बरतने का आदेश जारी किया। इस संबंध में ब्रिटिश सरकार की ओर से कोई आदेश जारी किया गया था या नहीं? इसकी पुष्टि के लिए लेखक ने स्वयं जिलाधिकारी कार्यालय बलिया के अंग्रेजी दफ्तर, रिकार्ड रुम के अभिलेखों को खंगालने का काम किया। लेकिन यहाँ पर ऐसा कोई अभिलेख नहीं मिला।

उस समय रसड़ा तहसील के परगनाधिकारी (एसडीएम) पद पर श्री अनिरुद्ध लाल, बाँसडीह तहसील के परगनाधिकारी श्री चंद्रशेखर मिश्र और बलिया सदर तहसील के परगनाधिकारी पद पर श्री अब्दुल हमीद तैनात थे। यह सभी अधिकारी कांग्रेस कार्यकर्ताओं और सामान्य जन को भी बगैर किसी कारण के प्रताड़ित करने लगे। दफा 144 जबानबंदी से लेकर डकैती जैसे मुकदमे लिखवाए जाने लगे।

बाँसडीह तहसील में परगनाधिकारी श्री चंद्रशेखर मिश्र ने एक गरीब नाई नगीना हजाम पर दबाब बनाकर कर्मठ कार्यकर्ता श्री बलभद्र प्रसाद कोइरी, श्रीरामेश्वर शर्मा, श्री निरंजन सिंह, श्रीरामदहिन तिवारी, श्री बिशुन राम, श्रीरामदहिन ओझा, श्री शिवपूजन लाल पर डकैती का मुकदमा लिखवा दिया। इस मामले में इन सातों लोगों को कोर्ट से छः-छः महीने की सजा हो गयी। श्री मुरारी शर्मा, श्री ब्रह्मानन्द भारती, श्री विक्रमादित्य आचार्य, श्री चंद्रदत्त पांडेय को जेल में बंद कर दिया गया था।

संयोगवश इसी अन्याय पूर्ण दमन के समय प्रसिद्ध आर्यसमाजी श्री मदनमोहन सेठ जी बलिया जिले के मुंसफ होकर आ गये। उन्हें ठीक से पता था कि यह सारे मुकदमे फर्जी तरीके से पुलिस ब्रिटिश सरकार के इशारे पर लिख रही है। इन्होंने अदालत में वादी पक्ष से कहकर अधिकांश मुकदमों में सुलह कराना शुरू कर दिया। चूंकि वास्तविकता यह थी कि कोई चोरी, डकैती, छिनैती हुई नहीं होती थी, आरोपी मुलजिम समाज के सम्मानित लोग होते थे और मुकदमा जिसके ओर से लिखा गया होता था, वह व्यक्ति साधारण सा किसान मजदूर होता था। मुंसफ श्री मदनमोहन सेठ जी के इस पंचायती फैसले से कलेक्टर मि. राबर्टस को लगा कि मुंसफ साहब भी असहयोग आंदोलन को आगे बढ़ा रहें हैं।

मि. राबर्टस ने कांग्रेस की सभाओं के विरुद्ध गाँव-गाँव में राबर्टस इन्स्टिट्यूट (कलेक्टर की शांति सभा) का आयोजन करना शुरू कर दिया। इस सभा के सभापति के रूप में श्री मदनमोहन सेठ जी को रहना पड़ता था। स्वयं कलेक्टर साहब और ब्रिटिश सरकार के शुभचिंतक, वकील अपना भाषण गरमदल के देश की आजादी के लिए ब्रिटिश सरकार के मुलाज़िमों को ठोक पीटकर सबक सिखाने वालों को गिरफ्तार कराने उन्हें अपराधी बताने से शुरू होती थी और अंत में कांग्रेस पर खत्म होती थी। लेकिन बलिया जिले की जनता को सच्चाई पता थी। आम किसान, मजदूर, व्यापारी सभी लोग गरमदल-नरमदल के आंदोलनकारियों के साथ खड़े थे। जिसकी जितनी क्षमता थी, हर नागरिक तन-मन-धन से समर्पित था। गरमदल के लोगों को बलियावासी बहुत श्रद्धा से देखते थे, इनको बगैर माँगे चंदा भी खूब मिलता था। इसके पीछे बड़ा कारण यह था कि घूसखोर अधिकारी कर्मचारी इनसे डरते थे, क्योंकि यह उन्हें गाहे-बेगाहे ठोंकते-पीटते रहते थे। जिससे जनता को खुशी होती थी।

ब्रिटिश कलेक्टर अपने राबर्टस इन्स्टिट्यूट प्लान की असफलता से बौखला गये। बलिया जिले में उस समय हिन्दू आबादी अधिक थी और मुस्लिम समुदाय की आबादी

बहुत कम थी, ज्यादातर मुस्लिम समुदाय के लोग हिन्दू से ही मुस्लिम बने थे। उनके शादी की रस्में भी हिन्दू रीति-रिवाजों से होती थी। हल्दी, माड़ों, मटकोर, परछावन, बारात, सप्ताह भर पहले से आँगन में विवाह के भोजपुरी गीत सबकुछ लोक परंपरा से होते थे। जिसमें हिन्दू-मुसलमान दोनों ही शामिल होते थे। यही बात त्यौहारों पर भी लागू होती थी। ताजिया के जुलूस में हिन्दू परिवार की महिलाएँ भी मन्नतें माँगने जाती थी। मुस्लिम परिवार भी होली, दीवाली मनाते थे। कोई भेदभाव नहीं था। ऐसे अंग्रेजी हुकूमत के खिलाफ आंदोलन में भी दोनों ही समुदायों के लोग साथ मिलकर लड़ रहे थे।

जिलाधिकारी मि. राबर्टस् ने अपनी दूसरी चाल चली। बलिया शहर में मुहर्रम के ताजिया जुलूस पर सादी वरदी पहने पुलिस के जवानों से पथराव कराया। लेकिन शहर के मानिन्द हिन्दू-मुसलमान दोनों लोगों ने तत्काल इस स्थिति को संभाल लिया था। शहर में दंगा नहीं हुआ।

इसी प्रकार से रसड़ा में दुलदुल के जुलूस पर पत्थर फेंके गये, लेकिन कोई फंसाद नहीं हो पाया। इनकी यह योजना भी असफल हो गयी।

तब अपने मुस्लिम खैरख्वाहों को यह कहकर बरगलाने लगे कि ब्रितानिया सरकार मुस्लिम कौम पर सबसे अधिक एतबार करती है, उन्हें नौकरी देने के लिए विशेष छूट देती है। मुस्लिम समुदाय के कुछ लोगों कलेक्ट्रेट और जजी कचहरी में नौकरी पर भी रखवा दिया। इनकी देखादेखी अधिकारियों के साथ उठने-बैठने वाले ब्राह्मण समाज के लोगों ने भी नौकरी हथिया लिया। क्योंकि उस समय कोई नौकरी करने के लिए तैयार नहीं था, देशभक्त लोग नौकरी छोड़कर जा रहे थे।

नवंबर 1921 के पहले असहयोग आंदोलन को शान्त करने के लिए कांग्रेस के कुछ बड़े नेताओं की गिरफ्तारी हुई। बलिया में श्री मुरलीमनोहर लाल जी कांग्रेस के जिला मंत्री गिरफ्तार हुए थे।

इसके पीछे दो कारण थे। पहला असहयोग आंदोलन को शान्त करना, दूसरे ड्यूक आफ कनाट सुधारों को लागू करने के लिए भारत आ रहें प्रिंस आफ वेल्स के आगमन पर कोई सभा, जुलूस विरोध नहीं हो।

17 नवंबर 1921 को प्रिंस को भारत आना था। उस समय बलिया जिले का प्रसिद्ध कार्तिक पूर्णिमा स्नान-ददरी मेला 15/16 नवंबर को था। डिस्ट्रिक्ट मजिस्ट्रेट मि. राबर्टस ने ददरी मेले के स्नान पर प्रतिबंध लगा दिया। मेले में कांग्रेस के कार्यकर्ताओं को सभा करने पर भी प्रतिबंध लगा दिया था। इसके खिलाफ कांग्रेस ने हड़ताल का आवाहन किया। लगभग पाँच लाख की संख्या में पुरुष, महिलाएँ, अबाल वृद्ध, बच्चे बलिया पहुँच गए। बलिया शहर के दक्षिण दियारे में लोग अपने घरों से बैलगाड़ी पर खाने-पीने का सामान आटा, सत्तू, चावल, भूजा, चिऊरा, गोइंठा लेकर आये थे। अपने गाँव की बैलगाड़ियों को खड़ा करके घरौंदा बना दिया और महिलाएं गीत गानें लगी। 17 नवंबर के पहले ही इतनी बड़ी भीड़ का जमावड़ा जिला मुख्यालय पर देखकर कलेक्टर साहब

के होश उड़ गए। पहले कुछ लोगों को गिरफ्तार किया गया। लेकिन बाद में साहब के स्थानीय शुभचिंतकों ने बताया कि इस समय ऐसी कार्यवाई करने से विद्रोह की आग भड़क सकती है, जिसे संभालना बहुत मुश्किल होगा। सारे सरकारी हथकण्डे फेल हो गये।

कांग्रेस कार्यकर्ताओं ने इस मौके का भरपूर उपयोग किया। ददरी मेले की सारी दुकानें खुल गयी, नेताओं के भाषण रोज होते थे। स्वयंसेवकों ने 15 दिनों तक ददरी मेले की सुरक्षा व्यवस्था को संभाल लिया था। मेला शान्तिपूर्वक बहुत अच्छे तरीके से सम्पन्न हो गया। इस घटना से एक तरफ जनता में कांग्रेस की साख बढ़ी, वहीं दूसरी तरफ अधिकारियों को यह बात बहुत नागवार लगी।

मेला समाप्त होते ही जिला प्रशासन के द्वारा क्रिमिनल अमेन्डमेंट लॉ 1908 के अन्तर्गत कांग्रेस वालंटियर कोर को गैरकानूनी घोषित कर दिया गया और लोगों को पकड़ कर जेल भेजा जाने लगा। यह जेल भेजने की कार्यवाई दिसंबर 1921 और जनवरी 1922 में खूब चली। जिले के कोने-कोने से कांग्रेस के स्वयंसेवकों की गिरफ्तारी की गयी। जिला जेल में कैदियों को रखने की जगह नहीं थी, लेकिन गिरफ्तारियां होती रहीं। इस तरह की गिरफ्तारी सभी जिलों में हुई।

इस प्रकरण को लेकर 16 दिसंबर 1921 को आनंद भवन प्रयाग में कांग्रेस की एक प्रांतीय बैठक भी आहूत की गयी थी। जिसमें शामिल होने के लिए बलिया से श्री प्रद्युम्न मिश्र तथा श्री नंदकिशोर राय प्रयाग गये थे। दोनों वहीं पर गिरफ्तार हो गये इस दिन आनंद भवन से 55 लोगों की गिरफ्तारी हुई थी।

जिलाधिकारियों ने जनवरी के प्रथम सप्ताह में सरकार को झूठी रिपोर्ट भेज दिया था कि कांग्रेस के आंदोलन को दबा दिया गया है।

बलिया जिले के कलेक्टर मिस्टर राबर्टस् के दमन की गूँज प्रांतीय कांग्रेस कमेटी तक पहुँच गयी थी। कमेटी ने श्री देवदास गांधी को बलिया भेजा, उन्हें भी गिरफ्तार कर जेल में डाल दिया गया।

जब यह बात श्री मोतीलाल नेहरू जी को मालूम हुई तो उन्होंने कहा कि मैं जेल से छूटने पर सबसे पहले बलिया जाऊँगा। उन्होंने अपना वचन निभाया भी जेल से छूटने पर सबसे पहले बलिया आये, संयोग से उसी दिन पंडित मदनमोहन मालवीय जी भी बलिया आये थे।

सन् 1922 के अंत तक बहुत सारे लोग अपनी सजा पूरी कर जेल से बाहर आ गये थे।

1922 में कांग्रेस का वार्षिक अधिवेशन गया में सम्पन्न हुआ, जिसमें श्री चितरंजन दास जी सभापति चुने गए। कांग्रेस की आपसी खींचतान में प्रांतीय कौंसिल में प्रवेश का मामला खटाई में पड़ गया। लेकिन डिस्ट्रिक्ट बोर्ड और म्युनिसिपल बोर्ड स्थानीय संस्थाओं में प्रवेश की अनुमति मिल गयी।

वास्तव में अब स्थिति यह हो गयी थी कि सरकारी पक्ष के दिग्गज रसूखदार जहाँ कांग्रेस की स्थिति मजबूत वहाँ कांग्रेसी नेताओं को अपने साथ लेकर प्रांतीय कौंसिल से लेकर डिस्ट्रिक्ट बोर्ड और म्युनिसिपल बोर्ड पर कब्ज़ा कर लेते थे।

इस बार बलिया म्युनिसिपल बोर्ड पर कांग्रेस का कब्ज़ा हो गया, श्री केदारनाथ जी चेयरमैन बन गये। लेकिन डिस्ट्रिक्ट बोर्ड के चेयरमैन ब्रिटिश सरकार के समर्थित ठाकुर शिवदर्शन सिंह बन गये। कांग्रेस के श्री चित्तू पांडे, श्री महिपाल बहादुर सिंह, श्री हरिद्वार शर्मा, श्री धनेश्वर ओझा सदस्य चुने गए थे।

अपने दिल्ली अधिवेशन में कांग्रेस ने प्रांतीय/राष्ट्रीय कौंसिल में प्रवेश की अनुमति दे दिया। अब कांग्रेस के नेताओं को सत्ता की मलाई ललचाने लगी। बलिया जिले के वरिष्ठ कांग्रेस नेता बाबू मुरलीमनोहर ने जिलाधिकारी मि. राबर्टस को रिझाने के लिए "राबर्टस लाइब्रेरी" का जीर्णोद्धार करवाया। इसके लिए भव्य समारोह आयोजित किया गया।

जिला तोड़ने की धमकी

सन् 1924 में जिले के कांग्रेस के नरमपंथी दल के आंदोलन के अलावा एक गरमदल का आंदोलन भी था। जिसमें सीसोटार (सिकंदरपुर) के श्री राजकुमार दुसाध (राजकुमार बाघ जिनकी मूर्ति जिला जेल परिसर में लगी है)

जैसे लोग भी थे, जो सरकार को सीधे चुनौती दे रहे थे। जिससे चिढ़ कर सरकारी खर्च कम करने के नाम पर बड़े अफसरों ने बलिया जिले को तोड़कर उसे गाजीपुर जिले में शामिल करने का प्रस्ताव भेज दिया। यह ब्रितानी दिमाग की फितरत थी। लेकिन उनका यह दांव उलटा पड़ गया। इस खबर के बलिया पहुँचते ही सरकार के समर्थक वकील, मुख्तार और अफसरों की जी हजूरी करने वाले लोगों को बड़ा सदमा लगा। यह सरकार समर्थक लोग बेचैन होकर लखनऊ-बनारस दौड़ने लगे। बहुत लिखा-पढ़ी और सिफारिशों के बाद सरकार ने जिले को समाप्त करने का प्रस्ताव वापस लौटा लिया।

महात्मा गांधी जी बलिया आए

16 अक्तूबर 1925 को पूज्य महात्मा गांधी जी का बलिया आगमन हुआ। पूर्वांचल के लोगों के लिए श्री मोहनदास करमचंद गांधी जी मिथक बन चुके थे। मेरे (लेखक) के पिता श्रीरामाशीष सिंह गरमदल के साथ काम करते थे। हमारी आजी (दादी) कहती थीं कि-गधियाँ आन्हीं उठवले बा, लइकन के बिगार के धऽ देले बा। ना खाएँ के फिकिर बा, ना अपना काम के फिकिर बा। दिन भर घुमाई होत बा।

जबकि हमारी नानी जी कहती थीं कि-गांधी बाबा देवता के अवतार रहनीं, उहाँ के तिरंगा आकाश में फहरात रहे।

ऐसे महापुरुष को देखने के लिए बलिया जिले के समीपवर्ती जिलों के गाँवों से भी लोग बलिया पहुँचे थे।

मेस्टन कालेज के मैदान (अब सतीशचंद्र महाविद्यालय का मैदान) में काफी ऊँचा मंच बनाया गया था। ऊँचाई अधिक होने के कारण वह हिल भी रहा था। भीड़ का आलम यह था कि पूरा बलिया शहर और यहाँ पहुँच वाले रास्ते पर लोगों को भीड़ ही भीड़ दिखाई दे रही थी।

आयोजक इस बात से परेशान थे कि इतनी भीड़ में बापू का भाषण लोगों को सुनाई कैसे पड़ेगा। बापू मुस्कुराते हुए मंच पर पधारे, हाथ जोड़ कर लोगों का अभिवादन किया। इसके बाद बैठ गए, जनता उनके दर्शन करके अघा रही थी। स्थानीय नेताओं के स्वागत भाषण के बाद उन्होंने बोलना शुरू किया तो ऐसी शान्ति छा गयी, मानों इतने बड़े मैदान में कोई भी आदमी ही नहीं है।

बापू ने कहा-मेरी बहुत दिनों से इच्छा थी कि आप सभी बलियावासियों के दर्शन करूँ, जो आज पूरी हो गयी। देश के स्वाधीनता संग्राम में आप सभी का जिस प्रकार से सहयोग मिल रहा है, उससे मुझे यह पूरा विश्वास है कि एक दिन हम अपने सुराज प्राप्ति के लक्ष्य को प्राप्त करेंगे और रामराज्य की स्थापना का सपना पूरा होगा।

अपने दो मिनट के भाषण में बापू ने हिलते हुए मंच की भी चर्चा की। यहाँ से जाने के बाद ''नवजीवन'' में भी बापू ने अपने बलिया प्रवास को लिखा, जिसमें यहाँ के त्याग बलिदान और शांति की चर्चा किया था।

पंडित मदनमोहन मालवीय बनाम पंडित मोतीलाल नेहरू

सन् 1926 में कांग्रेस के केंद्रीय कौंसिल और प्रांतीय कौंसिल में प्रवेश की अनुमति के बाद चुनाव आरंभ हो गये।

बलिया जिले में प्रांतीय कौंसिल के लिए सरकारपरस्त डुमरॉव राज्य के पूर्व मैनेजर ठाकुर हनुमान सिंह और सेवानिवृत डिप्टी कलेक्टर श्री भगवान सिंह के बीच मुकाबला हुआ। साम-दाम-दंड-भेद के सहारे ठाकुर हनुमान सिंह विजयी हुए थे।

सबसे रोमांचक लड़ाई केंद्रीय कौंसिल के लिए हुई। पंडित मदनमोहन मालवीय जी और लाला लाजपत राय ने श्री घनश्याम दास बिड़ला को अपना उम्मीदवार घोषित कर दिया। दूसरी तरफ पंडित मोतीलाल नेहरू जी ने बाबू भगवान दास जी के पुत्र श्रीप्रकाश जी को खड़ा किया। तत्कालीन जिला कांग्रेस कमेटी बलिया के अध्यक्ष श्री महेंद्र प्रसाद जी अपने कांग्रेसी कार्यकर्ताओं को लेकर चुनाव में श्रीप्रकाश जी के लिए वोट माँगने लगे। लेकिन दो धनकुबेरों के युद्ध में पैसा पानी की तरह बहाया जा रहा था। यह लड़ाई पंडित मोतीलाल नेहरू जी और पंडित मदनमोहन मालवीय जी के लिए प्रतिष्ठा का प्रश्न बन गयी थी। बलिया, गाजीपुर जिले के भारतीय जनसेवक संघ और अछूतोद्धार कमेटी के पदाधिकारियों की बर्खास्तगी हो गयी। लेकिन बलिया जिले की जनता के लिए यह

चुनाव वरदान साबित हुआ। श्री घनश्याम दास बिड़ला जी ने बाढ़ से प्रभावित होने वाले गाँवों की सुरक्षा के लिए अपने पैसों से बाँध बनवाया। गाँवों में कुएँ-तालाब खुदवाएं गये। आज भी यह बिड़ला बाँध सैकड़ों गाँवों को बाढ़ से बचाने का काम कर रहे हैं। बलिया जिले की जनता ने पंडित मदनमोहन मालवीय जी के उम्मीदवार श्री घनश्याम दास बिड़ला जी को जिताकर केंद्रीय कौंसिल पहुँचा दिया।

कांग्रेस जिलाध्यक्ष श्री महेंद्र प्रसाद जी और मंत्री श्री महिपाल बहादुर सिंह ने इस महत्वपूर्ण चुनाव के समय पंडित जवाहरलाल नेहरू जी के विदेश में होने के बावजूद भी पंडित मोतीलाल नेहरू जी के निर्देशन में श्रीप्रकाश जी के पूरे चुनाव का प्रबंधन किया था। उन्हें इस पराजय ने बहुत व्यथित किया था। जिले में इन्होंने ने कांग्रेस स्वयंसेवक दल का गठन कराया।

1927 में जिला कांग्रेस कमेटी के अध्यक्ष श्री मुरलीमनोहर लाल जी और मंत्री श्री विंध्यवासनी प्रसाद जी बनाये गये थे। इस वर्ष के कांग्रेस महाधिवेशन मद्रास (चौन्नई) के सभापति डाक्टर मुख्तार अहमद अंसारी हुए थे।

पूर्ण स्वराज्य की प्रतिज्ञा

1928 में जिला कांग्रेस कमेटी बलिया के अध्यक्ष ठाकुर जगन्नाथ सिंह एवं मंत्री श्री विंध्यवासनी प्रसाद जी थे।

दिसंबर 1929 के लाहौर कांग्रेस अधिवेशन में पंडित जवाहरलाल नेहरू जी को सभापति बनाये गये थे। पहली जनवरी 1930 को तालियों की गड़गड़ाहट के बीच पूर्ण स्वराज्य का प्रस्ताव पारित किया गया। पूर्ण स्वराज्य प्रतिज्ञा कार्यक्रम के तहत 26 जनवरी 1930 को बलिया जिला कांग्रेस कमेटी के कार्यालय टाऊनहाल मैदान में प्रातः 8 बजे श्री प्रद्युम्न मिश्र के द्वारा झंडा फहराया गया, प्रतिज्ञा दोहराई गयी। इसके बाद जुलूस के रूप में म्युनिसिपल बोर्ड पहुँच कर वहाँ भी झंडा फहराया गया, प्रतिज्ञा दोहराई गई, यहाँ के बाद सायंकाल सैकड़ों लोगों की उपस्थिति में शहर के मुख्य चौक (अब शहीद पार्क चौक) में झंडा फहराया गया और प्रतिज्ञा दोहराई गई। इस वर्ष जिला कांग्रेस कमेटी बलिया के अध्यक्ष ठाकुर जगन्नाथ सिंह एवं मंत्री श्री विंध्यवासनी प्रसाद जी बने थे।

नमक सत्याग्रह

महात्मा गांधी जी ने 6 अप्रैल 1930 को नमक सत्याग्रह करने का आवाहन किया था। समुद्र के किनारे डांडी में एक मुट्ठी बिखरे हुए नमक को उठा लेना ही नमक सत्याग्रह था। इसी को करने पर अंग्रेजी सरकार ने बापू को गिरफ्तार कर लिया। श्रीमती सरोजनी नायडू, श्री मोतीलाल नेहरू जी आदि बड़े-बड़े कांग्रेस नेता मुट्ठी भर नमक हाथ में उठाने के लिए जेल भेज दिये गये।

1जुलाई 1930 को बलिया जिले में नमन सत्याग्रह का शुभारंभ असहयोग आंदोलन के दौरान दरोगा की नौकरी छोड़कर आजादी की लड़ाई में भाग लेने श्री हरिवंश सिंह शास्त्री जी के नेतृत्व में बलिया रेलवे स्टेशन के पूर्वी रेलवे क्रॉसिंग (सच कालेज के पास) गुदरीबाजार से हंडिया (मिट्टी के बर्तन) में दो किलो नमक खरीदकर उसे मुट्ठी में भरकर नारा लगाने से हुआ। इसमें श्री गोरख सिंह कोटवारी, श्री ब्रह्मदेव सिंह रेवती, श्री महानंद मिश्र बलिया शहर आदि कुल पंद्रह लोगों ने भाग लिया। यहाँ पर पुलिस ने इस नमक सत्याग्रह को नौटंकी मानकर कोई कार्रवाई नहीं की।

इसके बाद कांग्रेस की सबसे उर्वर भूमि रेवती में नमक सत्याग्रह करने के लिए यह टोली रेवती पहुँचीं। उसी हंडिया के नमक को जमीन पर बिखेर कर उसे उठाना और नारा लगाने का कार्यक्रम शुरू कर दिया गया। यहाँ पर पुलिस ने श्री हरिवंश सिंह शास्त्री, श्री गोरख सिंह कोटवारी और श्री ब्रह्मदेव सिंह रेवती को गिरफ्तार कर लिया। इनकी गिरफ्तारी के बाद भी पंडित महानंद मिश्र जी के साथ कुछ स्थानीय युवक नमक को बिखेरते-बटोरते रहे और महात्मा गांधी जिन्दाबाद, जवाहर लाल नेहरू जिन्दाबाद के नारे लगाते रहे। लेकिन पुलिस ने इन लोगों को गिरफ्तार नहीं किया।

महाबीरी झंडा का बवाल

जार्ज पंचम की ताजपोशी के विरोध में गवर्नमेंट स्कूल के विद्यार्थियों के द्वारा निकाला गया, महाबीरी झंडा जुलूस बलिया जिले में ब्रिटिश सरकार के विरोध का जीवंत प्रतीक बन चुका था। रेवती नगरपंचायत में यह महाबीरी झंडा जुलूस परंपरा के अनुसार मस्जिद के चबूतरे से आज भी निकलता है। लेकिन बलिया शहर के महाबीरी झंडा जुलूस को ब्रिटिश सरकार के अधिकारियों ने साजिश के तहत साम्प्रदायिक रंग दे दिया था।

3 अगस्त 1930 श्रावण पूर्णिमा के दिन परंपरा के अनुसार बलिया शहर का महाबीरी झंडा जुलूस आदित्य राम मंदिर से निकला हनुमान गढ़ी, बाबा बालेश्वरनाथ मंदिर, भृगु मंदिर होते हुए यह जुलूस जब विष्णु धर्मशाला रोड से बिशुनीपुर मस्जिद के चौराहे पर पहुँचा तो मस्जिद की छत पर से जुलूस पर पत्थर फेंके जाने लगे। ऐसा बताया जाता है कि उस समय जुलूस में शामिल आर्यसमाज के एक गायक के द्वारा ''सर जाये तो जाएँ, वैदिक धर्म न जाएँ'' शीर्षक का गीत गाया जा रहा था। जिससे चिढ़ कर मुस्लिम संप्रदाय के सिरफिरे लोगों ने जुलूस पर पथराव किया था। कुछ लोगों का यह भी कहना था कि इस जुलूस को बंद कराने के लिए सरकार के सरपरस्त वर्ग विशेष के लोगों ने सोची-समझी साजिश के तहत पहले से तैयारी करने के बाद इस घटना को अंजाम दिया। मस्जिद से फेंके गये पत्थरों को उठाकर जुलूस में शामिल लोगों ने पलटवार करना शुरू कर दिया।

इसके बाद पुलिस ने बगैर किसी चेतावनी के गोली चलाना शुरू कर दिया। इस महाबीरी झंडा जुलूस में बलिया शहर के 10-12 किमी परिधि के गाँवों से

हजारों लोग अपने महाबीरी झंडा के साथ लाठी-भाला लेकर शामिल होने आते थे। आज भी आते हैं।

पुलिस फायरिंग में अनेक लोगों को गोली लगी बहुत सारे ग्रामीण लोगों की मौत भी हो गयी। जिसका सही आकंड़ा उपलब्ध नहीं है। कुल मिलाकर आजादी के आंदोलन की कोख से निकला महाबीरी झंडा जुलूस कलंकित हो गया।

ब्रिटिश सरकार की पुलिस ने एकतरफा कार्यवाई करते हुए कांग्रेस के जिला मंत्री श्री विंध्यवासनी प्रसाद वकील और ठाकुर जोगेश्वर सिंह वकील को घटना का दोषी ठहराते हुए, इनकी गिरफ्तारी का वारंट जारी कर दिया।

इस गोलीकाण्ड के बाद कांग्रेस और ब्रिटिश सरकार पक्ष के बड़े-बड़े नेता घटना की सच्चाई जानने-समझने के लिए बलिया आये। प्रांतीय कौंसिल के ठाकुर हनुमान सिंह, श्री आनंदी प्रसाद दूबे, पंडित कृष्ण कान्त मालवीय, श्रीमती उमा नेहरु, अलीगढ विश्वविद्यालय के डॉ. जियाउद्दीन अहमद ने अपनी जाँच पड़ताल में पाया कि यह साम्प्रदायिक मामला नहीं है। पहले से ही प्रतिवर्ष महाबीरी झंडा जुलूस शहर के प्रमुख मंदिरों के साथ-साथ बड़ी मस्जिद गुदरीबाजार और बिशुनीपुर मस्जिद के सामने से निकलता आ रहा है। इस वर्ष किसी साज़िश के तहत इसमें व्यवधान उत्पन्न किया गया है। लेकिन इसका सीधा मतलब था कि इस दुखद घटना के लिए जिले के कलक्टर और पुलिस कप्तान जिम्मेदार होते, इसलिये इसे ठंडे बस्ते में डाल दिया गया था।

महाबीरी झंडा जुलूस के दौरान हुए बवाल के बाद जिलाधिकारी ने ब्रिटिश सरकार का दबदबा कायम करने और अपनी नाकामी छिपाने के लिए बाहर से फौज मंगा लिया। ब्रिटिश फौज के जवान बलिया शहर और आसपास के गाँवों में गश्त करने लगे। यह अकारण घूमने वाले लोगों को पीटते-धमकाते थे, जिसके विरोध में जनता ने विशाल प्रदर्शन किया। इसके बाद कलेक्टर साहब ने संभ्रांत लोगों की बैठक आहूत किया लेकिन सरकार के खैरख्वाहों को छोड़कर, जनाक्रोश को देखते हुए शहर के चेयरमैन सहित अन्य कोई भी संभ्रांत व्यक्ति इस बैठक में शामिल नहीं हुआ।

ददरी मेला में हड़ताल

1930 का साल ब्रितानी सरकार और बलिया जिले की जनता के बीच वाद-प्रतिवाद का वर्ष रहा। कार्तिक पूर्णिमा स्नान के दो दिन बाद पुलिस ने कांग्रेस के जिलाध्यक्ष ठाकुर जगन्नाथ सिंह को गिरफ्तार कर लिया। जिसके विरोध में बलिया शहर और ददरी मेले के दुकानदारों ने अपनी दुकान बंद करके हड़ताल कर दिया। इनकी माँग थी कि ठाकुर जगन्नाथ सिंह को बिना शर्त रिहा किया जाए। इस हड़ताल से जिले के अधिकारी आग बबूला हो उठे। डीएम बलिया ने म्युनिसिपल एक्ट की धारा 4 का प्रयोग करते हुए, मेला प्रभारी/चेयरमैन श्री केदारनाथ जी को निलम्बित कर दिया और 15 दिनों

में मेले में हड़ताल होने पर स्पष्टीकरण माँग लिया। इस पर म्युनिसिपल बोर्ड ने तीखी प्रतिक्रिया व्यक्त की बोर्ड ने सर्वसम्मति से मेले में हड़ताल होने की घटना का दोषी चेयरमैन/मेला प्रभारी श्री केदारनाथ जी को मानने से इनकार करते हुए, जिलाधिकारी की कार्यवाई को गलत करार देने का प्रस्ताव पारित किया और उसे शासन को भेज दिया।

अमन-प्रेम सभा के अध्यक्ष की नियुक्ति

इस समय तक सरकार का विरोध करने वाले कांग्रेस के प्रायः सभी प्रमुख नेताओं को गिरफ्तार कर जेल में बंद कर दिया गया था। लेकिन जिले में सरकार के विरोध का तेवर दिन-प्रतिदिन प्रखर होता जा रहा था। जिले के अधिकारी इस बात को लेकर बहुत परेशान थे।

उन्हें मामला समझ में नहीं आ रहा था कि आखिरकार जनता में सरकार के विरुद्ध जनमत तैयार करने वाले लोग कौन हैं? स्थानीय अभिसूचना ईकाई के लोगों की बुद्धि पुराने कांग्रेसी नेताओं तक ही पहुँच पा रहीं थी, जो कौसिंल चुनावों में हुई उठापटक, जातिवाद, बंदरबांट और कांग्रेस द्वारा सरकार समर्थित लोगों को उम्मीदवार बनाने से क्षुब्ध होकर निष्क्रिय हो गये थे।

वास्तव में इस समय बलिया जिले में सरकार के विरुद्ध जनमत तैयार करने वाले लोग ब्रिटिश सरकार से सत्ता छीनकर स्वतंत्रता लेने वाले लोगों की गरमदल वाली फौज थी, जो अनाम भूमिगत रहकर जनता को जागृत कर रह थे। इनका केंद्रीय, प्रांतीय कौंसिल या डिस्ट्रिक्ट बोर्ड, म्युनिसिपल बोर्ड के चुनावों से कोई लेना-देना नहीं था। यह लोग कांग्रेस को ब्रिटिश सरकार की 'बी' टीम मानते थे, जो सरकार के लिए ही दिखावे का आंदोलन करती है। इसीलिये इस समय जो भी आंदोलन होते थे उसमें जनाक्रोश ज्यादा होता था।

जिला प्रशासन की ओर से शासन को इस आशय की रिपोर्ट प्रेषित की गयी थी कि बलिया जिले में कांग्रेस के कार्यकर्ताओं द्वारा सरकार के खिलाफ़ उग्र आंदोलन किया जा रहा है, ऐसा लग रहा है कि इसमें कांग्रेस से बाहर के अराजकता फैलाने वाले लोग भी शामिल हो गये हैं। शासन स्तर पर कांग्रेस के प्रांतीय पदाधिकारियों से वार्ता के बाद कांग्रेस की प्रांतीय कमेटी ने अमन-प्रेम सभा के नाम से एक संस्था गठित कर उसके जिला अध्यक्ष के रूप में श्रीरामानंद नाम के एक संयासी को बलिया भेजा। जो कहीं दूसरे जगह के रहने वाले थे। इन्हें कांग्रेस कार्यकर्ताओं और जिले के अधिकारियों के बीच शांति-सदभाव, समन्वय स्थापित करने की जिम्मेदारी सौंपी गयी थी।

कांग्रेस से बगावत

बलिया जिले में उत्पन्न विषम परिस्थितियों के बीच ही प्रांतीय कौंसिल के चुनावों की घोषणा कर दी गयी। इस बार कांग्रेस ने कौंसिल चुनाव नहीं लड़ने का निर्णय किया था। बलिया जिले में सरकार समर्थित राय बहादुर बाबू सरयू प्रसाद सिंह (जिगिरसड़) ने अपने मित्रों की सलाह पर नामांकन कर दिया। इसबार इनका निर्विरोध निर्वाचित होना पक्का था। लेकिन बलिया जिले की जनता ने इसकी काट निकाल लिया। कांग्रेस के बड़े पुराने नेताओं ने भी साथ दिया। वर्तमान बैरिया तहसील के अनपढ़, गरीब लेकिन सम्मानित देशभक्त जननेता श्री दहारी धोबी का नामांकन राय बहादुर बाबू सरयू प्रसाद के प्रतिद्वंदी के रूप में कराने का प्रबंध किया गया।

श्री दहारी धोबी जी का जुलूस टाऊनहाल से निकला फूलों की माला पहने श्री दहारी धोबी गदहे पर बैठ कर जनता का आशीर्वाद लेते हुए, कलेक्ट्रेट पहुँचे, जहाँ श्री मुरलीमनोहर लाल एडवोकेट ने अपने वकील साथियों के साथ स्वागत किया। नामांकन पत्र पर इन्होंने अपना अंगूठा निशान लगाया और श्री मुरली मनोहर जी ने उसे प्रमाणित किया। पूरे जिले में हलचल मच गयी, जनता के साथ-साथ नये-पुराने सभी कांग्रेसी कार्यकर्ताओं में भी खुशी और उत्साह का संचार हो गया। जिले में अफवाहों का बाजार गर्म हो गया, लोगों ने कहना शुरू कर दिया कि अब राय बहादुर अपना नामांकन वापस ले लेंगे, क्योंकि उनकी हार सुनिश्चित है। एक अनपढ़, अनुसूचित व्यक्ति के सामने चुनाव लड़ कर अपनी बेइज़्ज़ती नहीं कराएंगे।

लेकिन जिले के अधिकारियों और सरकार के शुभचिंतक रईसों ने श्री दहारी धोबी के नामांकन पत्र पर आपत्ति कर दिया। इसके विरुद्ध पंडित कपिलदेव मालवीय जी ने इलाहाबाद हाईकोर्ट में याचिका दायर कर दिया। साजिश के तहत श्री दहारी धोबी का नामांकन रद्द कर दिया गया, और प्रशासन ने राय बहादुर सरयू प्रसाद सिंह को निर्विरोध निर्वाचित घोषित कर दिया गया। हाईकोर्ट के आदेश पर एक इलेक्शन ट्रिब्यूनल कानपुर में बनाया गया, जिसमें 29 फरवरी 1931 को सुनवाई हुई, जिसमें श्री दहारी धोबी जी के नामांकन पत्र को निरस्त करने को गलत मानते हुए इलेक्शन ट्रिब्यूनल ने राय बहादुर सरयू प्रसाद सिंह के निर्विरोध निर्वाचन को रद्द कर दिया और पुनः चुनाव कराने का आदेश दिया।

कांग्रेस की प्रांतीय कमेटी ने जिले के कांग्रेस कार्यकर्ताओं पर पार्टी का आदेश नहीं पालन करने का दोष लगाते हुए कड़ी निन्दा किया। यहाँ से लखनऊ पहुँचे नेताओं को फटकार लगाई गयी।

सरकारी दमन और जन जागृति

बलिया जिले के लिए वर्ष 1931 जहाँ सरकारी दमन अत्याचार को झेलने का साल था, वहीं यह जन जागृति का वर्ष भी रहा। जिले में सरकारी नौकरी करने वाले लोगों

के दिलों- दिमाग को स्वाधीनता आंदोलन की आग ने तपाना शुरू कर दिया था। स्कूल के शिक्षकों ने जनगणना करने से मना कर दिया। जिले भर में आये दिन होने वाले धरना प्रदर्शन, सत्याग्रह, जुलूस आदि से जिले के सारे अधिकारी तंग परेशान हो गये थे। इस वर्ष भी जिला कांग्रेस कमेटी के अध्यक्ष ठाकुर जगन्नाथ सिंह ही थे, मंत्री श्री हरिवंश सिंह शास्त्री जी बनें थे। लेकिन जिले में किसान, मजदूर, छात्रा सभा के नाम से सभाएं आयोजित की जाती थी, सरकार के खिलाफ़ जहरीले भाषण दिए जाते थे। लोगों को ब्रिटिश सरकार के विरुद्ध उठ खड़े होने का आवाहन किया जाता था। ऐसी सभाओं, जुलूसों की जानकारी कांग्रेस के पदाधिकारियों को भी नहीं होती थी।

जिले अधिकारियों ने स्थानीय पुलिस को ऐसे आंदोलन चलाने वाले लोगों को गिरफ्तार कर प्रताड़ित करने और जेल भेजने का आदेश जारी कर दिया। अब पुलिस पूरी तरह से बेलगाम होकर अनेक तरह से लोगों का उत्पीड़न करने लगी। जो भी लोग पकड़ लिए जाते थे, उन्हें थाने पर अमानवीय तरीके से मारा-पीटा जाता था, पेड़ पर उल्टा लटका कर कोड़े से पिटाई की जाती थी, मरणासन्न स्थिति में किसी बागीचे या सड़क किनारे रात में फेंक दिया जाता था। इन लोगों पर लूट, डकैती के झूठे मुकदमे दर्ज कर जेल भेज दिया जाता था।

ऐसे ही बर्बरता वाले वर्ष में जिले की बाँसडीह तहसील के मूल निवासी श्रीरामदहिन ओझा जी जो कलकत्ता में रहते थे। बलिया आये थे, पुलिस ने इन्हें गिरफ्तार कर जेल में डाल दिया। बलिया जिला कारागार में कांग्रेस के बहुत सारे नेता पहले से ही बंद थे। उस समय यह जेल पाँचवें श्रेणी की जेल थी, जहाँ राजनैतिक बंदियों के लिए कोई विशेष सुविधा उपलब्ध नहीं थी। कांग्रेस के कार्यकर्ताओं को तत्कालीन जेलर श्री काली प्रसाद जी अपने स्तर से उच्चाधिकारियों के चोरी छिपे जो सुविधाएँ उपलब्ध करा सकते थे, उपलब्ध कराने की कोशिश करते थे। श्री ओझा जी की तबीयत जेल में खराब हो गयी, जब हालत बहुत ज्यादा खराब हो गयी, तो जेल में मौत के लांछन से बचने के लिए जेल अधीक्षक ने रात में अपनी कार में रखकर मरणासन्न स्थिति में बलिया अस्पताल के ओसारे में छोड़ दिया, जहाँ पर निरर्थक इलाज चला और 18 फरवरी 1931 को उनकी मृत्यु हो गयी।

इरविन समझौता

कांग्रेस कार्यकारिणी की ओर से श्री महात्मा गांधी और ब्रिटिश सरकार की ओर से लार्ड इरविन के बीच कई दिनों के वार्तालाप के बाद एक समझौता हुआ था। जिसके अनुसार जेल में बंद सभी कांग्रेसी कार्यकर्ताओं में जो लोग असहयोग आंदोलन, नमक सत्याग्रह के शांतिपूर्ण आंदोलन में भाग लेने के कारण जेल में थे, उन्हें रिहा करने तथा आगे भी शान्ति पूर्ण तरीके से धरना देने का समझौता किया गया। इसके अतिरिक्त ब्रिटिश

सरकार के साथ वार्ता करने के लिए कांग्रेस प्रतिनिधि के रूप में श्री महात्मा गांधी जी को द्वितीय गोलमेज कान्फ्रेंस में लंदन आने की बात तय की गई।

इस समझौते के अन्तर्गत बलिया जिला कारागार में बंद श्री गणेश प्रसाद पुत्र श्री अलख नारायण माधोपुर, श्री गया राम सोनार पुत्र श्री दलसिंगार सोनार जाम रसड़ा, श्री गिरिजा शंकर ओझा पुत्र श्री कमलापति ओझा बैरिया, श्री गोरख सिंह पुत्र श्री जानकी सिंह रसड़ा, श्री चन्द्रिका मिश्र पुत्र श्रीराम दयाल मिश्र वंशगोपाल छपरा, श्री चित्तू पांडे पुत्र श्री नारायन पांडे रकटूचक, श्री जंग बहादुर सिंह पुत्र श्री राजकुमार सिंह चौरा, श्री जंगी सिंह पुत्र श्री मुखी सिंह श्रीनगर, श्री जगत नारायण तिवारी पुत्र श्रीराम स्वरूप तिवारी सोनबरसा, श्री जगदीश तिवारी पुत्र श्री अम्बिका तिवारी हेमन्तपुर, श्री जगरनाथ लाल पुत्र श्री बैजनाथ लाल जापलिंनगंज बलिया, श्री जगरोपन पुत्र श्री दीपा राम बलिया कोतवाली, श्री जगेश्वर सिंह पुत्र श्री शेवन सिंह सागरपाली, श्री जगेश पांडेय पुत्र श्री शिवनारायण पांडेय सहतवार, श्री जमुना सिंह पुत्र श्री हरिद्धार सिंह बसंतपुर, श्री तारापति पुत्र रामबरन, श्री दलगंजन पुत्र श्री गति राम थम्हनपुरा, श्री दशरथ सिंह पुत्र श्रीराम दास सिंह मेऊली, श्री दुखदत्त पांडे पुत्र श्री रुच्चा पांडे, श्री दूधनाथ तिवारी पुत्र श्री धर्मराज तिवारी शिवपुर, श्री देवकुमार सिंह पुत्र श्री कपिलदेव सिंह रेवती, श्री देवनाथ तिवारी पुत्र श्री लोरपोछन तिवारी सीताकुण्ड, श्री देव नरायण पाड़े पुत्र श्री शिव दयाल पांडे रामपुर, श्री देवराज मिश्र पुत्र श्री उजागर मिश्र रामपुर, श्री देव नंदन सिंह पुत्र श्री देवव्रत सिंह चाँदपुर बैरिया, श्री नन्द लाल शर्मा पुत्र श्री बलदेव शास्त्री भेलाई रसड़ा, श्री नर्वदेश्वर पांडे पुत्र श्री शिव सागर पांडे, श्री नागेश्वर ओझा पुत्र श्री मनोहर ओझा रेवती, श्री नागेश्वर सिंह पुत्र श्री तपेसा सिंह चाँदपुर बैरिया, श्री प्रद्युम्न मिश्र पुत्र श्री राधाकृष्ण मिश्र पांडेपुर सागरपाली, श्री ब्रह्मदेव राम पुत्र श्री हरि राम रेवती, श्री ब्रह्मेश्वर पांडे पुत्र श्री महाबीर पांडे नगवां, श्री बलभद्र प्रसाद कोइरी पुत्र श्रीराम सरन कोइरी बाँसडीह, श्री बालेश्वर ओझा पुत्र श्री गौरी ओझा सहतवार, श्री बालेश्वर पांडे पुत्र श्रीरामधारी पांडे छाता, श्री बालेश्वर राम कांदू पुत्र श्री सागर कांदू सहतवार, श्री बिन्देश्वरी बरई पुत्र श्री रंग लाल बरई बलिया, श्री बिशुन सिंह पुत्र श्री फौजदार सिंह बैरिया, श्री भुनेश्वर तिवारी पुत्र श्री शिवनाथ तिवारी रघुनाथपुर, श्री भैरव प्रसाद पुत्र श्री नंदलाल प्रसाद रसड़ा, श्री मंगल पांडे पुत्र श्री चरित्तर पांडे सेरिया, श्री मदनमोहन पुत्र श्रीराम नगीना सोनबरसा बैरिया, श्री मदनमोहन सिंह पुत्र श्री सीताराम सिंह मैरीटार, श्री महानंद मिश्र पुत्र श्री पंचम मिश्र जापलिंनगंज, श्री महेंद्र लाल पुत्र श्रीरामबडाई लाल गायघाट, श्री मुन्नी सिंह पुत्र श्री रमेश सिंह चकिया बैरिया, श्री राजकुमार दुसाध पुत्र श्रीरामवृक्ष दुसाध सीसोटार, श्री राधाकृष्ण सिंह पुत्र श्री प्रभुनाथ सिंह चरौवां, श्रीराम अनंत पांडेय पुत्र श्रीराम बहादुर पांडेय दलनछपरा, श्रीराम एकबाल गिरि पुत्र श्री वासुदेव गिरि दुर्जनपुर, श्रीराम एकबाल सिंह पुत्र श्री हरि प्रसाद सिंह देवढी, श्रीराम कृपाल ओझा पुत्र श्रीरामधनी ओझा नगवां, श्रीराम कृष्ण आचारी पुत्र श्री नारायन तिवारी मझौवां, श्रीरामचंद्र सिंह पुत्र श्री राजकुमार

सिंह हल्दी, श्रीराम छबीला पुत्र श्री बद्री नारायण श्रीपालपुर, श्रीराम जन्म सिंह पुत्र श्री श्रीभगवान सिंह खेजुरी, श्रीरामधारी लोहार पुत्र श्री रघु लोहार जाम रसड़ा, श्रीराम नरेश सिह पुत्र श्री दीप नारायण सिंह बाँसडीह,श्रीरामनाथ पाठक पुत्र श्री रोसा पाठक मुरारपट्टी, श्रीरामनाथ सिंह पुत्र श्री सरयू सिंह कुशहां, श्रीराम नारायण सिंह पुत्र श्री शिव रतन सिंह श्रीनगर, श्री श्रीराम प्रसाद सोनार पुत्र श्री भगवती उर्फ़ मुरली सोनार बलिया, श्रीरामपाल बहादुर सिंह पुत्र श्री रघुबर दयाल सिंह बेलहरी, श्रीराम बचन सिंह पुत्र श्री गया सिंह मझौवां, श्रीरामरुप पुत्र श्री दलसिंगार जाम रसड़ा, श्रीराम सेवक सिंह पुत्र श्री नरवन सिंह बसंतपुर, श्री बरम देव पुत्र श्री लालजी सहाय सिकंदरपुर, श्री विक्रमाजीत पुत्र श्री रूप नारायण तिवारी परसिया, श्री विश्वनाथ सिंह पुत्र श्री अमर सिंह महाराजपुर, श्री विष्णु सिंह पुत्र श्री फौजदार सिंह सीयर, श्री श्याम किशोर शर्मा पुत्र श्री राजपति शर्मा रसड़ा, श्री शिवपूजन सिंह पुत्र श्री गोपी सिंह सुखपुरा, श्री स्वामीनाथ सिंह पुत्र श्री हर गोविन्द सिंह महथापार, श्री साधु राम पुत्र श्रीराम प्रसाद बलिया, श्री सुरेंद्र नाथ श्रीवास्तव पुत्र श्री वीर बहादुर लाल पुरास, श्री सौदागर पांडे पुत्र श्री राधा मोहन पांडे बाँसडीह तथा श्री त्रिवेणी सिंह पुत्र श्रीराम सुन्दर सिंह बसंतपुर की रिहाई हुई थी।

कांग्रेस सेवा दल का गठन

सितंबर 1931 के अंतिम सप्ताह में काशी विद्यापीठ वाराणसी में युवा स्वयंसेवकों को प्रशिक्षण देने के लिए शिविर लगाया गया। जिसमें बलिया से श्री ब्रह्मेश्वर पांडे, श्री महानंद मिश्र और श्री विश्वनाथ चौबे भाग लेने के लिए गये। इस शिविर में स्वयंसेवकों फौजी ट्रेनिंग दी जाती थी।

यहाँ से प्रशिक्षित होकर लौटने के बाद इन लोगों ने जिले के युवाओं को प्रशिक्षण देने के लिए शिविरों का आयोजन करने लगे। श्री ब्रह्मेश्वर पांडे द्वाबा क्षेत्र में, श्री महानंद मिश्र बलिया और श्री विश्वनाथ चौबे रसड़ा क्षेत्र के युवाओं को प्रशिक्षण देने लगे। इन प्रशिक्षण शिविरों के आयोजन से जिले में युवाओं की एक अच्छी टीम तैयार हो गयी जिसके कारण बलिया ने भारत छोड़ो आंदोलन में वह कर दिखाया जिसकी कल्पना भी नहीं की जा सकती थी।

1936 के लखनऊ कांग्रेस अधिवेशन में श्री ब्रह्मेश्वर पांडे को प्रदेश के सर्वश्रेष्ठ स्वयंसेवक अफसर के रूप में सम्मानित किया गया था।

सविनय अवज्ञा आंदोलन

सन् 1930- 32 के सविनय अवज्ञा आंदोलन में बलिया जिले के श्री अयूब शौकती पुत्र श्री अकबर अली रसड़ा, श्री अयोध्या प्रसाद तिवारी पुत्र श्री किशुन तिवारी मिल्की मठिया, श्री इन्द्रदेव सिंह पुत्र श्रीराम स्वरूप सिंह खरुवांव, श्री इन्द्रजीत तिवारी पुत्र

श्री मुखलाल तिवारी पकड़ी, श्री उपेन्द्र सिंह पुत्र श्री विक्रम सिंह ताड़ीबड़ागाँव, श्री ओंकारनाथ सुरेमनपुर, श्री कन्हैया सिंह पुत्र श्री सर्वदेव सिंह चरौवां, श्री कपिलदेव सिंह पुत्र श्री सच्चन सिंह देवढी, श्री कल्पनाथ सिंह पुत्र श्री महाबीर सिंह जमुआ, श्री काशीनाथ सिंह पुत्र श्रीरामराज सिंह राजागाँव, श्री कुबेर दूबे पुत्र श्री अम्बिका दूबे सहतवार, श्री केदारनाथ पुत्र श्री गोपाल सेवक लाल वजीरापुर, श्री कैलाश शर्मा पुत्र श्री झगड़ू शर्मा गायघाट रेवती, श्री कैलाश तिवारी पुत्र श्री राजकुमार नराछ रसड़ा, श्रीकृष्ण प्रसाद पुत्र श्री शिवनाथ रसड़ा, श्री गंगाधर पांडे पुत्र श्री लखनलाल पांडे पंडितपुरा, श्री गिरिजा शंकर ओझा बैरिया, श्री कमलापति ओझा बैरिया, श्री छितश्वर पुत्र श्री शिवबचन नौरंगा, श्री जगदीश सिंह पुत्र श्री धर्मदेव सिंह देवली, श्री जमुना भारती पुत्र श्री मनभरन भारती झंडा भारती के मठिया बैरिया, श्रीमती जशोदा पत्नी श्री हरिद्वार राय बसंतपुर, श्री दुर्गा दत्त पुत्र श्री काली प्रसाद सोनवानी, श्री दूधनाथ सिंह पुत्र श्रीरामचीज सिंह मझौवां, श्री दूधनाथ सिंह पुत्र श्री धर्मराज तिवारी शिवपुर, श्री देवीनाथ पुत्र श्री सच्चिदानन्द राय सिंगापुर सहतवार, श्री धर्मदेव चौबे पुत्र श्रीरामचंद्र चौबे चौनछपरा, श्री नन्द किशोरी लाल पुत्र श्री लक्ष्मी नारायण सीताकुण्ड, श्री नरसिंह नारायण सिंह पुत्र श्री विक्रमा सिंह बड़ागाँव नगरा, श्री बृज बिहारी सहतवार, श्री बृज बिहारी पुत्र श्री सतराखू उदयपुरा, श्री बृज बिहारी ओझा पुत्र श्री सुखन ओझा सहतवार, श्री ब्रह्मदेव लाल पुत्र श्री बाबूलाल बड़ागाँव बाँसडीह, श्री ब्रह्मदेव सिंह पुत्र श्री गति सिंह मझौवां, श्री बरमेश्वर तिवारी पुत्र श्री शिवपूजन तिवारी तालिबपुर बैरिया, श्री बालेश्वर सिंह पुत्र श्री लखन सिंह राजागाँव खरौनी, श्री बालेश्वर सिंह पुत्र श्री सहदेव सिंह दिघार, श्री बालेश्वर सिंह पुत्र श्री नगीना सिंह गड़वार, श्री विशेश्वर प्रसाद पुत्र श्री गोविन्द प्रसाद अग्रवाल बलिया, श्री बेनी माधव सिंह पुत्र श्री राजाराम सिंह चितबड़ागाव, श्री भुनेश्वर मिश्र पुत्र श्री आनंदी मिश्र पांडेपुर, श्री महेंद्र प्रसाद श्रीवास्तव पुत्र श्री बलदेव प्रसाद श्रीवास्तव बसंतपुर, श्री मातादीन पुत्र श्री अम्बिका लाल बरवां सिकंदरपुर, श्री रघुवीर सिंह पुत्र श्री टेही सिंह सहतवार, श्री राजनारायण पुत्र श्री देवधारी श्रीनगर बैरिया, श्री राधाकृष्ण सिंह पुत्र श्री प्रभुनाथ सिंह चरौवां, श्रीराम अनंत पांडेय पुत्र श्रीराम बहादुर पांडेय दलनछपरा, श्रीराम किशुन सिंह पुत्र श्री सकल सिंह नारायणागढ़, श्रीराम दास राय पुत्र श्री डोभन राय सेरिया बाँसडीह, श्रीराम धेनुक सिंह उर्फ रामदास सिंह पुत्र श्री निहोरा सिंह मझौवां, श्रीराम नरेश सिह पुत्र श्री दीप नारायण सिंह सुनलिया बाँसडीह, श्रीराम प्यारे सिंह पुत्र श्री नन्द देव सिंह श्रीनगर, श्रीरामपाल पुत्र श्री लक्ष्मी लाल पन्दह, श्रीरामपूजन सिंह पुत्र श्री नंददेव सिंह श्रीनगर, श्रीमती रामरती देवी पत्नी श्री वासुदेव मिश्र पांडेपुर, श्रीराम लखन सिंह पुत्र श्रीराम करन सिंह डूहां बिहरा, श्रीराम लच्छन तिवारी पुत्र श्री राधाकृष्ण तिवारी भरसर, श्रीराम शंकर पुत्र श्री महादेव बसंतपुर, श्रीरामानंद सिंह पुत्र श्री बहुगुन सिंह कोटवां रानीगंज, श्रीरामेश्वर तिवारी पुत्र श्रीराम दयाल तिवारी तालिबपुर, श्री वृंदा राय पुत्र श्री धनेश राय मुंडेरा, श्री बृंदा सिंह पुत्र श्री हरचरण सिंह सकरपुरा, श्री बिशुन देव पुत्र श्री

जीव बोधन सिंह बसंतपुर, श्री शिवकुमार तिवारी मिल्की मठिया, श्री सुरेंद्र पांडेय बलिया, श्री सुरेंद्र शर्मा पुत्र श्री गर्जन हथौंज, श्री सुरेंद्र शर्मा कारों, श्री सूरज प्रसाद बहोरवां , श्री सूरज प्रसाद पुत्र श्री सुखदेव प्रसाद दयाछपरा, श्री हरदत्त राय पुत्र श्री खुशहाल राय शीतलदवनी, श्री हर प्रसाद राय पुत्र श्री काली प्रसाद राय मधुबनी बैरिया तथा श्री ज्ञानी भारती मठिया को सविनय अवज्ञा आंदोलन में 3 से 6 माह या उससे अधिक की सजा हुई थी, इसके साथ-साथ जुर्माना भी हुआ था।

संयुक्त प्रान्त (अब उत्तर प्रदेश) में पहली बार पंडित गोविन्द बल्लभ पंत जी के नेतृत्व में 1937 में कांग्रेस के मंत्रिपरिषद् का गठन हुआ। जिसमें प्रांतीय कौंसिल में कांग्रेस उम्मीदवार के रूप में जीतकर श्री राधामोहन सिंह ने बलिया जिले का 1956 तक प्रतिनिधित्व किया था।

व्यक्तिगत सत्याग्रह में बलिया का योगदान

1941 में व्यक्तिगत सत्याग्रह आंदोलन के समय बलिया जिले के सत्याग्रही—

1. श्री अयोध्या कोइरी पुत्र श्री बंधु कोइरी खरीद
2. श्री अवध बिहारी सिंह पुत्र श्री गोपाल सिंह बाँसडीह
3. श्री अवध बिहारी सिंह पुत्र श्री परमेश्वर सिंह चकरा
4. श्री अहमद अली पुत्र श्री हासिम अली अठिलापुरा
5. श्री इन्द्रदेव प्रसाद पुत्र श्री गनेश राम सहतवार
6. श्री इन्द्रदेव राय सोहांव
7. श्री इन्द्रासन सिंह पुत्र श्री जयकरन सिंह जाम रसड़ा
8. श्री इन्द्रासन कान्दू पुत्र श्री गया कान्दू गौरा रसड़ा
9. श्री इंशाल्लाह अंसारी पुत्र श्री अब्दुल शकूर अवायं बिल्थरारोड
10. श्री कन्हैयालाल पुत्र श्री लक्ष्मी लाल सिकंदरपुर
11. श्री कन्हैयालाल पुत्र श्री रघुनंदन सोनार रसड़ा
12. श्री कन्हैया सिंह पुत्र श्री सर्वदेव सिंह चरौवां
13. श्री कन्हैया पुत्र श्री विश्वनाथ रसड़ा
14. श्री कपिलदेव राम सोनार पुत्र श्री बाबूराम सोनार सरायभारती
15. श्री कपिलदेव सिंह पुत्र श्री जयमंगल जानकी सिंह रसड़ा
16. श्री कपिलदेव पुत्र श्री चंद्रदीप चौबेछपरा
17. श्री कपिलदेव सिंह पुत्र श्री शंकर देव सिंह नरायनपुर
18. श्री कपिलदेव सिंह पुत्र श्री रघुनाथ सिंह सुल्तानपुर रसड़ा
19. श्री कमलापति वर्मा पुत्र श्रीराम किशुन राम कुरेजी

20 श्री कल्लू सिंह पुत्र श्री राजाराम सिंह अघैला सहतवार
21. श्री कालिका सिंह पुत्र श्री जमादार सिंह सुरहियां बाँसडीह
22. श्री काली प्रसाद केशरवानी पुत्र श्री अमीर चंद केशरवानी रानीगंज बैरिया
23. श्री कुलदीप सिंह पुत्र श्री रघुवीर सिंह सुखपुरा
24. श्री केदार पुत्र श्री बालचंद छिब्बी रसड़ा
25. श्री केदार पुत्र श्री भजन राम मनियर
26. श्री केदारनाथ पुत्र श्री सुखदेव पांडे सिकंदरपुर
27. श्री केदारनाथ सिंह पुत्र श्री बड़ाई सिंह गोपालपुर बलिया
28. श्री केशव पुत्र श्री रुपन बसंतपुर
29. श्री केशव पांडेय पुत्र श्री श्रीभगवान पांडेय उदयपुरा
30. श्री गणेश राम पुत्र श्री मोतीलाल बलिया शहर
31. श्री गणेश राम पुत्र श्री कल्लू राम बलिया कोतवाली
32. श्री गया प्रसाद तिवारी पुत्र श्री भगवतशरण तिवारी रानीगंज
33. श्री गिरधारी राम पुत्र श्री भुवाल राम चितबड़ागाव
34. श्री गिरधारी सिंह उर्फ गिरधर गोपाल पुत्र ठाकुर रामगति सिंह सरदासपुर रसड़ा
35. श्री गोपाल दास पुत्र श्री ठाकुर राम भृगुआश्रम बलिया
36. श्री गोपाल राम सोनार पुत्र श्रीरामधीन राम सोनार आसचौरा
37. श्री चन्द्रिका ओझा पुत्र श्री जगन्नाथ ओझा सिकंदरपुर
38. श्री चन्द्रिका गुप्त पुत्र श्री शिवदत्त प्रसाद खेजुरी
39. श्री चन्द्रिका दास शिष्य / पुत्र श्री श्याम चन्दर दास मठिया रसड़ा
40. श्री चन्द्रिका पांडेय पुत्र श्री देवकी पांडेय सुखपुरा
41. श्री चन्द्रिका राय पुत्र श्री शिवदत्त राय खेजुरी
42. श्री चन्द्रिका लाल पुत्र श्रीराम नरेश लाल रामपुर
43. श्री चिल्लर उर्फ नंदजी पुत्र श्री शीतल सोनार मझौवां
44. श्री जंग बहादुर पुत्र श्री जूठन सिंह हुसेनाबाद
45. श्री जंग बहादुर सिंह पुत्र श्री शाहजादा सिंह सुखपुरा
46. श्री जंग बहादुर सिंह पुत्र श्रीराम गोविन्द सिंह टेंगरही बैरिया
47. श्री जगत नारायण मिश्र पुत्र श्री दुर्गादत्त मिश्र सोनबरसा
48. श्री जगत नरायन सिंह नगरा बलिया
49. श्री जगदीश पुत्र श्री नन्द किशोर बलिया शहर
50. श्री जगदीश राय पुत्र श्री शिवधारी राय हथौंज
51. श्री जगदेव सिंह पुत्र श्री पदुम सिंह गड़वार
52. श्री जगन्नाथ तिवारी पुत्र श्रीराम करन तिवारी चितबड़ागाव
53. श्री जगरनाथ तिवारी पुत्र श्री ठाकुर तिवारी पकड़ी

54. श्री जगरनाथ तिवारी पुत्र श्रीराम इकबाल तिवारी सुखपुरा
55. श्री जगन्नाथ पांडेय पुत्र श्री सीता पांडेय सुघर छपरा
56. श्री जगन्नाथ पांडेय पुत्र श्री जदुनाथ पांडेय तुर्तिपार
57. श्री जगरनाथ पांडेय पुत्र श्री कपिलदेव पांडेय रेवती
58. श्री जगरनाथ मिश्र पुत्र श्री साधुसरन बाँसडीह
59. श्री जमुना पुत्र श्री देवानन्द पहाड़पुर
60. श्री जमुना प्रसाद शुक्ल पुत्र श्री बच्चू बलिया
61. श्री जमुना राम पुत्र श्री जंग बहादुर राम सेरिया
62. श्री जमुना सिंह पुत्र श्री लक्ष्मी सिंह बाँसडीह
63. श्री जयमंगल राय पुत्र श्री दीपन राय अंजोरपुर
64. श्रीमती जयमूर्ति देवी पत्नी श्री महाबीर मिश्र बभनौली
65. श्री जयश्री पुत्री श्रीराम चंद्र बलिया
66. श्रीमती जिन्सा देवी पत्नी श्री शिवशंकर सिंह चरौवां
67. श्री ठाकुर लाल श्रीवास्तव पुत्र श्री लालजी सहाय अचलगढ
68. श्री ददन उपाध्याय पुत्र श्री जदुनंदन उपाध्याय हल्दी
69. श्री दलपत सिंह पुत्र श्री हरनारायन सिंह बसंतपुर
70. श्री दसई राम पुत्र श्री तुलसी राम बरवां
71. श्री दशरथ सिंह पुत्र श्रीरामनारायन सिंह खरीद
72. श्री दशरथ सिंह पुत्र श्रीरामदास सिंह मेंऊली
73. श्री दामोदर राय लिलकर
74. श्री दुखी तेली पुत्र श्री नकछेदी तेली चितबड़ागाव
75. श्री देवनारायन सिंह पुत्र श्री अक्षयवर सिंह चौरा
76. श्री देवनारायन सिंह पुत्र श्रीरामनारायन सिंह खेमनछपरा
77. श्री देवसरन प्रसाद पुत्र श्रीराम कृष्ण पांड़े शंकरपुर
78. श्री देवशरन पांडेय पुत्र श्रीरामकिशोर पांडेय बलिया
79. श्री देवनंदन राय उर्फ बालाराय सोहांव
80. श्री देवनंदन सिंह पुत्र श्री इन्द्रजीत सिंह बेलहरी
81. श्री देवनंदन सिंह पुत्र श्री नकछेदी सिंह सोहांव
82. श्री देवीसरन राय पुत्र श्री देवनारायन राय कोठियां नरही
83. श्री देवेन्द्र सिंह बेलहरी
84. श्री धरमन दत्त पुत्र श्री जमुना बरई करम्मर
85. श्री धुरंधर अहीर पुत्र श्री तपसी अहीर खरीद
86. श्री धंधु राय पुत्र श्री मुसाफिर राय रेवती
87. श्री नगेन्द्र राय अमांव नरहीं

88. श्री नंद बिहारी शर्मा पुत्र श्री देवकीनन्दन शर्मा हथौंज
89. श्री नन्द लाल शर्मा पुत्र श्री परमा शर्मा अहिरौली
90. श्री नागेश्वर सिंह शेखपुर
91. श्री नाथ सरन गोपालपुर रसड़ा
92. श्री पशुपति सिंह पुत्र श्री तपसी सिंह दवनी
93. श्री पुरुषोत्तम दास वर्मा पुत्र श्री हरिहर प्रसाद वर्मा चितबड़ागाव
94. श्री परमा सिंह पुत्र श्री देवसरन सिंह सरदासपुर
95. श्री बच्चू तिवारी पुत्र श्री विशेश्वर तिवारी चौबे छपरा
96. श्री बच्चू पांडेय पुत्र श्री शिवदेव पांडेय रेवती
97. श्री बजरंगी सिंह पुत्र श्री बालेश्वर सिंह मनियर
98. श्री बद्री पांडेय पुत्र श्री शिवकुमार पांडेय रेवती
99. श्री बंस देव पुत्र श्री सच्चिदानंदन जमालपुर बैरिया
100. श्री बंस बहादुर पुत्र श्री दलसिंगार सुल्तानपुर बाँसडीह
101. श्री बब्बन मिश्र पुत्र श्रीराम गलन मिश्र देवकी छपरा
102. श्री ब्रह्मदेव राय पुत्र श्री मुखी राय नारायणपुर कोटवां
103. श्री बलराम राय पुत्र श्रीराम नरेश राय शिवपुर
104. श्री बाबूराम गुप्त पुत्र श्री लखन गुप्त बलिया
105. श्री बालेश्वर राय पुत्र श्रीराम चतुर राय जिगनी
106. श्री बैजनाथ पुत्र श्री सूरत राम रेवती
107. श्री बैजनाथ कांदू पुत्र श्री दीपा कांदू सुखपुरा
108. श्री बैजनाथ राम सोनार पुत्र श्री शिव प्रसाद सोनार छाता
109. श्री बैजनाथ सिंह पुत्र श्रीराम औतार सिंह सिकंदरपुर
110. श्री भग्गल राम पुत्र श्री भगवान दास रसड़ा
111. श्री भुनेश्वर राय पुत्र श्री भागी राय सुरही
112. श्री भोजदत्त यादव पुत्र श्री विश्वम्भर यादव बढ़वलिया
113. श्री भोला ठाकुर पुत्र श्री समरथ ठाकुर गोपालपुर
114. श्री भोला सिंह पुत्र श्री सिमरिख सिंह रामपुर
115. श्री मंगरु पुत्र श्री लालमन गोसांईपुर सिकंदरपुर
116. श्री मंगल मानिक गुप्त पुत्र श्री गोकुल प्रसाद खेजुरी
117. श्री मकसूदन पांडे पुत्र श्री महादेव पांडे बेलथरा
118. श्री महेन्दर पुत्र श्री राधामोहन तिवारी सीताकुण्ड
119. श्री महेश दास पुत्र श्रीराम रूप धोबी छितौनी
120. श्री मान्धाता सिंह पुत्र श्री विश्वनाथ सिंह चिलकहर
121. श्री मुन्नी लाल पुत्र श्री छांगुर चंदुकी

122. श्री मुन्नीलाल वर्मा पुत्र श्री जगदेव कोइरी पिलुई बाँसडीह
123. श्री मुन्नी सरन सिंह पुत्र श्री लोकनाथ सिंह पियरिया
124. श्री मुन्नी शरण पुत्र श्री शिवलोक नाथ राय पियरिया
125. श्री मुरली शर्मा पुत्र श्री दलगंजन शर्मा हथौंज
126. श्री मुहम्मद युसुफ कुरैशी पुत्र श्री दीन मुहम्मद कुरैशी रसड़ा
126. श्री मोहम्मद खलील पुत्र श्री नूर मोहम्मद चितबड़ागाव
127. श्री यमुना सिंह पुत्र श्री लक्ष्मी सिंह राजागाँव खरौनी
128. श्री रघुनाथ पाठक पुत्र श्री लक्षुमन पाठक गायघाट
129. श्री रघुनाथ प्रसाद पुत्र श्रीरामानंद प्रसाद रेवती
130. श्री रघुबर पुत्र श्री बिल्लर रेवती
131. श्री रघुराय पुत्र श्री सिंहासन रेवती
132. श्री रमाशंकर तिवारी पुत्र श्री नंदलाल तिवारी सहतवार
133. श्री रमाशंकर नाथ पुत्र श्री भृगु सिंह खंदवा उभांव
134. श्री रमाशंकर राय पुत्र श्री मुनि राय भूमिहार सोनवानी
135. श्री रमाशंकर लाल पुत्र श्री जानकी लाल रेवती
136. श्री राजेश कुमार पुत्र श्री लाल बचन कुमार बेलहरी
137. श्री राजेन्द्र शर्मा पुत्र श्रीरामचीज राय हथौंज
138. श्री राजेश्वर पुत्र श्रीरामचंद्र बलिया
139. श्री राधाकृष्ण गुप्ता पुत्र श्री चरित्तर कांदू सिवानकलां
140. श्री राधाकृष्ण सिंह पुत्र श्री प्रभुनाथ सिंह चरौवां
141. श्री राधा किशुन पुत्र श्रीराम किशुन छाता बलिया
142. श्री राधा किशुन पुत्र श्री देव सरन छाता
143. श्री राधा किशुन सिंह पुत्र श्रीराम तपेशा सिंह श्रीनगर
144. श्री राधा गोविन्द सिंह पुत्र श्री जंग बहादुर सिंह बरौली
145. श्रीरामअधार पुत्र श्रीराम पति शर्मा बाँसडीह
146. श्रीराम अधार वर्मा पुत्र श्री देवचन्द वर्मा खड़ीचा
147. श्रीराम अधार राम पुत्र श्री महादेव राम करीमगंज उभांव
148. श्रीराम अधीन तिवारी पुत्र श्री विश्वनाथ तिवारी मिल्की तिवारी
149. श्रीराम अवतार राम पुत्र श्रीराम कृष्ण राम गढिया रसड़ा
150. श्रीराम आसरे लाल पुत्र श्री हरिहरलाल श्रीवास्तव शिवपुर कोतवाली बलिया
151. श्रीराम एकबाल पांडेय पुत्र श्रीराम सुन्दर पांडेय दुधैला
152. श्रीराम किशुन पुत्र गोरखनाथ चौबेछपरा
153. श्रीराम कौशल राम पुत्र श्री श्रीराम चौबेपुर
154. श्रीरामचंद्र मिश्र पुत्र श्रीराम अनंत मिश्र सोनवानी

155. श्रीराम चंद्र वर्मा पुत्र श्री सरयू वर्मा रामपुर
156. श्रीराम चीज पुत्र श्री जमुना रसड़ा
157. श्रीराम जतन राम पुत्र श्री देव शरण कोइरी हरिहांकलां सहतवार
158. श्रीरामजी लाल पुत्र श्री जानकी लाल बलिया शहर
159. श्रीरामजी सिंह पुत्र श्री चन्द्रिका सिंह सहतवार
160. श्रीराम जीत राम पुत्र श्री लाल बचन राम बलिया शहर
161. श्रीराम दत्त मिश्र पुत्र श्री लालजी मिश्र चक भड़िकरा सिकंदरपुर
162. श्रीराम दयाल पुत्र श्री विजन राम रेवती
163. श्रीराम दयाल सिंह पुत्र श्री खाकी सिंह बाँसडीह
164. श्रीराम दहिन राय पुत्र श्री पंचकौड़ी राय लक्ष्मणपुर नरही
165. श्रीराम दास पुत्र श्री किशुन राम उभांव
166. श्रीरामदेव पुत्र श्री धरनी राम ताड़ीबड़ागाँव
167. श्रीराम दौर पुत्र श्री योधा राम नोनियां चंदुकी
168. श्रीराम धनी कांदू पुत्र श्रीरामलगन कांदू खंडीला
169. श्रीराम धनी लाल पुत्र श्री महादेव लाल बलिया शहर
170. श्रीरामधारी अहीर पुत्र श्री व्यास अहीर मासूमपुर
171. श्रीराम नगीना छितौनी
172. श्रीराम नगीना अहीर पुत्र श्री महेश अहीर कोंरो सिकंदरपुर
173. श्रीराम नगीना राय पुत्र श्री सोमेश्वर राय सोहांव
174. श्रीराम नगीना राय चेतन किशोर
175. श्रीराम नगीना सिंह पुत्र श्री महातम क्षत्रिय सुल्तानपुर रसड़ा
176. श्रीराम नथून कोइरी पुत्र श्री सुखारी कोइरी सीसोटार
177. श्रीराम नंदन सिंह पुत्र श्री नकछेदी सिंह सीसोटार सिकंदरपुर
178. श्रीराम नरेश शर्मा पुत्र श्री रमेश शर्मा काजीपुर
179. श्रीराम नरेश ओझा पुत्र श्री मुन्नी ओझा रेवती
180. श्रीरामनाथ चौरसिया पुत्र श्री मंगल बरई भृगुआश्रम
181. श्रीरामनाथ राय पुत्र श्री नरसिंह राय बघौना
182. श्रीराम निरंजन मिश्र पुत्र श्री महेश मिश्र बराइछ अवराईकलां
183. श्रीराम निहोरा वर्मा उर्फ राम मथौनी पुत्र श्रीराम राज कोयरी सीसोटार
184. श्रीरामपति सन्त साधुजी परसिया
185. श्रीरामपति राम पुत्र श्री बालेश्वर राम घोरौली
186. श्रीराम प्रसाद पुत्र श्री जोखई राम छाता
187. श्रीराम परीखा वर्मा पुत्र श्रीराम रतन वर्मा (कोइरी) सीसोटार
188. श्रीराम बचन गोंड़ पुत्र श्री खेलावन गोंड़ चचयां

189. श्रीरामवृक्ष पुत्र श्री राधापति हथौंज
190. श्रीराम भरोसे सिंह पुत्र श्री लाल मुनेश्वर सिंह राजागाँव खरौनी
191. श्रीरामबलि सिंह पुत्र श्रीराम नरेश क्षत्रिय जगदीशपुर रसड़ा
192. श्रीराम बहादुर सिंह पुत्र श्री जगदेव सिंह सूर्यपुरा
193. श्रीराम बालक कोइरी पुत्र श्रीराम सेवक कोइरी पिलुई बाँसडीह
194. श्रीमती रामरती देवी पत्नी श्री बासुदेव मिश्र पांडेपुर
195. श्रीरामरेखा पुत्र श्री बच्चू उर्फ सिधौर पांडे आसचौरा
196. श्रीराम रेखा दुसाध पुत्र श्री किशुन दुसाध नरांव
197. श्रीराम लक्षन कोइरी पुत्र श्री बुधराम कोइरी खड़सरा
198. श्रीराम लक्षन सिंह पुत्र श्री विश्वनाथ क्षत्रिय सरदासपुर
199. श्रीराम लक्षन कोइरी पुत्र श्री उजागिर कोइरी आसचौरा छाता
200. श्रीरामवृक्ष सिंह पुत्र श्री मथुरा सिंह कसौंडर नगरा
201. श्रीराम वृक्ष राय पुत्र श्री मथुरा राय अमांव
202. श्रीराम स्वरूप सिंह पुत्र श्री देवशरण सिंह सरायभारती
203. श्रीराम सिंहासन कलवार पुत्र श्री दुबरी राम कलवार परसिया सिकंदरपुर
204. श्रीराम सिंहासन राय पुत्र श्री रघुनाथ राय भरौली
205. श्रीराम सुरेश पुत्र श्री दिल बचन बेलहरी
206. श्री रमाकान्त पुत्र श्री गोरख चौबे चक बलिया
207. श्रीरामाधार चमार पुत्र श्री महादेव चमार उभांव
208. श्रीरामाधार राय पुत्र श्री बलराज राय अंदौर
209. श्रीरामाधार सिंह खवासपुर
210. श्रीरामाज्ञा राय पुत्र श्री अवध बिहारी राय चितबड़ागाँव
211. श्री ऋषिदेव सिंह पुत्र श्री जोखू सिंह लोहता
212. श्री लल्लू सिंह पुत्र श्रीराम रेखा सिंह दीघार
213. श्री लक्ष्मण पुत्र श्री जयपाल सिकंदरपुर
214. श्री लक्ष्मण चमार पुत्र श्री निरंजन राम चमार दिऊली बाँसडीह
215. श्री लक्ष्मण तिवारी सिकंदरपुर
216. श्री बाबा लक्ष्मणदास शिष्य सिद्धसंत स्वामी रघुपति दास जी महाराज मिल्की मठिया बैरिया
217. श्री लक्ष्मण राय पिलुई
218. श्री लक्ष्मी नारायण तिवारी पुत्र श्री हनुमान तिवारी दुर्जनपुर
219. श्री लक्ष्मी शंकर त्रिवेदी पुत्र श्री कालिका तिवारी नरही
220. श्री लाल मोहन पुत्र श्री महावीर रेवती
221. श्री लाल मोहन लाल सहतवार

222. श्री लोचन राम तेली पुत्र श्री गजराज तेली सिकंदरपुर
223. श्री लोरपोछन सिंह पुत्र श्रीराम नगीना सिंह अचलगढ
224. श्री वशिष्ठ राय पुत्र श्री नन्द किशोर राय नरही
225. श्री विंध्याचल लाल पुत्र श्रीरामलखन पनिचा
226. श्री विंध्याचल राय पुत्र श्री जुड़ावन राय आदर
227. श्री विपिन बिहारी चौबे पुत्र श्री दल सिंगार चौबे सुल्तानपुर
228. श्री विश्वनाथ तिवारी पुत्र श्री रघुवीर तिवारी चितबड़ागाँव
229. श्री विश्वनाथ तिवारी पुत्र श्री शिवपूजन तिवारी बड़सरी
230. श्री विश्वनाथ पांडेय पुत्र श्री धर्मराज पांडेय थम्हनपुरा
231. श्री विश्वनाथ बरई पुत्र श्री ढोढ़ा बरई गायघाट
232. श्री विश्वनाथ लाल पुत्र श्री बहादुर लाल खेजुरी
233. श्री बिहारी सिंह पुत्र श्री बंशबहादुर सिंह उर्फ जूठन सिंह टकरसन
234. श्री श्याम किशोर पुत्र श्री हरिहर प्रसाद रसड़ा
235. श्री श्याम नारायण सिंह पुत्र श्री हरदेव सिंह कसौंडर
236. श्री श्यामरथी बिन्द पुत्र श्री शिवशंकर बिन्द सिकंदरपुर
237. श्री शम्भुनाथ सिंह पुत्र श्री किशुन सिंह खेजुरी
238. श्री शम्भू सिंह पुत्र श्री मथुरा सिंह चरौवां
239. श्री शमशेर बहादुर सिंह पुत्र श्रीरामयाद सिंह शाहपुर गड़वार
240. श्री शिवदत्त वर्मा पुत्र श्री लाखन कोइरी पिलुई
241. श्री शिवदत्त कोइरी पुत्र श्री तुला भगत पिलुई
242. श्री शिवदास राय पुत्र श्री कालीचरण राय सुरही नरही
243. श्री शिवानंद राय पुत्र श्रीराम बहादुर राय टुटुवारी
244. श्री शिवनाथ प्रसाद गुप्ता पुत्र श्री लालजी गुप्ता बिल्थरारोड
245. श्री शिवनारायण सिंह पुत्र श्री धर्मदेव सिंह बन्हैता
246. श्री शिव प्रसन्न शर्मा पुत्र श्री झगडू शर्मा पिलुई
247. श्री शिवप्रसाद कोहार पुत्र श्रीरामभंजन कोहार सुल्तानपुर बाँसडीह
248. श्री शिवपूजन सिंह पुत्र श्री लाल बहादुर सिंह सुजायत चितबड़ागाँव
249. श्री शिव बचन पुत्र श्रीराम दयाल सहतवार
250. श्री शिव बचन पुत्र श्री दुबरी पांडे मनियर
251. श्री शिवशरण सिंह पुत्र श्री महादेव सिंह रेवती
252. श्री शिवशंकर वर्मा पुत्र श्री वंशदेव वर्मा कोइरी पिलुई
253. श्री शिवराम धोबी पुत्र श्री शिव टहल राम धोबी रामपुर सहतवार
254. श्री श्रीनाथ पांडे पुत्र श्री सुदामा पांडे
255. श्री श्रीनाथ सिंह पुत्र श्री हरगोविन्द सिंह महुलानपार

256. श्री श्रीनिवास पुत्र श्री शिवरतन सहतवार
257. श्री श्रीपति चौबे पुत्र श्री सम्पत चौबे चौबे छपरा
258. श्री श्रीपति कुँवर पुत्र श्री सरयू कुँवर सहतवार
259. श्री श्रीपति नारायण पुत्र श्री महेश ठाकुर काशीपुर बलिया
260. श्री श्रीपति राम कलवार पुत्र श्री सरयू राम कलवार सहतवार
261. श्री श्रीपति राय पुत्र श्री महादेव राय सलेमपुर
262. श्री श्रीराम तिवारी पुत्र श्रीरामदास तिवारी उभांव
263. स्वामी सच्चिदानंद भारती शिष्य स्वामी उमा भारती श्री वनखण्डीनाथ मठ डूहां बिहरा
264. स्वामी सच्चिदानंद जी शिष्य स्वामी श्री परमानंद जी महाराज सोबईबाँध बलिया
265. श्री सच्चिदानंद जी सरयां बाँसडीह
266. श्री सच्चिदानंद सिंह पुत्र श्री देवराज सिंह चौरा नरही
267. श्री सच्चिदानंद सिंह पुत्र श्री दीप नारायण सिंह सुरहियां सहतवार
268. श्री सरयू प्रसाद चमार पुत्र श्री सुखारी चमार सीयर
269. श्री साधू दास प्रसाद पुत्र श्री अयोध्या माली गायघाट रेवती
270. श्री साधु सिंह पुत्र श्री दीप नारायण सिंह सुल्तानपुर रसड़ा
271. श्री सीताराम सिंह पुत्र श्री गंगा सिंह रसड़ा
272. श्री सुखदेव पुत्र श्री बाबू राम सरायभारती
273. श्री सुधाकर पांडे पुत्र श्री लखन पांडे खरौनी
274. श्री सुरेंद्र शर्मा पुत्र श्री गर्जन शर्मा हथौंज
275. श्री सिराजुद्दीन पुत्र श्री सखावत मियां असना
276. श्री सूबेदार सिंह पुत्र श्रीराम लखन सिंह ताड़ीबड़ागाँव
277. श्री सूर्यदेव राय पुत्र श्री साधू राय कैथवली बाँसडीह
278. श्री सूर्य नारायण मिश्र पुत्र श्री विश्वनाथ मिश्र रेवती
279. श्री सूरज प्रसाद सिंह पुत्र श्री कृपाल सिंह श्रीनगर
280. श्री हनीफ पुत्र श्री नूर मोहम्मद सिकंदरपुर
281. श्री हनुमान राम पुत्र श्री भीमल राय सरदासपुर
282. श्री हरि चंदर लाल पुत्र श्री लक्ष्मी नारायण लाल रसड़ा
283. श्री हरिशंकर तिवारी पुत्र श्री किशुन चंद तिवारी चितबड़ागाँव
284. श्री हरिसरन राय पुत्र श्री किशुन चंद चितबड़ागाँव
285. श्री हरि चमार सुल्तानपुर रसड़ा
286. श्री सरदार हरी सिंह पुत्र श्री सरदार राम औतार सिंह चरौवां
287. श्री हीरालाल गुप्ता पुत्र श्री दशरथ कान्दू इन्दौली-मलकौली

व्यक्तिगत सत्याग्रह में भाग लेने वालों इन सभी लोगों को तीन माह से लेकर दो साल तक जेल की सजा और पचास रुपये से लेकर पाँच सौ रुपये तक की सजा मिली थी।

संदर्भ : स्वतंत्रता संग्राम के सैनिक, सूचना विभाग उत्तर प्रदेश लखनऊ। संपादक-श्री एस.पी. भट्टाचार्य प्रकाशन वर्ष -1965 राजकीय मुद्रणालय इलाहाबाद।

'अंग्रेजो भारत छोड़ो' बलिया की जनक्रांति

1942 की अगस्त क्रांति का आंदोलन जिसमें उत्तर प्रदेश के बलिया जिले की जनता ने स्वराज और सुराज का वह स्वर्णिम इतिहास रचा था, जिसे सुनकर दुनिया दंग रह गयी।

रेडियो पर नौ अगस्त की सुबह ही बम्बई (अब मुंबई) में महात्मा गांधी, सरदार बल्लभभाई पटेल, पंडित जवाहरलाल नेहरु, सहित कांग्रेस के नेताओं की नजरबंदी/गिरफ्तारी वाली खबर आई थी। उस समय बलिया में केवल दो लोगों के पास रेडियों का लाइसेंस था। सुबह से ही पुलिस की चहलकदमी भी बढ़ी हुई थी। फिर भी कानों कान यह खबर फैलने लगी। वरिष्ठ कांग्रेस नेता ठाकुर जगन्नाथ सिंह, जिलाध्यक्ष श्री चित्तू पांडे, श्री तारकेश्वर पांडेय, श्री शिवपूजन सिंह, श्री बालेश्वर सिंह, श्री महानंद मिश्र आदि पहले से ही जेलों में बंद थे। इसी बीच गश्त कर रही पुलिस ने कांग्रेस के श्री राधामोहन सिंह, श्री राधागोविन्द सिंह, श्री परमात्मानंद सिंह तथा श्रीराम नरेश सिंह को आज गिरफ्तार कर लिया था। इसके बाद जिले की जनता में उत्तेजना बढ़ने लगी।

जिले में कौमी सेवा दल के पाँच हजार प्रशिक्षित कार्यकर्ता थे। जिसमें कांग्रेस के गांधीवादी नरमपंथी विचारधारा से अधिक राष्ट्रवादी और समाजवादी विचारधारा के गरमदल का वर्चस्व था। इसी को देखते हुए, कुछ ही माह पहले लखनऊ में बैठे गांधीवादी कांग्रेस नेताओं ने सेवादल के कप्तान श्री महानंद मिश्र, उपकप्तान श्री राजेश्वर तिवारी, श्री विश्वनाथ चौबे और श्री श्रीपति कुँवर को हटाकर श्री बरमेश्वर पांडेय को कौमी सेवा दल का जिला कप्तान बना दिया था। लेकिन दल के ज्यादातर स्वयंसेवक इनके खिलाफ हो गये थे।

सबसे महत्वपूर्ण बात यह है कि जिले की जनता ने "भारत छोड़ो आंदोलन" में जाति-पंथ, गांधीवादी, समाजवादी, साम्यवादी, विचारधारा, नरमदल, गरमदल इत्यादि सभी प्रकार के भेदभाव को मिटाकर एक लक्ष्य तय कर लिया था कि—हमें बलिया जिले को ब्रिटिश गुलामी से स्वतंत्र कराकर स्वराज की सरकार बनानी है।

इसके लिए ग्राम रक्षक दल, किसान संगठन, मजदूर संगठनों के नेताओं ने अपने-अपने प्रभाव क्षेत्र में पूरी तैयारी कर लिया था। ऐसी ही सामूहिक सांगठनिक तैयारी के बीच "अंग्रेजों भारत छोड़ो" का बिगुल बज उठा।

जनक्रांति के जागरण का जुलूस निकला

आजादी के लिए असहयोग आंदोलन का नेतृत्व करने वाले प्रायः सभी प्रमुख नेताओं को पुलिस ने गिरफ्तार कर लिया था। जिले के सभी दस थानों की पुलिस पूरी तरह से सतर्क हो गयी थी। जिला मुख्यालय बलिया शहर के अंदर पुलिस हूटर युवाओं में नया जोश भर रहा था। दस अगस्त को प्रातःकाल आठ बजे चौक- स्टेशन रोड के ओक्डेनगंज चौराहे (अब सेनानी उमाशंकर सोनार स्मारक चौराहा) पर टीन का भोंपू लेकर श्री उमाशंकर सिंह सोनार, श्री सूरज प्रसाद, दस-पंद्रह लड़कों के साथ भारतमाता की जय, वंदेमातरम, महात्मा गांधी जिन्दाबाद, इन्कलाब जिंदाबाद के नारे लगाने लगे। यह बलिया जिले में बयालिस की जनक्रांति के शुभारंभ का प्रथम जुलूस था।

नारा लगाते हुए इस जुलूस ने बलिया चौक (अब शहीद पार्क चौक) का चक्कर लगाया तो श्री हीरा पंसारी के नेतृत्व में चौक के चारों तरफ लगने वाली किराने की दुकानों को बंद कर दुकानदार और इन पर काम करने वाले युवक जुलूस में शामिल हो गये, जब यह जुलूस बलिया रेलवे स्टेशन पर पहुँचा तो उसी समय शहर के विभिन्न स्कूलों में पढ़ने वाले छात्रों को लेकर एक ट्रेन स्टेशन पर पहुँचीं, ट्रेन से उतरे छात्रों में से ज्यादातर छात्रा इस जुलूस में शामिल हो गये। इस जुलूस ने बलिया शहर के सभी स्कूलों का भ्रमण किया, और इन विद्यालयों में पढ़ने वाले विद्यार्थियों ने अपनी कक्षाओं की पढाई छोड़ कर जुलूस में भाग लिया। मेस्टन स्कूल के हास्टल के पास जब यह जुलूस पहुँचा तो छात्रनेता श्री योगेंद्र नाथ मिश्र, श्री गौरीशंकर राय (जो बाद में सांसद बनें) श्री वासुदेव राय के नेतृत्व में छात्रावास के बच्चे शामिल हो गये। यहाँ से यह जुलूस मालगोदाम तिराहे पर पहुँचा तो कम्युनिस्ट पार्टी के नेता श्री विश्वनाथ प्रसाद 'मर्दाना' के नेतृत्व में मालगोदाम पर काम करने वाले मोटिहा मजदूर भी जुलूस के साथ हो लिये। पूरा शहर बंद हो गया। गवर्नमेंट स्कूल होकर यह जुलूस कलेक्ट्रेट बलिया कचहरी में जाकर समाप्त हो गया था।

आंदोलन को दबाने के लिए गिरफ्तारी प्रारंभ

इस जुलूस की सफलता ने बलिया जिले के लोगों में स्वाधीनता प्राप्ति की आशा को संपूर्ण रूप से जागृत कर दिया था। ग्यारह अगस्त को बलिया नगर और आसपास के गाँवों से आकर लोगों का जत्था स्वतः चौक में जुटने लगा। इन लोगों का कोई नेता नहीं था, सभी जत्थों के लोगों ने अपने-अपने जुलूस निकालें और नारा लगाते हुए, नगर भ्रमण करने लगे। सभी सरकारी कार्यालयों, स्कूलों, दुकानों को बंद करा दिया गया। यह सभी जुलूस जब पुनः चौक में पहुँचे तब यहाँ कांग्रेस नेता पंडित राम अनंत पांडेय जी पहुँच गए, जिन्हें कांग्रेस की ओर से डिक्टेटर घोषित किया गया था। चौक में एकत्रित हजारों उत्साहित युवाओं की भीड़ के बीच पांडेय जी ने टीन के भोंपू पर भाषण दिया।

जिसमें उन्होंने गांधी जी के अहिंसक सत्याग्रह की बात दोहराते हुए कहा कि हमें किसी भी परिस्थिति में हिंसा का रास्ता नहीं अख्तियार करना है अन्यथा हमारा आंदोलन कलंकित हो जायेगा।

चौक की इस सभा के विसर्जित होते ही पुलिस ने पंडित राम अनंत पांडेय को गिरफ्तार कर लिया।

आजादी की यह आग अब सुलगने लगी थी। जिले के नगरों, कस्बों में सरकार विरोधी जुलूस निकालने की तैयारी तेज हो गयी। इधर पुलिस ने भी अपनी कार्यवाई तेज कर दिया। बैरिया थाने की पुलिस ने रानीगंज के श्री काली प्रसाद, बहुआरा के श्रीराम दयाल सिंह और श्री मदन सिंह को भारत प्रतिरक्षा कानून के तहत गिरफ्तार कर लिया।

इस गिरफ्तारी के विरोध में रानीगंज कोटवां में जुलूस निकाला गया।

इसी दिन सिकंदरपुर पुलिस ने सिवानकलां के श्री राधाकृष्ण प्रसाद गुप्ता को भी भारत प्रतिरक्षा कानून के तहत गिरफ्तार कर लिया था।

ब्रिटिश संसद में बयान पर बलिया बाग़ी हो गया

बलिया जिले में चल रहे स्वाधीनता संग्राम की ज्वाला को भारत मंत्री मिस्टर एमरी द्वारा ब्रिटिश संसद में दिए गए इस बयान ने और अधिक प्रज्ज्वलित कर दिया। जिसमें उन्होंने कहा था कि-भारत में चल रहे अंग्रेजों भारत छोड़ो आंदोलन को रोकने में ब्रिटिश सरकार पूरी तरह से सफल हो गयी है। इनके इस बयान को रेडियो पर भी प्रसारित किया गया। इस रेडियो प्रसारण के बाद बलिया जिले के लोगों ने कहना प्रारम्भ किया कि अभी तक तो हम लोगों ने अंग्रेजों को बलिया जिले से खदेड़ने का काम शुरू भी नहीं किया है, और मिस्टर एमरी कह रहे हैं कि ब्रितानिया सरकार की पुलिस ने सब कुछ कन्ट्रोल कर लिया है।

बयालिस के बारह अगस्त को बैरिया थाना क्षेत्र के लालगंज बाजार में श्री भूपनारायण सिंह, श्री सुदर्शन सिंह और प्रभुनाथ तिवारी की अगुवाई में विशाल जुलूस निकाला गया और सभा की गयी। सभी स्कूलों, कालेजों को सरकार ने बंद करा दिया। तब बलिया जिले को आजाद कराने के लिए प्रयागराज (तब इलाहाबाद) और वाराणसी में पढाई कर रहे छात्र अपने घर वापस आने लगे। बड़े महानगरों में रहकर पढाई करने वाले इन छात्रों ने आजादी की आग को और तेजी से फैलाने में बहुत सहयोग किया।

जिला मुख्यालय पर इस दिन छात्रों के द्वारा एक विशाल जुलूस निकाला गया। नगरीय क्षेत्र में भ्रमण के उपरांत जब यह जुलूस सिविल लाइन्स कचहरी की ओर बढ़ रहा था, तब बलिया रेलवे स्टेशन के पश्चिमी रेलवे क्रॉसिंग (जहाँ पर अब उपरिगामी पुल बना है) का फाटक बंद कर परगनाधिकारी मुहम्मद ओवैश के नेतृत्व में पुलिस ने रास्ता रोक लिया। जुलूस में चल रहें युवाओं ने रेलवे फाटक को लांघकर कर आगे बढ़ना शुरू किया। इनको रोकने के लिए परगना मजिस्ट्रेट मुहम्मद ओवैश ने

पुलिस को छात्रों पर लाठीचार्ज करने का आदेश दिया। पुलिस की लाठी के जबाब में छात्रों ने रेलवे लाइन के किनारे पड़े पत्थरों से पुलिस पर पथराव करना शुरू कर दिया। पुलिस और छात्रों के बीच हुई इस झड़प में दोनों तरफ से सैकड़ों लोग चोटिल हुए, जिसमें परगना मजिस्ट्रेट भी शामिल थे। किसी तरह से यह खूनी मुठभेड़ समाप्त हुई।

इसके बाद रात में पुलिस ने छात्रों को पकड़ने के लिए छात्रावासों, विद्यार्थियों के आवासों पर छापामारी शुरू किया। इस छापेमारी में कोथ के श्री अवधेश तिवारी, मुड़ेरा के श्रीराम सुभग सिंह, सरनी के श्री रमाकान्त सिंह, चांडी के श्रीरामचंद्र तिवारी, जमुआ के श्री केशव सिंह, दुबहड़ के श्री परमानंद पांडेय, बलिया के श्री योगेंद्र नाथ मिश्र सहित कुल तीस छात्रों को पुलिस ने गिरफ्तार कर लिया। इन सभी को बलिया कोतवाली में नंगा करके कोड़े और बेतों से बुरी तरह पीटा गया, इन्हें पेड़ पर उल्टा लटकाकर साथियों के नाम-पते पूछे गए। पुलिस द्वारा पकड़े गये, इन तीस छात्रों में से ज्यादातर छात्रों के परिजनों ने अपने बच्चों को छुड़ा लिया, कुछ को पुलिस ने भी छोड़ दिया। केवल उपरोक्त सात छात्रों को अभियोग दर्ज कर जेल भेजा गया था।

मातृशक्ति ने सँभाला मोर्चा

बारह अगस्त की रात्रि में पुलिस द्वारा छात्रों की गिरफ्तारी और उनके साथ की गयी बर्बरता के विरोध में तेरह अगस्त उन्नीस सौ बयालीस की सुबह जानकी देवी, गायत्री देवी, धूपा देवी के नेतृत्व बलिया नगर की मातृशक्ति ने ब्रिटिश सरकार के विरुद्ध विद्रोह का मोर्चा खोल दिया। बलिया शहर के चौक निकलकर यह जुलूस सबसे पहले जजी कचहरी पहुँचा, जजी कचहरी पर लगे यूनियन जैक को उतारकर वहाँ तिरंगा झंडा फहरा दिया गया। महिलाओं ने सिविल जज साहब से पकड़े गये छात्रों को रिहा करने का आदेश देने अथवा नौकरी छोड़ने की अपील की, उनके द्वारा कोई प्रतिक्रिया नहीं देने पर उन्हें चूड़ियां भेंट करके जुलूस कलेक्ट्रेट बलिया की ओर बढ़ गया। जिलाधिकारी बलिया श्री जगदीशचंद्र निगम को जब महिलाओं का जुलूस कलेक्ट्रेट की तरह आने की सूचना मिली तो वह अपने बंगले पर चले गए। कलेक्ट्रेट बलिया पर लगे यूनियन जैक उतार कर यहाँ पर भी तिरंगा झंडा फहरा दिया गया। यहाँ से यह जुलूस परगनाधिकारी मुहम्मद ओवैश की कोर्ट पर पहुँचा महिला नेत्राी सुश्री जानकी देवी ने मुहम्मद ओवैश को कुर्सी छोड़ने को कहा, मौके की नज़ाकत को समझते हुए, ओवैश साहब खिसक गये। तब सुश्री जानकी देवी थोड़े देर के लिए परगनाधिकारी की कुर्सी पर आसीन रहीं, इसके बाद यह जुलूस समाप्त हो गया।

यह दिन बलिया जिले में आंदोलनकारियों के लिए विजय का दिन रहा। बाँसडीह थाने के एक रिश्वतखोर सिपाही को ग्राम रक्षक दल के कार्यकर्ताओं ने पकड़ कर ग्राम रक्षक दल के नेता श्री वृंदा सिंह के समक्ष प्रस्तुत किया। जिन्होंने इस सिपाही को

अपराधी की तरह बाँध कर पूरे कस्बे में घुमाने के बाद छोड़ देने का आदेश दिया। रिश्वत लेने वाले सिपाही को जुलूस के रूप घुमाने के बाद छोड़ दिया गया।

खेजुरी मण्डल के जिस कांग्रेस कार्यालय पर पुलिस ने कब्जा कर लिया था। उस पर कांग्रेस कार्यकर्ताओं कब्जा कर लिया और उस पर पुनः तिरंगा फहराने लगा।

रेवती रेलवे स्टेशन के सिग्नल तार, टेलीफोन और रेलवे की पटरियों को जनता की भीड़ ने तहस-नहस कर दिया। अब पूर्व दिशा छपरा की ओर से आने वाली ट्रेन का रेवती या बलिया पहुँचने का रेलमार्ग बाधित हो गया।

पश्चिम दिशा में चितबड़ागाँव रेलवे स्टेशन का भी रेलवे सिग्नल तार, टेलीफोन तार को काट दिया गया। रेल की पटरियों को उखाड़ दिया और रेलवे स्टेशन के कागजात को फूंक दिया गया था। अब वाराणसी या छपरा से कोई रेलगाड़ी बलिया नहीं पहुँच सकती थी।

सीयर मण्डल (वर्तमान बिल्थरारोड तहसील) के कार्यकर्ताओं ने यहाँ लगने वाले दिगंबर बाबा मेला में जनसभा किया।

जिले को आजाद कराने के लिए विभिन्न संगठनों ने अपने-अपने ढ़ग से काम करना शुरू कर दिया था। इसमें एक ही बात सामूहिक रूप से परिलक्षित हो रही थी कि सभी संगठनों के कार्यकर्ता और आम जनता जिले में आने-जाने के सभी तरह के मार्गों रेलमार्ग, सड़क मार्ग को क्षतिग्रस्त-काटकर जिले को एक आजाद द्वीप बनाने के काम में जुटे थे।

कटरिया के जंगल में बैठक

विभिन्न संगठनों और आम जनता के द्वारा चलाए जा रहे इस आंदोलन को संगठित करने के लिए जिला मुख्यालय से आठ किमी की दूरी पर स्थित कटरिया के जंगल में गरमदल के क्रांतिकारी नेताओं की एक गोपनीय बैठक 14 अगस्त की सायंकाल आहूत की गयी। इस बैठक में जिले के विभिन्न क्षेत्रों से पैदल चलकर लगभग 250 लोग पहुँच गए। यद्यपि कि यह बैठक जंगल में सुरक्षित जगह पर हो रही थी, लेकिन इतनी बड़ी भीड़ के पहुँचने से खतरा बहुत ज्यादा था। जिले के पुलिस कप्तान मुहम्मद रियाजुद्दीन खान जिले में तोड़फोड़ कर अराजकता फैलाने वाले लोगों पर सख्त से सख्त कार्यवाई करने का आदेश थानेदारों को दे रहे थे।

थानेदार ने बच्चों पर घोड़ा दौड़ाया

चौदह अगस्त को सबेरे ही चेतन किशोर के श्रीरामनगीना राय ने मिडिल स्कूल के बच्चों का जुलूस निकाला हाथों में तिरंगा लिए आजादी के गीत गाते, नारे लगाते हुए सिकंदरपुर कस्बे के लोगों को स्वतंत्रता संग्राम शामिल होने के लिए आमंत्रित करते हुए,

जब अपने मिडिल स्कूल पर पहुँचे, तभी सिकंदरपुर के थानेदार मुहम्मद अशफाक घोड़े पर सवार होकर यहाँ पहुँच गए और कतार में खड़े बच्चों पर घोड़ा दौड़ा दिया। जिसमें दर्जनों बच्चे बुरी तरह से घायल हो गए थे। श्रीरामनगीना राय को गिरफ्तार कर तत्काल बलिया जिला जेल भेज दिया गया।

चितबड़ागाँव डाकघर पर कब्ज़ा

14 अगस्त को फिर चितबड़ागाँव में युवाओं की टोली सड़क पर उतरी 13 अगस्त को चितबड़ागाँव रेलवे स्टेशन को तबाह करने के बाद अब इस कस्बे में केवल सरकारी डाकघर बचा था, जिस पर कब्ज़ा कर लिया गया और श्री जगन्नाथ तिवारी को बलिया जिले की स्वराज सरकार का डाकपाल नियुक्त कर दिया गया।

बलिया को आजाद द्वीप बनाने का अभियान

तेरह अगस्त को चितबड़ागाँव रेलवे स्टेशन को तबाह करने की सूचना गड़हा परगना के गाँवों में पहुँच चुकी थी। चौदह अगस्त को गड़हा परगना के गाँवों से सैकड़ों युवाओं का जत्था चितबड़ागाँव पहुँचा तो उसे अपने करने के लिए कोई काम नहीं दिखाई दे रहा था। इन युवाओं ने अपने जत्थे को दो भागों में विभक्त किया, और एक जत्थे ने चितबड़ागाँव से पश्चिम दिशा में ताजपुर डेहमा रेलवे स्टेशन तक रेलवे लाइन उखाड़ने, रेल सिग्नल और टेलीफोन के तार काटने का काम शुरू किया, तथा दूसरे जत्थे ने पूर्व दिशा की ओर फेफना जंक्शन रेलवे स्टेशन तक रेलवे लाइन उखाड़ने, सिग्नल, टेलीफोन तार काटने का काम शुरू कर दिया। पूरा दिन-पूरी रात यह काम चलता रहा, इसे पूरा करने के बाद ही यह लोग अपने घरों को लौटे थे। एक दिन विश्राम करने के बाद 15 अगस्त को सुबह पहुँच कर बलिया जिले को सड़क मार्ग से गाजीपुर, वाराणसी को जोड़ने वाले बूढ़ी सरयू-तमसा नदी पिपराघाट में बनें लकड़ी के पुल को ध्वस्त कर दिया।

आजाद हिंद ट्रेन बलिया पहुँची

प्रयागराज (इलाहाबाद) और वाराणसी में पढने वाले छात्रों ने एक पूरी ट्रेन पर ही कब्जा कर लिया था। इस ट्रेन का नाम ''आजाद हिंद ट्रेन'' रखा था। प्रयागराज से चली यह ट्रेन जिस स्टेशन पर पहुँचती थी, उस रेलवे स्टेशन को तबाह-बरबाद कर दिया जाता था। रेलवे सिग्नल, तार काट दिए जाते थे, गाड़ी के छूटने पर वहाँ आग लगा दी जाती थी। 14 अगस्त 1942 को सुबह आठ बजे यह ट्रेन जिले के बिल्थरारोड रेलवे स्टेशन पर पहुँचीं। इस ट्रेन से चल रही एक छात्रा ने रेलवे स्टेशन पर उपस्थित लोगों को ललकारते हुए कहा कि यहाँ से पश्चिम के सभी स्टेशनों को तबाह कर दिया गया है, देश से अंग्रेजों

की सरकार को उखाड़ फेंकने के लिए यही सही समय है, आप सभी को मिलकर अपनी स्वतंत्रता के लिए इस आंदोलन में सहयोग करना चाहिए। अभी तक आप लोगों ने कुछ भी नहीं किया है। यहाँ के लोग मर्द नहीं मालूम पड़ते हैं, अगर आप सभी में साहस नहीं है तो चूड़ियाँ पहन कर घरों में बैठ जाइए।

इस छात्रा की ललकार ने यहाँ उपस्थित लोगों को अंदर तक झकझोर दिया। आजाद हिंद ट्रेन के आगे बढ़ते ही डीएवी कालेज के छात्रों ने बिल्थरारोड रेलवे स्टेशन, मालगोदाम, पानीटंकी और डाकघर में आग लगा दिया। उसी समय चीनी से लदी एक मालगाड़ी यहाँ पहुँची, जिसे लूट लिया गया था। इस अभियान के दौरान रेलवे स्टेशन और डाकघर से मिले रुपये को जला दिया गया था।

स्वराज की पहली सरकार का सुराज

बलिया जिले के स्वाधीनता संघर्ष की इस गाथा पढ़ रहें लोगों को लग रहा होगा कि यह तो पूरी तरह से आगजनी, तोड़ फोड़, विध्वंसक अराजकता की कहानी है। इसे पढकर भावी पीढ़ी के भारतीयों तक क्या संदेश जायेगा?

हमारे स्वाधीनता सेनानी पूर्वजों द्वारा ब्रिटिश सरकार की अवस्थापना सुविधाओं रेलवे लाइन, सड़कों, पुलों, डाकघर को तहस-नहस करके अपने लिए भी कठिनाई उत्पन्न की जा रही थी? भावी पीढी के प्रश्न का उत्तर अवश्य ही मिलना चाहिए।

बलिया जिले के इस अराजक विप्लव-विद्रोह में ही इस प्रश्न का उत्तर छिपा है।

31 दिसंबर 1600 ईस्वी में स्थापित ब्रितानी ईस्ट ईस्ट इंडिया कंपनी ने भारत भूमि पर व्यापार करने के लिए कदम रखा था तो उनका उद्देश्य यहाँ से पैसे कमाने का था। यह चीनी, भारतीय मसालों, नील रंग और अफीम आदि वस्तुओं का व्यापार कर रहे थे। पूर्वी एशिया महाद्वीप का यह समृद्ध भू-भाग छोटे-छोटे राजे-रजवाड़ों, जमींदारों, जागीरदारों के अधीन था। जो अपने व्यक्तिगत स्वार्थों और अहंकार में एक-दूसरे को नीचा दिखाने के लिए आपस में लड़ रहे थे। आर्थिक, सामाजिक ताने-बाने की स्थिति और भी अधिक खराब थी। समाज जातीयों में बंटा हुआ था, छूवाछूत का भेदभाव चरम पर था। समाज के मुट्ठी भर लोगों के पास अकूत संपत्ति और जमीनों पर पर कब्जा था और समाज के जिन बड़े समुदायों के पास श्रमशक्ति थी, वह कामगार समुदाय बंधुआ रियाया के रूप में अलग-थलग पड़ा था। राजाओं-बादशाहों की छोटी-छोटी फौजों में जो कामगार समुदाय के युवा नौकरी करने वाले थे, या जो खेती करने वाले किसान थे उनके परिवारों को पेट भरने के लायक भी मजदूरी नहीं मिलती थी। जिससे यह बड़ा वर्ग असंतुष्ट था। ईस्ट इंडिया कंपनी ने इन सभी परिस्थितियों का लाभ उठाया और 1757 के प्लासी युद्ध के बाद भारत पर शासन करने की योजना को मूर्तरुप देना शुरू कर दिया। 1857 के सैनिक विद्रोह और वीरवर कुँवर सिंह के विजय अभियान के बाद

ब्रिटिश सरकार ने 1858 में ईस्ट इंडिया कंपनी से भारतीय उपमहाद्वीप का शासन अपने हाथों में ले लिया था। क्योंकि कंपनी सरकार के विरुद्ध भारत के आदिवासी, वनवासी समुदायों के लोग सत्रहवीं सदी के पूर्वार्ध से ही संघर्ष कर रहे थे। इनका जीवन यहाँ की प्राकृतिक सम्पदा जल, जंगल, जमीन, जड़ी-बूटियों से गूंथा हुआ था और वह अपने इस सम्पदा पर किसी के हस्तक्षेप को स्वीकार नहीं करने देना चाहते थे। उन्होंने ऐसा प्रत्यक्ष रूप से करके भी दिखाया। अपने जंगलों को स्वतंत्र द्वीप बना लिया था।

1942 में बलिया जिले की जनता ने उसी स्वाधीनता को जमीन उतारने का संकल्प कर लिया था। 15 अगस्त तक रेवती रेलवे स्टेशन से पूरब बकुलहा तक रेल पटरियों को उखाड़ दिया गया था। सड़कों पर जगह-जगह खाइयाँ खोदकर, पेड़ काटकर सड़कों को बंद कर दिया गया और आज सहतवार थाना और रेवती पुलिस चौकी के सिपाहियों को डरा-धमका कर भगा दिया गया, इनके भवनों पर स्वराज सरकार का तिरंगा फहराने लगा; सुरक्षा की जिम्मेदारी जनता के द्वारा जनता के हाथों में आ गयी। डाकघर, कानूनगो कार्यालय, टाऊन एरिया ऑफिस सभी पर स्वराज सरकार का अधिकार हो गया। इन पर तैनात ब्रिटिश सरकार के अधिकारियों कर्मचारियों को खदेड़ दिया गया।

अब यहाँ पर वास्तविक अर्थों में स्वराज की सरकार ने सुराज, महात्मा गांधी जी के रामराज्य की लोकतांत्रिक प्रथम पंचायती राज शासन की व्यवस्था चलाई जाने लगी।

जनता के द्वारा जनता के लिए बनीं स्वराज की सरकार के स्वयंसेवकों ने मात्र चौबीस घंटे में सुरक्षा सहित संपूर्ण व्यवस्था को संभाल कर सुराज स्थापित कर लिया। बाजारों में सही नाप-तौल के साथ उचित मूल्य पर सभी वस्तुओं की खरीद-बिक्री होने लगी। सभी प्रकार के अपराधों पर संपूर्ण नियंत्रण कर लिया गया। चोरी, डकैती, छिनैती, लूट, हत्या, बलवा-फिरौती जैसे बड़े अपराधों की बात तो छोड़ दीजिए, सामान्य झगड़े, तकरार, बेगार, गाली गलौंज तक की कोई भी घटना इस दस दिनों की सुराज सरकार के शासनकाल में घटित नहीं हुई। लोग कामगारों-मजदूरों से भी सम्मान के साथ व्यवहार करने लगे, उनकों उचित मजदूरी देने लगे। बाजारों में नशे की वस्तुओं गाँजा, भांग, शराब की बिक्री बंद हो गयी, लोग पैसे देकर सामान खरीदते थे, कहीं पर भी किसी के साथ कोई जोर जबरदस्ती नहीं हो रही थी। सभी को लग रहा था कि यह हमारी अपनी व्यवस्था है, जिसके अनुशासन का पालन हमें स्वयं करना है।

लोकतंत्र की इस पहली सुराज सरकार ने पूरे देश के लिए स्वराज और पंचायती राज व्यवस्था का अनुकरणीय उदाहरण प्रस्तुत किया। जिसकी जानकारी मिलने पर प्रथम प्रधानमंत्री श्री जवाहरलाल नेहरु ने कहा था कि–''बलिया जिले के अपराधियों का भी शायद ह्रदय परिवर्तन हो गया था, इसलिये वहाँ पर सुराज की सरकार का सपना सफलता पूर्वक साकार हो गया था।''

बैरिया थानाध्यक्ष का समर्पण

बैरिया थाने पर मिल्की मठिया के सिद्धसंत स्वामी रघुपति दास जी महाराज के तेजस्वी शिष्य बाबा लक्ष्मणदास जी, श्री भूपनारायण सिंह, श्री सुदर्शन सिंह, डॉ. अयोध्या सिंह के नेतृत्व में पंद्रह अगस्त को पहुँचीं हजारों की भीड़ के सामने ब्रिटिश सरकार के बैरिया थानाध्यक्ष काजिम हुसैन ने थोड़ी सी कहासुनी के बाद घुटने टेक दिया। उसने अपने हाथों से यूनियन जैक उतार कर थाने पर तिरंगा फहराया और वादा किया कि हम दो दिनों में थाने को खाली करके बलिया चले जायेंगे।

नरही थानाध्यक्ष ने सलामी दिया

गड़हा परगना के गाँवों से हजारों की भीड़ स्वामी ओंकारानंद जी, श्री बेनी माधव सिंह के नेतृत्व में पंद्रह अगस्त को ही नरही थाने पर आ धमकी, यहाँ पर तैनात ब्रिटिश सरकार के थानेदार कुँवर सुन्दर सिंह स्वयं को बहुत तेज तर्रार चालाक समझते थे। इन्होंने चाल चली श्री बेनी माधव सिंह को गले से लगाकर कहा कि इस भीड़ को लेकर चले जाओं नहीं तो मैं तुम्हारा खून पी जाऊँगा। बेनी माधव सिंह ने थाने पर लगे यूनियन जैक को उतारकर तिरंगा फहरा दिया और कहा कि थानेदार साहब आइए, हमारा खून पीजिए, युवाओं की सशस्त्र भीड़ ने थानेदार को चारों तरफ से घेर लिया, थानेदार सुन्दर सिंह की घिग्घी बँध गयी। उन्होंने मौके की नज़ाकत को देखते हुए, तत्काल तिरंगे को सलामी दिया और स्वामी ओंकारानंद जी को अपना अफसर मानते हुए दस रुपये का नजराना भेंट किया।

बलिया की पुलिस चौकियाँ खाली हुईं

बलिया जिला मुख्यालय से दस अगस्त को शुरू हुए अंग्रेजों भारत छोड़ो आंदोलन की आग पूरे जिले में फैल चुकी थी। पंद्रह अगस्त को ही नगरा में स्वामी चन्द्रिका दास के नेतृत्व में विशाल जुलूस निकाला गया। डाकघर को फूंक दिया गया था।

आज बलिया नगर में ओक्डेनगंज, जापलिनगंज पुलिस चौकी को पुलिस के जवानों स्वयं ही खाली कर दिया। लगभग पाँच सौ की संख्या में सड़क पर उतरे युवाओं ने जहाज घाट (अब रामाशीष चौक बालेश्वरघाट-बिचला घाट) के स्टेशन और गोदाम में आग लगा दी। मालगोदाम के सामानों और अनाज को लूट लिया था।

बलिया का बलिदान

पूरे जिले में स्वराज सरकार की स्थापना के लिए जिले का बच्चा, बूढ़ा, नौजवान, किसान जी-जान से जुटे थे। कांग्रेस के गांधीवादी नेता पहले से ही जेलों में बंद थे, जिनको अहिंसात्मक आंदोलन चलाने के आदेश का पालन करना था, वह मौन बैठ गए थे। क्योंकि इस समय बलिया जिले की जनता ने ईंट का जवाब पत्थर से देने का रास्ता चुन

लिया था। जिससे सरकारी मुलाजिमों को भी अपनी जान बचाने की फिक्र सता रही थी। ज्यादातर अफसर सिविल लाइन्स के बाहर नहीं निकल रहे थे। जिले में धारा 144 निषेधाज्ञा लागू कर दी गयी थी, इसके बाद भी जिले में थानों, डाकघरों पर कब्ज़ा करने और जुलूस निकालने का क्रम जारी था।

जिला मुख्यालय पर पर्याप्त मात्रा में पुलिस उपलब्ध थी और पुलिस कप्तान मुहम्मद रियाजुद्दीन का सख्ती से निपटने का आदेश भी था। इसलिये शहर में पर कर्फ्यू जैसी स्थिति थी, बाजार पूरी तरह से बंद था, घरों से बाहर निकलने वाले लोगों से पुलिस कड़ाई से पूछताछ करती, कुछ लोगों को दो-चार हंटर मार भी देती थी। 16 अगस्त को जैसे ही दोपहर ढलान पर पहुँचा, शहर के आसपास के गाँवों से सैकड़ों की संख्या सब्जी उत्पादक किसानों का शहर के गुदरीबाजार में जमावड़ा होने लगा। अपनी सब्जी के साथ यह बाजार में आकर सब्जी बेचने लगे, इनके देखा देखी स्थानीय किराना, बिसातखाना तथा कपड़े की दुकानें भी खुल गयी, बाजार में खरीदारी करने वाले लोगों की भी भारी भीड़ हो गयी।

पुलिस को इस बात की जानकारी थोड़ी देर से मिली। डीएम-एसपी को सूचना दी गयी। दोनों अधिकारियों ने सदर तहसीलदार श्रीरामलगन सिंह को पुलिस लारी के साथ तत्काल बाजार बंद कराने के लिए भेज दिया। गुदरीबाजार जाने वाले लोहापट्टी मार्ग पर ही इस प्रशासनिक दस्ते की मुठभेड़ खोरीपाकड़ गाँव के युवा श्री दुःखी कोइरी और श्री शिवप्रसाद कोइरी से हो गयी। पुलिस लारी के आगे-आगे दो सिपाहियों के साथ दुकानदारों को दुकानें बंद करने का आदेश देते हुए चल रहे तहसीलदार रामलगन सिंह ने जैसे ही श्री दुःखी कोइरी के सब्जी की टोकरी को ठोकर मारा, बीस साल के गबरु जवान श्री दुःखी कोइरी ने तहसीलदार रामलगन सिंह को उठाकर जमीन पर पटक दिया। सड़क के दूसरी तरफ दुकानें बंद करा रहे सिपाहियों ने जब इन पर हमला किया तो भाई श्री शिवप्रसाद भी पुलिस से भिड़ गये, थोड़ी देर हाथापाई के बाद पुलिस ने फायरिंग शुरू कर दिया। दोनों ही भाई श्री दुःखी कोइरी और श्री शिवप्रसाद कोइरी मौके पर ही शहीद हो गये थे।

1942 की अगस्त क्रांति में बलिया जिले की ओर से भारतमाता को स्वाधीन कराने के महायज्ञ में यह प्रथम प्राणाहुति थी।

इन दो युवाओं के प्राणोंत्सर्ग ने जिले के युवाओं में मातृभूमि पर अपने प्राण न्यौछावर करने का पाथेय रच दिया। जो आगे के पूरे आंदोलन में स्पष्ट रूप से देखा जा सकता है।

इनके बलिदान के बाद ब्रिटिश सरकार के पुलिस की गोलियां कम पड़ी होंगी, बलिया वासियों के सीने कम नहीं पड़े। यहाँ पर मिश्रौली गाँव के उन्नीस साल के युवा श्री सूरज मिश्र, नेऊरी के श्री ढेला दुसाध और श्रीराम सुभग चमार, गोपालपुर के श्री

गनपति पांडे, भरतपुरा के श्री शिवमंगल राम, जीराबस्ती गाँव के श्री रघुनाथ अहीर जी ने भारतमाता के श्री चरणों में अपने प्राणों की आहुति दी।

पूरा बलिया नगर और जनपद इन आठ बलिदानियों के खून से निकले अंगारों से दहक उठा। इधर बौखलाए शहर कोतवाल ने श्री बालेश्वरनाथ मंदिर से पूजा करके निकल रहे, कारों गाँव के साठ साल के वृद्ध श्री मोहित लाल जी को अकारण ही गोली मारकर मौत के घाट उतार दिया।

एक छोटे से नगर में ब्रिटिश पुलिस की फायरिंग में नौ लोगों की जान जानें के बाद भी नगरवासियों और महिलाओं का वह साहस वंदनीय है, सड़क पर खून से लथपथ बलिदानी वीरों के शव पड़े थे, इसी लोहापट्टी से लगे तुरहाटोली (अब राजेन्द्रनगर), बड़ा गड़हा (अब शास्त्रीनगर) मुहल्लों से 'भारतमाता की जय' वंदेमातरम, अंग्रेजों भारत छोड़ो के नारे लगाते हुए, वीरांगनाएँ सुश्री जानकी पटेल, सुश्री मानकी पटेल, सुश्री शान्ति, सुश्री कान्ति, सुश्री गायत्री, माँ श्रीमती लखरानी देवी, श्रीमती धूपा देवी आदि सड़क उतर आईं।

अमर बलिदानी श्री दुःखी कोइरी के हाथों पटके गये, तहसीलदार रामलगन सिंह सिविल लाइन्स में जाकर छिप गए। अब डिप्टी कलेक्टर मुहम्मद ओवैश और शहर कोतवाल श्री शिव केदार सिंह ने वीरांगनाओं के जुलूस को चौक में रोककर सभी को गिरफ्तार कर लिया। लेकिन बलिया नगर में हुए बलिदान ने पूरे जिले को झकझोर कर रख दिया था।

स्वामी ओंकारानंद जी को जैसे ही यह जानकारी मिली की थानेदार ने नरही थाने पर से तिरंगा झंडा उतार कर फिर यूनियन जैक फहरा दिया है। दो हजार लाठी, भाला, बल्लम, अंकारी धारी युवाओं के साथ नरही थाने की ओर चल पड़े। आज थानेदार कुँवर सुंदर सिंह ने इलाके के 250 से अधिक लठैतों को बुला रखा था। इनकी साजिश थी कि पुलिस की जगह यह लठैत ही भीड़ से लड़ेंगे। लेकिन जैसे ही स्वामी ओंकारानंद जी जन-सेना थाने पर पहुँचीं, इलाके के लठैत खिसकने लगे, स्वामी जी थानेदार से कहा कि आज थाने पर से अपने गुलामी का यूनियन जैक उतार कर तिरंगा झंडा तुम्हें फहराना पड़ेगा। थानेदार ने ब्रिटिश सरकार के झण्डे को उतारकर तिरंगा फहराया, उसे बावर्दी सलामी दिया और आज फिर दस रुपये स्वामी जी के चरणों में रखकर विदा किया।

जनता ने चिलकहर रेलवे स्टेशन को आग के हवाले कर दिया। नौरंगा घाट पर बनारस से पटना जा रहे मालवाहक जहाज 'हरमस' को रोक कर उस पर लदा सारा सामान गंगा नदी में बहा दिया गया, चालक दल को उतारकर जहाज नदी में बहा दिया गया।

इधर सरकारी पक्ष में भी खलबली मची हुई थी। जिलाधिकारी श्री जगदीश्वर निगम और पुलिस कप्तान मुहम्मद रियाजुद्दीन खान कमिश्नर वाराणसी को बलिया जिले के जन विद्रोह की सूचना देना चाहते थे। लेकिन इस जिले का पूरे से सम्पर्क भंग हो चुका था। रेलमार्ग, सड़क मार्ग, जलमार्ग सभी अवरुद्ध हो चुके थे। इस विषम परिस्थिति में उन्हें

ब्रिटिश सरकार के मस्तिष्क का ध्यान आया। एसपी मुहम्मद रियाजुद्दीन खान ने कहा कि हमें कांग्रेस के नेताओं को आगे करके जिले में शान्ति व्यवस्था बनाने का प्रयास करना चाहिए। दोनों आला अधिकारियों ने कांग्रेस और सरकार के बीच सेतु का काम करने वाले डिस्ट्रिक्ट बोर्ड के मेम्बर पंडित श्याम सुन्दर उपाध्याय को डीएम बंगले पर बुलाया और कहा कि आप जिला जेल में बंद कांग्रेस अध्यक्ष पंडित चित्तू पांडे और श्री राधामोहन सिंह से बात करिये कि हम इन दोनों लोगों को जेल से रिहा कर देंगे। इसके बदले में उन्हें जिले में शान्ति व्यवस्था बनाने के काम में प्रशासन का सहयोग करना पड़ेगा।

इसके बाद इन दोनों अफसरों ने पंडित काशीनाथ मिश्र से उनकी एम्बेसडर कार मंगाया और जिले के घटनाक्रम की पूरी रिपोर्ट को सीलबंद लिफाफे में बंद कर तहसीलदार श्रीरामलगन सिंह को कमिश्नर वाराणसी के यहाँ इस लालच के साथ भेजा कि तुम्हें चाहें जैसे हो कमिश्नर साहब तक यह लिफाफा पहुँचाना है, इसके बदले तुम्हें डिप्टी कलेक्टर बना दिया जायेगा।

पंडित श्याम सुन्दर उपाध्याय जिला जेल में पंडित चित्तू पांडे और श्री राधामोहन सिंह से अकेले में मिलें, इन लोगों को डीएम-एसपी का संदेश दिया। पंडित चित्तू पांडे जी सीधे-साधे थे, उन्होंने कहा कि जब साहब लोग छोड़ना ही चाहते हैं तो हम लोगों के साथ सभी कांग्रेसी कार्यकर्ताओं को भी रिहा कर दें तो हम उनकी मदद जरुर करेंगे।

डिप्टी कलेक्टर के ख्वाब में डूबें तहसीलदार रामलगन सिंह खेत- पगडंडियाँ पकड़ कर छिपते हुए कमिश्नर को रिपोर्ट करने चले गए।

रसड़ा तहसील में रक्तरंजित विजय

सत्रह अगस्त को रसड़ा तहसील के गाँवों से हजारों की संख्या निकली सशस्त्र सुराजी सेना तहसील मुख्यालय पर पहुँच गयी। सबसे पहले रसड़ा रेलवे स्टेशन और डाकघर पर कब्ज़ा कर लिया गया। उन्मत भीड़ को तहसील परिसर में आता देखकर तहसीलदार रसड़ा आगे आयें और स्वयं गांधी टोपी पहनकर तहसील भवन से यूनियन जैक उतार कर तिरंगा झंडा फहरा दिया। इस विजय की खुशी में नाचते-गाते जन सैलाब रसड़ा बाजार की ओर चल पड़ा।

रसड़ा नगर के प्रमुख व्यवसायी श्री गुलाबचंद के छोटे भाई श्री ठाकुर दास ने इस सुराज के विजय जुलूस को मिठाई खिलाने के लिए अपने अहाते में आमंत्रित किया। उनके इस अहाते में ही सरकारी बीजगोदाम, इम्पीरियल बैंक की शाखा और उनकी कपड़े की दुकान भी थी। विजय जुलूस को अहाते में पहुँचने को कहकर ठाकुर दास मिठाई, पानी के प्रबंध में जुट गये।

इसी बीच रसड़ा के थानेदार ने अपने आठ सिपाहियों और बीस मुसहर अपराधियों को लेकर इस जुलूस में शामिल लोगों को सबक सिखाने का प्रबंध कर लिया। अहाते

में एक ही बड़ा सा दरवाज़ा था। भीड़ के अंदर जाने के बाद पुलिस ने दरवाजा बंद कर दिया और अहाते को बाहर से घेर लिया। अहाते में मौजूद लोगों पर बाहर से ईंट पत्थर, शीशे की बोतलों से पथराव होने लगा। जब लोग बाहर की तरफ निकलने के लिए आये तो दरवाजा बंद था और पुलिस गोली चला रही थी। किसी तरह से खरूवांव गाँव के श्री इन्द्रदेव सिंह ने अहाते की बाहरी दीवार में लगे बड़े से जंगले को उखाड़ दिया। इसके आगे बड़ा सा गड़हा था, जिसमें पानी भरा था और वहाँ पुलिस भी नहीं थी। अकेले श्री इन्द्रदेव सिंह ने जंगले (खिड़की) के रास्ते पानी में कूद कर थानेदार और पुलिस को खूब छकाया, इस छकाने की रोमांचक घटना के कारण वह जिले में ''लालकुर्ती वाला'' नायक के रूप में प्रसिद्ध हुए। पुलिस की गोली से घायल होने के बाद वह पकड़ लिए गये थे, लेकिन तब तक उस तंग अहाते से बाहर निकल कर भीड़ ने पुलिस से अपने बहादुर युवा नायक श्री इन्द्रदेव सिंह को छुड़ा लिया। यहाँ पर पुलिस के साथ हुए संघर्ष में सुल्तानपुर के श्री हरि राम चमार, श्री विश्वनाथ राम पुत्र श्री गंगा दयाल रसड़ा उत्तरपट्टी, श्री विशु राम पुत्र श्री मुन्नी राम उत्तरपट्टी रसड़ा, श्रीकृष्ण मिश्र पुत्र श्री यदु मिश्र मलप, श्री गनपति नोनियां कोइलवर ने अपने प्राणों की आहुति दी।

बाँसडीह तहसील में स्वराज की सरकार

सोलह अगस्त को बलिया नगर की सड़कों पर भारतमाता के अमर सपूतों ने अपने खून से आजादी के जो अक्षर उकेरा था, वह हर बलियावासी के रगो में बारुद बनकर बह रहा था। सत्रह अगस्त को रसड़ा तहसील के साथ ही बाँसडीह तहसील में भी आँखों में खून के आंसू, हाथों में हथियार लेकर स्वराज की सेना श्री गजाधर शर्मा, श्री सूरज सिंह, श्रीरामदयाल सिंह, श्री केदार सिंह आदि के नेतृत्व में बाँसडीह थाने पर पहुँचीं। इस सशस्त्र सुराजी सेना को देख कर ब्रिटिश सरकार के थानेदार श्री छविनाथ सिंह भय से काँपने लगे। उन्हें आदेश दिया गया कि थाने पर से यूनियन जैक को उतारकर वहाँ तिरंगा झंडा फहराना है, ब्रिटिश हैट को उतारकर रखिये और यह गांधी टोपी पहनकर झंडा फहरा दीजिये। थानेदार साहब ने तत्काल आदेश का पालन किया। अपने हैट को उतारकर गांधी टोपी पहनकर यूनियन जैक उतार कर तिरंगा झंडा फहरा दिया और उस समय थाने में मौजूद एकमात्र बंदूक को श्री गजाधर शर्मा जी को सौंप दिया। इस अप्रत्याशित घटना से आहत एक बंदूकधारी हवलदार ने चालाकी करना चाहा तो चाँदपुर के पहलवान श्रीरामसेवक सिंह ने उसका हाथ पहलवानी दांव से पकड़ कर कहा कि-ए बबुआ, तू इहाँ से आसमान में उड़िके लंदन ना जा सके लऽ। हवलदार की सारी हेकड़ी निकल गयी।

बीस हजार सशस्त्र भीड़ के सबसे आगे थानेदार की वर्दी पर गांधी टोपी पहने बाँसडीह थाने के थानाध्यक्ष श्री छविनाथ सिंह, उनके साथ निःशस्त्र सिर झुकाए उनके हवलदार ने जैसे ही तहसील परिसर में प्रवेश किया; इंचार्ज तहसीलदार श्री राजेन्द्र सिंह

एवं नायब तहसीलदार श्री लालबहादुर सिंह हतप्रभ रह गए। तहसीलदार बाँसडीह ने अपने सभी कर्मचारियों के साथ स्वराज सरकार के सामने समर्पण कर दिया। स्वराज सरकार की ओर से श्री गजाधर शर्मा जी को बाँसडीह तहसील का तहसीलदार बनाने की घोषणा कर दी गयी।

उन्होंने ब्रिटिश सरकार के सभी अधिकारियों-कर्मचारियों को तत्काल बर्खास्त करते हुए चौबीस घंटे में सरकारी आवास खाली करने और यहाँ से चले जाने का आदेश पारित कर दिया।

इस अभियान में स्वराज की सरकार को चार बंदूकें मिलीं, बीजगोदाम में 1500 बोरा गेहूं था, जिसे एक रुपये में दस सेर के भाव से बेचकर शासन चलाने के लिए पैसा जुटाया गया। स्वराज सरकार की ओर से श्री गजाधर शर्मा के नेतृत्व में श्री मथुरा प्रसाद, श्री निरंजन सिंह और श्रीरामेश्वर शर्मा की कमेटी बना दी गयी थी, जिसने कार्यभार संभाल लिया।

बैरिया का बलिदान दिवस

बलिया जिले का बच्चा-बच्चा आजादी के लिए अपने प्राण हथेलियों पर लेकर घूम रहा था। बलिया शहर एवं रसड़ा तहसील में जनता और साथ ब्रितानी सरकार की पुलिस के बीच खूनी झड़प भी हो चुकी थी, जिसमें जनक्रांति के चौदह वीरों की जान जा चुकी थी। पंद्रह अगस्त को जब मिल्की मठिया के सिद्ध संत स्वामी रघुपति दास जी महाराज के युवा शिष्य बाबा श्री लक्ष्मण दास जी, श्री सुदर्शन सिंह, श्री भूपनारायण सिंह के नेतृत्व में हजारों की सशस्त्र भीड़ बैरिया थाने पर पहुँचीं थी तो थानेदार काजिम हुसैन ने स्वयं ब्रिटिश फ्लैग उतारकर थाने पर भारतीय तिरंगा झंडा फहरा कर, वादा किया था कि दो दिनों में हमारे सिपाही थाने को छोड़ कर चले जायेंगे। लेकिन उसने ठीक अपने वादे के उलट उसी रात को एसपी बलिया मुहम्मद रियाजुद्दीन को विशेष वाहक से सूचना भेज कर जिला मुख्यालय से अतिरिक्त बंदूकधारी सिपाही मंगा लिया था। थाने पर से तिरंगा झंडा उतार कर फिर यूनियन जैक फहरा दिया गया था।

16 अगस्त को पच्चीस हजार से अधिक द्वाबा की जनता जिसमें महिलाएं भी थीं, अपने लाठी, भाला, बल्लम या जो भी हथियार जिसके पास था, लेकर बैरिया थाने पर पहुँच गयी।

यहाँ पर यह जानना आवश्यक है कि कांग्रेस के द्वारा प्रारंभ किये गये "भारत छोड़ों आंदोलन" के नारे और अहिंसक विरोध की बात पूरी तरह से गौड़ हो गयी थी। स्वराज-स्वाधीनता के लिए संघर्ष करने वाले सभी विचारधाराओं के लोग एकमत होकर एक लक्ष्य लेकर जिले को स्वतंत्र कराने के लिए लड़ रहे थे। वैसे भी गांधीवादी कांग्रेस के सभी प्रमुख नेता जेलों में बंद थे। कांग्रेस के जो नरमपंथी नेता बाहर थे भी युवाओं के गरम खून के आगे उन्हें चुप हो जाना पड़ता था।

बैरिया थाने के सामने खुले खेत और मैदान में मूनजी बाबा की मठिया से लकड़ी की चौकियाँ लाकर मंच बनाया गया। जनता में जोश भरने के लिए श्री परशुराम सिंह, श्री बलदेव सिंह, श्री राजकिशोर सिंह, श्री हरदेव सिंह, श्री जंग बहादुर सिंह आदि नेताओं के द्वारा भाषण दिया जा रहा था। बीच-बीच में श्रीमती धनेश्वरी देवी, श्रीमती तेतरी देवी, श्रीमती रामझरिया देवी के देशभक्ति गीत भी गाये जा रहे थे।

इधर थाने के चारों तरफ बढ़ती भीड़ को देख कर थानेदार काजिम हुसैन ने सभी कमरों में ताला बंद करा दिया और चौदह बंदूकधारी सिपाहियों को लेकर थाने पर मोर्चाबंदी कर लिया। जब बाबा लक्ष्मण दास जी श्री ब्रजबिहारी सिंह, श्रीरामसकल सिंह और श्री जगदीश नारायण तिवारी के साथ सभा स्थल पर पहुँचे तो यह तय हुआ कि थानेदार से बात करनी चाहिए। बाबा लक्ष्मण दास जी, श्री सुदर्शन सिंह, श्री भूपनारायण सिंह थाना परिसर में पहुचें। इन लोगों ने थानेदार को छत से नीचे उतरने और थाना खाली करने के लिए कहा तो उसने कहा कि मैं भी इसी देश का हूँ, आप लोग इस भीड़ को वापस भेज दीजिए तो मैं खुद अपने हाथों से फिर तिरंगा फहरा दूंगा। इस भीड़ में वह लोग भी शामिल है, जिनके ऊपर मैंने दफा 110 का मुकदमा चलाया है, वह हमें पकड़ कर मार डालेंगे। वहाँ उपस्थित लोगों को मक्कार थानेदार के साथ हो रही यह नौटंकी अच्छी नहीं लग रही थी।

इस घटना में शामिल रहें भगवानपुर (बैरिया) के अस्सी वर्षीय स्वतंत्रता संग्राम सेनानी स्व.धरीक्षन यादव ने 2014 में लेखक को यहाँ का आँखों देखा हाल बताया था। उन्होंने कहा कि जिस समय मंच पर गीत गाया जारहा था और बाबा लक्ष्मण दास, श्री सुदर्शन सिंह, श्री भूपनारायण सिंह थानेदार से बात कर रहें थे। उसी समय गोन्हियाछपरा गाँव के मनबढ़ दो युवक श्री देवबसन कोइरी और श्री निर्भयकृष्ण जो आपस में अच्छे मित्र भी थे, भीड़ से निकल कर थाने के उत्तर दिशा की ओर बढ़ें, इधर थाने के घोड़ों की घुड़साल थी। घुड़साल की दीवार भी बहुत ऊँची नहीं थी, उसी पर से करकट का छप्पर डाल कर घोड़ों का अस्तबल बनाया गया था। इन दोनों को उधर जाते हुए देख मैं भी इनके पीछे लग गया। इसके पीछे मेरा व्यक्तिगत स्वार्थ भी था। थानेदार काजिम हुसैन जिस घोड़े पर चलता था, उस घोड़े की कद काठी चाल पर मैं बहुत दिनों से मोहित था और सोचता था कि किसी तरह से यह घोड़ा मुझे मिल जाए।

घुड़साल की दीवार को फांदकर सबसे पहले श्री देवबसन कोइरी थाने के अंदर दाखिल हुए। उसी समय पुलिस ने फायरिंग शुरू कर दिया। जिसकी एक गोली श्री सुदर्शन सिंह की जाँघ में लगी थी। यह देखकर श्री निर्भयकृष्ण भी दीवार फांद कर थाना परिसर में पहुचें, इनके पीछे मैं भी अपने साथी सीरी अहीर के साद दीवार फांद कर पहुँच गया। मेरे पास चाकू हमेशा रहता था, मैंने सबसे पहले वहाँ बँधे हुए घोड़ों की रस्सी काटने लगा, मुझे अपनी जान से ज्यादा घोड़ों के जान बचाने की फिक्र थी। थाने की छत से अंधाधुंध फायरिंग हो रही थी। श्री देवबसन कोइरी और श्री निर्भयकृष्ण दोनों

को गोली लगी, दोनों लोग मौके पर ही शहीद हो गये। इन दोनों की मौत के बाद क्रोध से तमतमाई हुई भीड़ ने थाने पर हमला कर दिया।

मैंनें थानेदार के घोड़े को लेकर भागने के लिए मिट्टी से चिनाई की गयी दीवार को गिरा दिया, और घोड़े को लेकर पश्चिम की तरफ मक्के के खेत में होकर दियारे में चला गया था।

दोपहर से सायं सात बजे तक चले इस संघर्ष में श्री भीम अहीर, श्री मैनेजर सिंह, श्रीरामप्रसाद उपाध्याय, श्रीरामवृक्ष राय, श्रीराम नगीना सोनार, श्री शिवराम तिवारी, श्री मुक्तिनाथ तिवारी, श्री विद्यापति गोंड़, श्री विकी राम, श्री देवकी स्वर्णकार, श्री धर्मदेव मिश्र, श्री नरसिंह राय, श्री विक्रम सोनार, श्री छट्टू कमकर, श्रीरामजन्म गोंड़, श्रीरामदेव कुम्हार ने अपने पराक्रम दिखाया और स्वतंत्रता की बलिवेदी पर अपने प्राण न्यौछावर कर सदा के लिए अमर हो गये। इनके संघर्ष में सहगामी बाइस साल के श्री कौशल कुमार सिंह थानेदार के आवास की छत से छलांग लगाकर थाने की छत पर पहुँच गये थे, जैसे ही वह ब्रिटिश फ्लैग उतारकर तिरंगा फहराने के लिए आगे बढें सिपाही जगदम्बा प्रसाद झण्डे को छीनने की कोशिश किया, उसे पटक कर उन्होंने झंडा फहरा दिया। तभी पीछे से महमूद खाँ नाम के दूसरे सिपाही ने इनके ऊपर ताबड़तोड़ चार गोली दाग दिया। तब तक भारी भीड़ थाने में पहुँच चुकी थी, इनके कारतूस भी खत्म हो गये थे। पश्चिम की तरफ मक्के के खेत थे, उस तरफ कोई भी नहीं था। थानेदार काजिम हुसैन अपने परिवार और सिपाहियों के साथ पैदल ही भागकर दूसरे दिन नौ बजे सहतवार थाना पर पहुँचा, लेकिन वहाँ थाने पर तिरंगा फहराते हुए देख कर घाघरा नदी के दियारे की ओर भाग चले। इनका पीछा सहतवार के श्री श्रीपति कुँवर के नेतृत्व में जनता ने करना शुरू किया। इन लोगों अपनी 11 रायफलों, एक दो नाली बंदूक और भारी सामान रास्ते में फेंक दिया और नदी के रास्ते आजमगढ़ जिले की सीमा में चले गए।

इधर चार गोलियां लगने के बाद भी श्री कौशल कुमार सिंह की साँस चल रही थी, लोग इन्हें इलाज के लिए शाम को 7 बजे सोनबरसा हास्पीटल में भर्ती कराया गया था। इसके अगले दिन 18 अगस्त को सभी घायलों के साथ इनको नाव से लेकर बलिया जा रहें थे। पचरुखिया के सामने इनको होश आया तो लोगों ने पूछा कि तबीयत कैसी है, इस वीर ने कहा कि हमारे तबीयत की बात छोड़िए, यह बताइए कि थाने पर कब्जा हो गया है कि नहीं?

लोगों ने कहा कि थानेदार सिपाहियों को लेकर भाग गया है, एक मुस्कान के साथ गंगा की धारा में बहती नाव पर इन्होंने अपने प्राण त्याग दिए। बैरिया थानेदार काजिम हुसैन ने 24 अगस्त को जिला मुख्यालय पर दिये गये अपने बयान में बताया है कि-थाने पर हुए हमले में हिंसक भीड़ में शामिल पचास लोगों की मौत हुई थी। मृतकों के शवों को बलवाई भीड़ बड़े गर्व के साथ उठाकर ले जारही थी और उनका अंतिम संस्कार किसी वीरगति को प्राप्त योद्धा के रूप में कर रही थी।

बलिया जिले का विजय दिवस

अंग्रेजों भारत छोड़ो के नारे-करो या मरो को आत्मसात कर विगत तीन दिनों से अपने रक्त से आजादी का इतिहास लिख रही, जिले की जनता ने उन्नीस अगस्त उन्नीस सौ बयालीस को संपूर्ण स्वराज के संकल्प के साथ बलिया कूच कर दिया। जिला मुख्यालय की ओर जाने वाली हर सड़क, पगडंडी पर हाथों में लाठी, भाला, तलवार, दॉव, फावड़ा, कुदाल, हँसियां, गंड़ासी इत्यादि जिसके पास जो भी हथियार उपलब्ध था, जिसके पास हथियार नहीं था, उसने मिट्टी के हंडिया में साँप-बिच्छू, चिऊटा-माटा ले लिया था। एक मोटे अनुमान के अनुसार लगभग 75-80 हजार लोग जिसमें सभी जाति-पंथ एवं आयुवर्ग के पुरुष-महिलाएं, युवा सम्मिलित थे, बलिया पहुँच गए। इस जन सैलाब की संवेदनाओं को वर्तमान समय में समझने की कोशिश करिए। लोगों के हृदय में अपनी जन्मभूमि, गाँव और जिले के लोगों के प्रति कितना प्रेम था कि संपूर्ण जिले के लोग अपनी जान और परिवार की चिंता छोड़ कर उस ब्रिटिश साम्राज्य की सरकार को उखाड़ फेंकने के लिए सड़कों पर उतर आये थे, जिसके साम्राज्य का सूर्य कभी अस्त नहीं होता था।

इस विराट जन सागर का एक ही लक्ष्य था। सिकंदरपुर में छोटे- छोटे स्कूली बच्चों पर घोड़ा दौड़ाने वाले थानेदार मुहम्मद अशफाक अहमद, बलिया में छात्रों को बेरहमी से पीटने वाले डिप्टी कलेक्टर मुहम्मद ओवैश, बलिया शहर में फायरिंग का आदेश देने वाले तहसीलदार रामलगन सिंह, रसड़ा में लोगों को घेर कर मारने वाले नायब तहसीलदार और नायब दरोगा तथा बैरिया थाने के थानेदार काजिम हुसैन को पकड़ कर इन सभी को इनके अपराध के लिए दण्डित करना और जिला मुख्यालय पर स्वराज सरकार की स्थापना करना।

यद्यपि कि राय बहादुर काशीनाथ मिश्र की कार से बनारस गये, तहसीलदार रामलगन सिंह के माध्यम से कमिश्नर बनारस तक बलिया में उग्र आंदोलनकारियों के द्वारा की जा रही लूट, आगजनी, डाकघरों, थानों, बीजगोदाम आदि पर कब्ज़ा करने की सूचना पहुँच गयी थी। कमिश्नर बनारस ने इस गम्भीर मामले को गवर्नर साहब को भेज दिया था।

इधर बलिया जिला मुख्यालय पर पहुँचीं हथियारबंद भीड़ के इरादों ने डीएम श्री जगदीश्वर निगम और एसपी श्री रियाजुद्दीन खान को संकट में डाल दिया था। सेन्ट्रल कौंसिल और प्रांतीय कौंसिल के मेम्बर, डिस्ट्रिक्ट बोर्ड, म्युनिसिपल बोर्ड के मेम्बर, चेयरमैन बनने के लिए जिला प्रशासन की जी हजूरी चापलूसी करने वाले कांग्रेस नेताओं, रईसों, रायबहादुरों का कहीं भी पता नहीं चल रहा था। स्थानीय अभिसूचना ईकाई के गुप्तचरों की सूचनाएं भीड़ के खतरनाक इरादों से अवगत करा रही थी।

जिले के दोनों आला अधिकारियों को इस घोर संकट से उबरने का एक मार्ग सूझा कि जेल में बंद कांग्रेस के जिलाध्यक्ष श्री चित्तू पांडे, श्री राधामोहन सिंह आदि नरमपंथी नेताओं को रिहा करके, इन्हीं लोगों के द्वारा इस हिंसा पर उतारू भीड़ को समझा-बुझाकर वापस भेजवाया जा सकता है।

दोनों अधिकारियों ने सबसे पहले डिप्टी कलेक्टर श्री जगदम्बा प्रसाद को एक फुटनोट पर आदेश दिया कि वह ट्रेजरी पहुँच कर ट्रेजरी अफसर से कहकर वहाँ मौजूद सारे नोटों को अपनी मौजूदगी में जलवा दें। सभी अफसरों को अपने परिवार के साथ समूह में सिविल लाइन्स के बंगलों में सतर्कता से रहने का निर्देश जारी किया गया।

इधर भीड़ बढ़ती जारही थी और लोग बहुत ही बेसब्री-बेचौनी से खूनी खेल खेलने वाले अधिकारियों, थानेदारों को खोज रहें थे।

डीएम, एसपी ने खुद जिला कारागार पहुँच कर कांग्रेस नेताओं से बात करने का फैसला किया। जिला जेल के ऑफिस में श्री चित्तू पांडे जी को बुलाकर दोनों अधिकारी उन्हें समझाने-बुझाने लगे। इस समय इनके तेवर बहुत ही नरम मिलनसार था। श्री चित्तू पांडे जी को भी यह बात समझ में नहीं आ रही थी कि यह बड़े साहब लोग आज इतना प्रेम क्यों दिखा रहें हैं? डीएम श्री जगदीश्वर निगम और एसपी श्री रियाजुद्दीन खान के बहुत कहने-सुनने पर पांडे जी ने कहा कि-ठीक है, आप दोनों लोग जैसा कह रहे हैं, मैं करने की अपनी ओर से पूरी कोशिश करूँगा, क्योंकि बाहर क्या हो रहा है, कौन से लोग हैं, मुझे इसकी जानकारी नहीं है। लेकिन आप लोगों हमारे साथ जेल में बंद सभी कांग्रेसी कार्यकर्ताओं को भी बिना शर्त रिहा करना पड़ेगा। इसके पहले मैं अपने साथ जेल में बंद प्रमुख नेताओं से भी सलाह करने के बाद ही निर्णय करूँगा। जेल अधीक्षक ने श्री राधामोहन सिंह को ऑफिस में लेकर आ गये। दोनों नेताओं ने आपस में बात किया। मौके की नज़ाकत और स्थिति की गम्भीरता को देखते-समझते हुए डीएम बलिया श्री जे.एस. निगम ने कहा-बाबू साहब, हम दोनों लोगों ने मिलकर पांडे जी को बलिया जिले का कलेक्टर मान लिया है। आप सभी को बिना शर्त रिहा किया जा रहा है। आप लोग जेल से बाहर जाइए और इस बलवाई भीड़ को जल्द से जल्द शहर से बाहर निकालने की व्यवस्था करिए। यह सभी लूट पाट, आगजनी, हत्या करने वाले, अराजकता फैलाने वाले लोगों की भीड़ है, जो शहर को लूटने के लिए आयें हैं। इससे कांग्रेस की बदनामी होगी।

कांग्रेस के कार्यकर्ताओं को जेल से रिहा किया जाने लगा। इन कांग्रेस कार्यकर्ताओं के साथ बहुत सारे वास्तविक अपराधी भी नेताओं के हाथ-पैर जोड़ कर कांग्रेस कार्यकर्ता बनकर बाहर निकल गये।

जैसे ही यह समाचार भीड़ को मिली की डीएम, एसपी ने जेल में बंद कांग्रेस के सभी कार्यकर्ताओं को बिना शर्त रिहा कर दिया है। कांग्रेस के कार्यकर्ताओं का एक समूह जेल की ओर चला पड़ा।

जेल से छूटने वाले कांग्रेस नेताओं को लेकर जुलूस के रूप में यह जत्था टाऊनहाल (अब क्रांति मैदान) के लिए चल पड़ा। लेकिन गरमदल के क्रांतिकारी नेताओं और गोली चलाने वाले अफसरों को सबक सिखाने के लिए आई भीड़ को इससे कोई मतलब नहीं था, यह लोग इन अधिकारियों को ढूंढ रहें थे। जैसे ही यह बात पांडे जी को पता चली उन्होंने सभी लोगों को लेकर टाऊनहाल मैदान में पहुँचने के लिए कहा कांग्रेस के नरमपंथी नेता लोगों को टाऊनहाल चलने के लिए मनाने-समझाने लगे, ज्यादातर लोगों को समझा-बुझाकर कर इस जुलूस में शामिल कर लिया गया। इस विपुल भीड़ के बलिया पहुँचने से कस्बानुमा शहर बलिया में भोजन पानी की भी समस्या खड़ी हो गयी थी। बलिया नगर के गणमान्य लोगों और व्यापारियों ने तत्काल इसका प्रबंध करना शुरू कर दिया। नगर के नागरिकों ने अपने घरों के सामने बाल्टी, गगरा, घड़ा में पानी भरकर जिसके पास जो भी गुड़, चीनी, चना-चबेना था, उसे लेकर सेवा में जुट गये। चौक से स्टेशन जाने वाली सड़क पर पचासों चूल्हें जलने लगे, इन पर हलवाई लोग पूड़ी-तरकारी बनाने लगे और शहर के युवा व्यापारी लोगों आदर के साथ सड़क पर ही खिलाने लगे। अद्‌भुत दृश्य उपस्थित हो गया था। पूरे नगर में भण्डारा चलने लगा, जहाँ चाहे भोजन करिए, पानी पीजिए।

कांग्रेस के कार्यकर्ताओं को काफी मशक्कत करनी पड़ी, किसी तरह से गाँव से आई हथियारबंद भीड़ को सिविल लाइन्स क्षेत्र से निकाल कर रेलवे लाइन के दक्षिणी हिस्से में पहुँचा दिया गया। टाऊनहाल मैदान में इतनी जगह नहीं थी कि सारे लोग वहाँ खड़े भी हो सकें। इसलिये लोगों को शहर में घूमने और खाने-पीने की छूट दे दी गयी।

सायंकाल लगभग पाँच बजे टाऊनहाल में जनसभा शुरू हुई। श्रीराम अनंत पांडेय, श्री राधामोहन सिंह, श्री राधागोविन्द सिंह और श्री विश्वनाथ चौबे ने सभा को संबोधित किया। जिसमें इन लोगों ने कहा कि जिलाधिकारी श्री जगदीश्वर निगम एवं पुलिस अधीक्षक बलिया श्री रियाजुद्दीन खान दोनों ने स्वयं जेल पहुँच कर सभी कांग्रेसी कार्यकर्ताओं को बिना शर्त जेल से रिहा कर दिया है, और इन लोगों ने कांग्रेस अध्यक्ष श्री चित्तू पांडे जी को बलिया जिले का जिलाधिकारी घोषित कर दिया है।

इसी बीच बूँदाबाँदी शुरू हो गयी, लेकिन भीड़ डटी रही। कांग्रेस जिलाध्यक्ष श्री चित्तू पांडे जी ने भीड़ को भोजपुरी में संबोधित करते हुए कहा कि–"रऊरा सभे जवन कुछ कइलीं (आप लोगों ने जो कुछ भी किया है) एतना बड़ आंदोलन चलवलीं (इतना बड़ा आंदोलन चलाया) ओकरा खाति हम रऊरा सभे के हिरदय से बधाई देत बानीं (उसके लिए मैं आप सभी को हृदय से बधाई देता हूँ) हम तऽ रऊरा सभे के सेवक हईं (मैं तो आप सभी का सेवक हूँ) हम अपना ओर से जेल से छूटे खाति कवनों जतन ना कइनीं हां (मैंने अपनी तरफ से जेल से छूटने के लिए कोई प्रयास नहीं किया था) हमरा तऽ इहो नइखे मालूम की ई रिहाई कइसे भइल हऽ (हमें यह भी नहीं पता है कि हम लोगों की जेल से रिहाई कैसे हुई है।) बाकिर ई तऽ साफे लऊकत बा, कि ई रऊरा सभ के ताकत,

दबाव आ रऊरा सभ के एतना जोरदार आंदोलन कइला से इ कुल्हि भइल हऽ। (लेकिन यह तो स्पष्ट रूप से समझ में आ रहा है कि यह आप सभी लोगों के द्वारा चलाए गए इस जबरदस्त आंदोलन के कारण संभव हुआ है) इ सभ रऊरे बिजय बा। (यह आप सभी लोगों की ही विजय है।) हमार एमें कुछु नइखे, ए आंदोलन के रऊरे नेता बानीं, (इस विजय में हमारा कोई योगदान नहीं है, इस आंदोलन के नेता भी आप ही लोग हैं) जइसन रऊरा सभे राई देइब, उहे होई, (आप सभी जो सलाह देंगे, वही किया जायेगा)

इहाँ आजु सुराज भइल, एकर माने गांधी जी के रामराज हो गइल। (आज यहाँ सुराज हो गया, गांधी जी का रामराज्य की स्थापना हो गयी) रऊरा सभे अपना ईहां जाके सब शान्ति राखीं। (आप सभी अपने घरों को लौटे और अपने यहाँ शान्ति रखें।) सभ के रच्छा करीं (सभी लोगों की रक्षा करें।) ईहां से जवन सनेश जा ओकरा मोताबिक काम करीं सभे (यहाँ जो संदेश दिया दिया जाये, उसी के अनुसार आप सभी काम करें।) पांडे जी ने अपनी बात समाप्त करते हुए, सभी का हाथ जोड़ कर अभिवादन किया और बैठ गए।

इनके भाषण के बाद टाऊनहाल में मौजूद दो तिहाई लोग क्षुब्ध हो गये थे। इनके भाषण के बाद गरमदल के लोग उत्तेजित हो गये।

यह लोग चाहते थे कि जिन अधिकारियों ने हमारे जिले के लोगों पर ज्यादती की है; लोगों को मौत के घाट उतार दिया है, उनको सजा देकर और कलेक्ट्रेट पर कब्ज़ा करने के बाद ही लोगों को घर लौटने की बात करनी चाहिए।

टाऊनहाल मैदान में ही कांग्रेस नेता श्री महानंद मिश्र, श्री विश्वनाथ चौबे ने विद्रोह कर दिया। इनको शान्त करने के लिए मंच से घोषणा की गयी कि स्वराज सरकार के द्वारा श्री महानंद मिश्र जी को बलिया जिले का कप्तान और श्री विश्वनाथ चौबे जी को उप कप्तान बनाया जाता है। अध्यक्ष जी की आज्ञा से इस सभा को विसर्जित किया जाता है, सभी लोग अपने घरों लौट जाएँ। जेल से छूटने वाले ज्यादातर कांग्रेस कार्यकर्ता पहले ही अपने घर के लिए निकल चुके थे। सामान्य लोगों में से भी अधिकांश लोग अपने घरों को लौटने लगे।

लेकिन जो लोग बलिया विजय का संकल्प लेकर आये थे, वह लोग अपने काम में जुट गए। इस भी शहर की ओक्डेनगंज और जापलिंनगंज पुलिस चौकी के सिपाहियों को खदेड़ कर दोनों पुलिस चौकियों को आग के हवाले कर दिया। बलिया रेलवे स्टेशन सरकारी बीजगोदाम के साथ-साथ शहर की गाँजा-भांग, शराब की दुकानों को भी लूटने-फूंकने के बाद डिप्टी कलेक्टर मुहम्मद ओवैश के बंगले पर धावा बोल दिया। उसके बीबी, बच्चों परिवार को बाहर निकाल कर पूरे बंगले को तहस-नहस कर दिया। इस दौरान मुहम्मद ओवैश इन क्रांतिकारियों के पैरों पर गिरकर माफी माँग रहे थे। इसी दौरान इसके आसपास के बंगलों में रहने वाले अधिकारी अपने परिवार को लेकर जहाँ पर जगह मिली जाकर छिप गए थे।

मुहम्मद ओवैश को कान पकड़ कर उठक-बैठक करने की सजा दी गयी, अपने परिवार की जान बचाने के लिए रोते हुए उठक-बैठक करके उन्होंने अपनी जान बचाई।

इस आक्रोशित भीड़ ने ब्रिटिश सरकार के समर्थकों के घरों पर भी उत्पात मचाया।बनारस कमिश्नर के यहाँ जाने के लिए अपनी एम्बेसडर कार देने वाले राय बहादुर काशीनाथ मिश्र के मकान में आग लगा दी। ब्रिटिश सरकार के चहेते, छात्रों को गिरफ्तार कराने में मददगार डाक्टर बब्बन प्रसाद सिंह का दवाखाना लूट कर तहस-नहस कर दिया गया।

कांग्रेस के नेताओं को जेल से रिहा करने के बाद भी जिले में पुलिस थानों, चौकियों, रेलवे स्टेशन, बीजगोदाम, डाकघरों इत्यादि पर हमला, आगजनी की घटनाएं होने के कारण डीएम श्री जे.एस. निगम और एसपी श्री रियाजुद्दीन खान के बीच भी मतभेद पनपने लगा। पहले भी एसपी श्री रियाजुद्दीन अहमद कांग्रेस नेताओं की इस तरह से ससम्मान रिहाई के पक्ष में नहीं थे।

डीएम ने अपने सम्पर्क के सरकार समर्थक कांग्रेस नेताओं के माध्यम से कांग्रेस जिलाध्यक्ष श्री चित्तू पांडे के साथ प्रसिद्ध व्यवसायी श्री शिवप्रसाद गुप्त के आवास पर गोपनीय बैठक रखी जिसमें दोनों अधिकारी भी शामिल हुए। इसमें प्रमुख रूप से यह बात तय हुयी कि सिविल लाइन्स इलाके में किसी भी बाहरी व्यक्ति का प्रवेश नहीं होगा और कोई भी अधिकारी इस क्षेत्र के बाहर नहीं जायेंगे। अधिकारियों और उनके परिजनों की सुरक्षा सुनिश्चित करने की संपूर्ण जिम्मेदारी कांग्रेस कमेटी के अध्यक्ष पर डाल दी गयी।

सच्चाई यह थी कि डीएम, एसपी ब्रिटिश फौज के आने तक किसी भी तरह से अपने सरकारी अधिकारियों कर्मचारियों की जान मान को बचाने की कोशिश कर रहे थे। कलेक्टर साहब खद्दर पहनकर कांग्रेस अध्यक्ष को आगे करके स्थिति को नियंत्रित कर रहे थे। क्योंकि जिले में हुई बर्बरता और फायरिंग में पचास लोग मारे जा चुके थे; सैकड़ों घायल हुए थे। जनता इसका बदला लेना चाहती थी।

दोनों अधिकारियों के बैठक से चले जाने के बाद कांग्रेस कार्यकर्ताओं के माध्यम से शहर में पहरा लगाने की बात तय हुई। जिसके लिए बीस अगस्त को दोपहर बाद कांग्रेस कार्यकर्ताओं की बैठक श्री शिवप्रसाद गुप्त के आवास पर आहूत की गयी।

इस बैठक में जिलाधिकारी श्री जे.एस. निगम के द्वारा स्थिर की गयी योजना के अनुसार "प्रजातांत्रिक स्वराज सरकार" की स्थापना का प्रस्ताव पारित किया गया। इसके बाद श्री चित्तू पांडे को बलिया जिले का जिलाधिकारी बनाया गया। रात्रि में शहर एवं गाँवों में सुरक्षा के लिए पहरा लगाने और स्वराज सरकार को चलाने के लिए चंदा एकत्र करने का प्रस्ताव पारित किया गया। ब्रिटिश सरकार के संरक्षण में बनीं इस स्वराज सरकार को तत्काल दो हजार पाँच सौ रुपये का चंदा भी मिल गया।

इस बैठक में भी उपस्थित गरमदल के नेताओं को कांग्रेस कमेटी की यह बात अच्छी नहीं लग रही थी, कदाचित वह आगे आने वाली परिस्थितियों को भली-भांति भाँप रहे

थे। लेकिन डीएम, एसपी के झांसे में आ चुके कांग्रेस के पदाधिकारियों को इनकी बात समझ में नहीं आ रहीं थी। इन लोगों के द्वारा एक प्रस्ताव लाया गया था कि जिले के दस थानों में से सात थानों पर स्वराज सरकार का अधिकार हो गया है, लेकिन अभी भी तीन थानों पर ब्रिटिश सरकार का झंडा फहरा रहा है। स्वराज सरकार की स्थापना के साथ ही इन थानों पर भी तिरंगा झंडा फहराया जाना चाहिए।

इस प्रस्ताव को लेकर अध्यक्ष श्री पांडे जी और गरमदल के नेताओं के मध्य थोड़ी देर तीखी नोंक-झोंक भी हो गयी। लेकिन वरिष्ठ सदस्यों ने बात को संभाल लिया। इन लोगों ने ही यह व्यवस्था दिया कि इस आंदोलन को विभिन्न विचारधारा के दलों, सामाजिक संगठनों और विशेष रूप से आमजनता ने चलाया है, जिसके कारण आज बलिया जिले को विजय का यह गौरव प्राप्त हुआ है। लेकिन मौलिक बात यह है कि अभी यहाँ के जिलाधिकारी द्वारा भी श्री चित्तू पांडे जी को नेता मान लिया गया है। इसलिये हम सभी लोगों को सारे भेदभाव भूल कर श्री पांडे जी को स्वराज सरकार का नेता स्वीकार कर लेना चाहिए। इससे जिले की जनता और जिला प्रशासन दोनों पक्षों में अच्छा संदेश जायेगा। बैठक में उपस्थित लोगों ने वरिष्ठ लोगों की बात मान लिया।

इसके बाद श्री पांडे जी ने कहा कि हम लोगों की पहली प्राथमिकता जिले में शान्ति व्यवस्था बनाने की है। किसी को भी, किसी प्रकार की हानि नहीं पहुँचे, कोई भी व्यक्ति सिविल लाइन्स इलाके में नहीं जाये, क्योंकि जिला प्रशासन इस स्वराज सरकार की स्थापना के काम में हमारी मदद कर रहा है। इस अध्यक्षीय उदबोधन के बाद बैठक की कार्रवाई समाप्त हो गयी।

लेकिन बैठक की समापन के तत्काल बाद ही श्री महानंद मिश्र, श्री विश्वनाथ चौबे, श्री शिवपूजन सिंह आदि नेताओं ने शेष बचे थानों गड़वार, सिकंदरपुर और उभांव पर अधिकार करने के लिए निकल पड़े। इधर जनता ने भी अपनी कार्यवाई तेज कर दिया। उभांव थाने से बलिया आ रहे, पाँच सिपाहियों को भरखरा गाँव के पास रोककर गाँव वालों ने उनकी वरदी-पेटी उतरवा लिया, बंदूकें छीन ली और नंगे बदन बलिया भेज दिया गया।

बलिया-गाजीपुर मार्ग, बलिया-आजमगढ़ मार्ग की सड़कों को जगह-जगह काटकर, सड़कों के किनारे लगे कांटेदार पेड़ों को काटकर सड़क पर रखकर मार्ग अवरुद्ध कर दिया गया।

इक्सीस अगस्त की दोपहर में श्री शिवपूजन सिंह हरदिया, श्री हीरा राय लिलकर, श्री बलदेव प्रसाद बालूपुर, श्री लक्षन चौधरी पुरुषोत्तम पट्टी, श्री छोटेलाल पन्दह एवं श्री स्वामीनाथ सिंह महथापार के नेतृत्व में जनता ने सिकंदरपुर थाने पर कब्जा कर लिया। छोटे बच्चों के जुलूस पर घोड़ा दौड़ाने वाले थानेदार मुहम्मद अशफाक हुसैन ने थाने की चाभी श्री शिवपूजन सिंह को सौंप दिया।

सिकंदरपुर पुलिस चौकी को आग के हवाले कर दिया गया। थानेदार को थाने पर हमला होने की जानकारी पहले ही हो गयी थी। उसने रात में ही अपने परिवार को सारे साजों सामान के साथ कोथ गाँव के सैय्यद बदरूस्सलाम के घर पहुँचा दिया था।

गरमदल के नेता श्री महानंद मिश्र, श्री विश्वनाथ चौबे गड़वार थाने पर अधिकार करने पहुंचे। जहाँ श्री शिवपूजन सिंह के नेतृत्व में जनता तैयार खड़ी थी। थानेदार श्री वंशगोपाल सिंह ने थाने को एक दिन पहले ही खाली कर दिया था। वह थाने के अभिलेख, बंदूकें लेकर बुढ़ऊ गाँव में छिप हुए थे। थाने पर चार-पाँच सिपाही थे, जो इधर-उधर बैठकर निगरानी रख रहे थे। श्री शिवपूजन सिंह और श्री जगमोहन सिंह ने जनता को ललकार कर थाने में आग लगवा दिया।

यहाँ से यह लोग थानेदार श्री वंशगोपाल सिंह से अभिलेखों और हथियारों की बरामदगी करने के लिए बुढ़ऊ गाँव में पहुँचे। थानेदार ने एक बंदूक, अपनी रिवाल्वर, कुछ भाला, कारतूस, हथकड़ी और कुछ कागजात देकर अपनी जान छुड़ा लिया था।

बलिया नगर में 16 अगस्त को पुलिस फायरिंग कराने वाले तहसीलदार जो अब डिप्टी कलेक्टर बन गये थे श्रीरामलगन सिंह खद्दर का कुरता, पैजामा पहने, गांधी टोपी लगाये। राय बहादुर काशीनाथ मिश्र की तिरंगा लगी एम्बेसडर कार से कमिश्नर बनारस को बलिया जिले की बगावत वाली रिपोर्ट सौंप कर बलिया लौट रहे थे। नरही गाँव की सीमा पर मगही नदी के तोड़ दिए गए पुल को वहाँ पड़े लकड़ी के पटरों से पार करने का प्रयास कर रहे थे। तभी जनता ने देख लिया। लोगों ने शोर मचाया तो सैकड़ों की संख्या में जनता जुट गयी। कार को आग लगा दी गयी। इनके साथ चल रहे सिपाही की बंदूक, चौदह कारतूस और इनके रिवाल्वर को मय 36 कारतूस सहित छीन लिया गया। इसके बाद अमर बलिदानी श्री दुःखी कोइरी, श्री शिवप्रसाद कोइरी को गोली मारने का बदला चुकाने की कार्रवाई शुरू कर दिया। लात-घूंसे, थप्पड़ चलने लगे, लाठी वाले लाठियां भी बजाने लगे। लोगों के पैरों पर गिरकर माफी माँगते हुए, तहसीलदार साहब गाँव की तरफ भागे और एक बुढ़िया की झोपड़ी में घुस गये। बुढ़िया झोपड़ी के दरवाजे पर खड़ी हो गयी और कहा कि अब यह हमारी शरण में आ गया है, इसकी जान मत लीजिये। लोगों ने रामलगन सिंह को जीवित छोड़ दिया। रात्रि में नरही के चौधरी धर्मदेव राय इनको अपने घर ले आये जहाँ यह अगले तीन-चार दिन तक छिपे रहे।

ब्रिटिश सरकार के गवर्नर का आक्रोश

बलिया जिले के कलेक्टर श्री जगदीश्वर निगम द्वारा डिप्टी कलेक्टर श्रीरामलगन सिंह के माध्यम से 18 अगस्त की रात्रि में भेजी गयी रिपोर्ट जो 19 अगस्त की सायंकाल कमिश्नर बनारस को मिल गयी थी। कमिश्नर बनारस ने इसे उसी समय विशेष वाहक के द्वारा संयुक्त प्रान्त के गवर्नर मिस्टर हैलेट को भेज दिया था। जो 21अगस्त को जब गवर्नर के समक्ष प्रस्तुत की गयी। डीएम बलिया की रिपोर्ट को पढकर मिस्टर हैलेट

तिलमिला उठे, उन्होंने तत्काल ब्रिटिश फौज के सबसे क्रूर अफसर मिस्टर नेदरसोल, मि. मार्क स्मिथ और कैप्टन मूर को अपने यहाँ बुलवाया और इन तीनों को बलिया पर पुनः कब्ज़ा करने का आदेश दिया।

बलिया पर पुनः कब्ज़ा करने का सैन्य अभियान

संयुक्त प्रान्त के गवर्नर मिस्टर हैलेट ने बलिया जिले की जनता के द्वारा जिले की तीनों तहसीलों, ज्यादातर थानों, पुलिस चौकियों, डाकघरों, बीजगोदामों पर कब्ज़ा करने और अपनी स्वराज की सरकार बनाने को ब्रिटिश साम्राज्य के खिलाफ़ सबसे बड़ी चुनौती मानते हुए। ब्रिटिश सरकार के भारतमंत्री मिस्टर एमरी को इसकी सूचना भी दे दिया।

इधर बलिया जिले पर पुनः अधिकार करने वाले सैन्य अभियान के चीफ अफसर के रूप में मिस्टर नेदरसोल को नियुक्त किया गया। जिन्हें बनारस से रेलवे के इंजीनियरिंग कोर अफसरों, मैकेनिकों और कुलियों के साथ क्षतिग्रस्त रेल पटरियों को ठीक करते हुए अपनी फौजी टुकड़ी के साथ रेलगाड़ी से बलिया की ओर बढ़ना था। इनके पीछे से रेलवे सिग्नलों, टेलीफोन तारों को ठीक करते हुए दूसरी टीम को आगे बढ़ना था।

मिस्टर मार्क स्मिथ को अपनी फौजी टुकड़ी के साथ गाजीपुर से स्टीमरों के द्वारा बलिया जिला मुख्यालय के जहाजघाट (अब रामाशीष चौक बालेश्वरघाट) पहुँचना था और मिस्टर नेदरसोल के साथ मिलकर संयुक्त कार्यवाई करनी थी। तीसरी फौजी टुकड़ी जिसकी कमान कैप्टन मूर को सौंपी गयी थी। उसे आजमगढ़ जिले के मऊनाथभंजन रेलवे स्टेशन (अब मऊ जिला) से रेलगाड़ी के द्वारा बलिया जिले के बिल्थरारोड रेलवे स्टेशन पर पहुँचकर वहाँ से कार्यवाई शुरू करनी थी। इन तीनों फौजी अफसरों ने अपनी-अपनी फौजी टुकड़ी के साथ इक्कीस अगस्त की सायंकाल प्रस्थान कर दिया।

ब्रिटिश फौज के कमाण्डर नेदरसोल के नेतृत्व में अंग्रेज, बलूच, पठान, सिक्ख सैनिकों को लेकर कोयला-पानी से चलने वाले भांप इंजन की रेलगाड़ी केवल आठ डिब्बे को लेकर मीटरगेज (छोटी लाइन) की जनता के द्वारा उखाड़ी गयी पटरियों को ठीक करते हुए आगे बढ़ने लगी। इसमें सबसे अधिक कठिनाई का सामना आगे-आगे चल रहे रेलवे के कुलियों को बलिया जिले की सीमा ताजपुर डेहमा रेलवे स्टेशन के बाद करना पड़ा था। क्रांतिकारी युवाओं ने रेल पटरी को उखाड़ने के बाद उसे खेतों और खाईयों में फेंक दिया था। सैकड़ों रेलवे के कुली दिन रात मेहनत कर रहे थे।

22/23 की आधी रात को नेदरसोल अपनी फौजी टुकड़ी के साथ बलिया रेलवे स्टेशन पर पहुँच गये। पूरा बलिया नगर उजाड़ हो गया था। तभी शहर में पहरा दे रहें, कुछ स्वयंसेवक दिखाई पड़े। जिनको पकड़ कर नेदरसोल ने कलेक्टर का बंगला दिखाने के लिए कहा। डीएम के बंगले पर पहुँच कर नेदरसोल ने गवर्नर का आदेश बताया, जिले की सारी स्थिति परिस्थिति को जानने समझने के लिए पुलिस कप्तान को

भी यही पर बुला लिया गया था। सारे अधिकार हस्तगत करने के बाद फौज ने अपनी कार्यवाई प्रारंभ कर दिया। शहर कोतवाल श्री शिवकेदार सिंह को लेकर नेदरसोल ने शहर की भौगोलिक स्थिति की जानकारी प्राप्त किया और यहाँ पर बगावत शुरू करने वाले लोगों के बारे में पूछा। शहर कोतवाल की निशानदेही पर सबसे पहले श्री उमाशंकर सिंह सोनार, श्री सूरज प्रसाद, श्री हीरालाल पंसारी, श्री विश्वनाथ प्रसाद, श्री राजेन्द्र प्रसाद आदि की गिरफ्तारी की गयी। शहर के प्रतिष्ठित व्यवसायी बाबू बच्चा लाल अग्रवाल के स्टेशन-चौक रोड स्थित मकान पर पहुँची फौज ने जब उनको अपनी बंदूक लेकर बाहर आने का आदेश दिया, तो वह बंदूक लेकर बाहर आयें और सड़क पर बेहोश होकर गिर पड़े, इनको बूटों की ठोकर मार कर इनकी बंदूक लेकर फौजी आगे बढ़ गये।

23 अगस्त 1942 को 11बजे दिन तक बलिया नगर से कुल 28 लोगों को गिरफ्तार कर लिया था। फौजियों ने अपने साथ लाई गयी रेलगाड़ी के एक डिब्बे को ही हवालात बना दिया था। इसी में इन गिरफ्तार किये गए लोगों को रखा गया था। उस समय रेलगाड़ी के डिब्बे में मूत्रालय-शौचालय की सुविधा भी नहीं होती थी, इन सभी को यहाँ भूखे-प्यासे बलूच सैनिकों की निगरानी में बंद कर दिया गया।

दोपहर में लगभग बारह बजे मार्क स्मिथ के नेतृत्व में गंगा नदी के रास्ते स्टीमरों से गाजीपुर जिले से चली ब्रिटिश फौज भी बलिया के जहाजघाट पर पहुँच गयी थी। इसमें भी क्रूर किस्म के बलूच, पठान, सिक्ख और अंग्रेज सैनिकों की टुकड़ी सवार थी। इनके बलिया पहुँचते ही नेदरसोल इनको पुलिस लाइन में आने का आदेश दिया। जब यह टुकड़ी पुलिस लाइन पहुँच गयी तो सभी बंदियों को भी पुलिस लाइन लाया गया। जहाँ पर इन बंदियों के ऊपर घोर अमानुषिक अत्याचार किया गया था।

संयुक्त प्रान्त के गवर्नर मिस्टर हैलेट द्वारा बलिया जिले पर पुनः कब्ज़ा करने के लिए विशेषाधिकार प्राप्त फौजी अफसर नेदरसोल द्वारा जारी विशेष आदेश के तहत नियुक्त अधिकारी/डिप्टी कलेक्टर श्री जगदम्बा प्रसाद के समक्ष सभी बंदियों को प्रस्तुत किया गया। लगभग तीस मिनट की न्यायिक नौटंकी के बाद श्री उमाशंकर सिंह सोनार, श्री हीरा पंसारी, श्री विश्वनाथ प्रसाद, श्री राजेन्द्र प्रसाद और श्री बच्चालाल को सात-सात साल के सश्रम कारावास और सार्वजनिक स्थल पर बीस- बीस कोड़े मारने की सजा सुनाई गई थी।

इस न्यायिक आदेश के तत्काल बाद इन लोगों को रस्सी में बाँध कर बलिया नगर के मुख्य चौक (शहीद पार्क चौक) में लाया गया। जहाँ आम जनता के सामने इनको कोड़े लगाये जाने लगे। इसी दौरान स्वयं नेदरसोल यहाँ पहुँच गए और कोड़े लगाने वाले सिपाहियों को डाँटते हुए कहा कि ब्रिटिश साम्राज्य के बागियों को कोड़े मारने का यह तरीका नहीं है। इन सभी के कपड़े उतरवा कर इनके नंगे बदन पर कोड़े बरसाने का काम शुरू कर दिया गया।

नेदरसोल का दमनचक्र

23 अगस्त को बलिया नगर से गिरफ्तार विप्लवी नेताओं को चौक में कोड़े लगवाने के बाद पूरी रात ब्रितानी फौज ने नगर में स्थानीय कोतवाली पुलिस के साथ चक्रमण किया। इस दौरान बगावत करने वाले उनके मददगारों और नगर के धन्नाढय लोगों के घरों को चिन्हित किया गया।

24 अगस्त की सुबह से ही बलिया नगर पर गश्त शुरू हो गयी। इस ओक्डेनगंज पुलिस चौकी क्षेत्र के रेलवे स्टेशन-चौक रोड (अब महात्मा गांधी मार्ग) से फौज और पुलिस का अभियान शुरू हुआ। नगर प्रतिष्ठित सर्राफा व्यवसायी बाबू बच्चा प्रसाद स्वर्णकार के दुकान की सभी लोहे की अलमारियों को खुलवाकर सारे सोने-चाँदी के जेवर, नगद रुपये फौजी टुकड़ी ने लूट लिया और उन्हें भी साथ ले गयी, बाद में चार हजार रुपये रिश्वत लेकर सायंकाल छोड़ दिया। प्रसिद्ध कपड़ा व्यवसायी श्री गोपीनाथ सिंह को गोली मारने की धमकी देकर बारह हजार रुपये वसूल किया। प्रसिद्ध किराना व्यवसायी श्री देवी राम (फर्म-देवी राम नारायण राम गुदरीबाजार) से पाँच हजार रुपये वसूल किया। चीनी के थोक व्यवसायी श्री बेनी माधव की दुकान से एक सौ पचास बोरा चीनी उठा ले गए। इसी तरह से श्री बालगोविन्द मल्लाह, श्री राधाकृष्ण प्रसाद ''बच्चा बाबू'' श्री जग्गू लाल को गोली मारने की धमकी देकर रुपये वसूल किये गये थे।

सतनीसराय मुहल्ले के बागियों श्री बरसू राम, श्री गंगा बिशुन का घर जला दिया गया। युवा क्रांतिकारी श्रीरामनाथ प्रसाद का घर जलाने के बाद इनके पिता श्री मंगल राम और बड़े भाई श्री विश्वनाथ प्रसाद को गिरफ्तार कर साथ ले गये और बुरी तरह से पिटाई की जिसके कारण तीन दिनों बाद ही श्री विश्वनाथ प्रसाद की मृत्यु हो गयी थी।

बलिया नगर में अपनी क्रूरतापूर्ण कार्यवाई से जनता में भय, आतंक का वातावरण तैयार करने की कोशिश कर रहे, नेदरसोल को बलिया नगर में रहकर किराना, कपड़ा और सर्राफे की दुकानों पर नौकरी करने वाले 15-20 युवाओं की टोली ने श्रीरामाशीष जी (जो बाद में सरदार रामाशीष सिंह के नाम से जाने गये) के नेतृत्व में चौक में जुलूस निकालकर दिया। इस घटना को इस दृष्टि से भी देखना चाहिए कि बलिया नगर के चप्पे-चप्पे की निगरानी आसमान से हेलिकॉप्टर द्वारा की जा रही थी। नगर की दक्षिणी सीमा पर जलमार्ग से आयी ब्रिटिश फौज कर रही थी और रेलमार्ग से पहुँचीं नेदरसोल की फौज ने नगर में लूटमार आगजनी का तांडव मचा रखा था। युवाओं की इस बगावती टोली को पुलिस ने चौक में चारों तरफ से घेर लिया था। लेकिन चौक की पश्चिमी सड़क पर चिकित्सक के रूप में सेवा करने वाले बंगाली डाक्टर प्रबोध कुमार चटर्जी ने बोलों बच्चों ''पुलिस हमारी भाई है'' का नारा लगाकर पुलिस का ध्यान भटका दिया था और यह लोग भाग जान बचाकर गए थे। श्रीरामाशीष जी यहाँ से गंगा नदी को तैरकर पार करने के बाद पैदल ही बक्सर पहुँच गए और वहाँ से ट्रेन पकड़ कर हावड़ा, कलकत्ता

(अब कोलकाता पश्चिम बंगाल) चले गए जहाँ पर सिक्ख पंथ की दीक्षा लेकर रहने लगे। देश आजाद होने के बाद बलिया आये थे।

नेदरसोल ने स्वराज सरकार के स्वयंसेवकों द्वारा कब्ज़ा कर लिए गये, थानों के उन सभी थानेदारों, नायब थानेदारों के साथ जो अपने थानों से आकर पुलिस लाइन में शरण लिए हुए थे। इनके साथ 24 की सायं काल पुलिस लाइन में बैठक किया था। बहुत देर तक इन सभी को डाँटने-फटकारने के बाद इन सभी को अपने-अपने थानों पर कब्ज़ा करने का आदेश जारी किया। इनकी मदद के लिए छोटी फौज टुकड़ी भी भेजी गयी।

बाँसडीह तहसील और थाने पर कब्जा करने के लिए नायब थानेदार मुहम्मद जाफर को कमान सौंपी गयी। सत्रह अगस्त को सुराजी सेना के समक्ष समर्पण करने वाले थानेदार छविनाथ सिंह को नौकरी से निकाल दिया गया था।

बाँसडीह थाना क्षेत्र में जैसे ही यह समाचार पहुँचा कि नायब दरोगा मुहम्मद जाफर फौज लेकर थाने पर कब्जा करने के लिए बाँसडीह आ रहा है, हजारों की भीड़ बाँसडीह थाने पर जुट गयी। इस भीड़ में गांधीवादी नरमपंथी विचारधारा के कांग्रेसी कार्यकर्ता निहत्थे थे। लेकिन गरमदल के क्रांतिकारी अपने पारंपरिक हथियारों लाठी, भाले के साथ पहुँचे थे। जैसे ही यहाँ फौज पहुँची भीड़ ने उस पर हमला बोल दिया। पुलिस और फौजियों ने फायरिंग शुरू कर दिया। हथियारबंद प्रशिक्षित सैनिकों के सामने निहत्थे लोगों की भीड़ कितनी देर टिक सकती थी। जितौरा गाँव के श्रीराम नगीना सिंह पुत्र श्री गया सिंह और बाँसडीह के श्री शंकर भर पुत्र श्री देव नारायण भर मौके पर ही मारे गये। अंधाधुंध फायरिंग करते हुए पुलिस एवं ब्रिटिश फौज के जवानों ने भीड़ का पीछा किया। लोगों ने बाँसडीह से पूर्व और दक्षिण दिशा में लगे मक्के के खेतों में छिपते हुए भागना शुरू किया, इसी भागम-भाग में लोग बकंवा की ओर पहुँचे, उस समय बकंवा गाँव के किसान परिवार की तेरह वर्षीय किशोरी कुमारी जानकी अपने मक्के के खेत में बनें मचान पर बैठकर फसल की निगरानी कर रही थी। चूंकि वह ऊँचाई पर थी, इसलिये उसे खेतों में छिपकर भाग रहे लोग और पीछे से आ रही पुलिस दोनों ही दिखाई दे रहे थे, उसने लोगों की जान बचाने के लिए उन्हें पुलिस के आने की दिशा बताने लगी। इस किशोरी को इसका मूल्य ब्रिटिश फौज की गोलियों से छलनी होकर अपने प्राणों की आहुति देकर चुकाना पड़ा।

बाँसडीह तहसील और थाने पर कब्जा करने के बाद पुलिस ने श्री डिग्री उपाध्याय, श्री शिवजी मिश्र, श्रीरामकृष्ण माली एवं श्री नागेश्वर सिंह को गिरफ्तार कर लिया था। इन सभी लोगों को बहुत क्रूरता के साथ मारा पीटा गया। इसी पिटाई के कारण श्रीरामकृष्ण माली एवं श्री नागेश्वर सिंह की थोड़े ही दिनों के बाद मृत्यु हो गयी थी। ब्रिटिश फौज ने देवढ़ी गाँव के श्री केदार सिंह एवं श्री मथुरा प्रसाद की सारी सम्पत्ति लूट लिया। फौज की इसी टुकड़ी ने इलाके में बगावत को फैलाने वाले छाता गाँव के श्री महावीर कोइरी को बर्बरता पूर्वक गोली मार दिया था। यहाँ पर फौज के द्वारा की

गयी फायरिंग में गाँव के श्री विजयी अहीर, श्री कपिलदेव प्रसाद, श्री बैजनाथ बरई एवं श्री कुबेर भर घायल हुए थे।

बाँसडीह तहसील के दूसरे थाना सहतवार पर कब्ज़ा करने और श्री श्रीपति कुँवर को गिरफ्तार कर बैरिया थानेदार काजिम हुसैन के द्वारा भागते समय फेंकीं गयी बंदूकों की बरामदगी के लिए सहतवार थाने के थानेदार मुहम्मद हैदर के साथ ब्रिटिश फौज सहतवार पहुँचीं। श्रीपति कुँवर जी फरार हो गए थे। फौज ने उनके भाई श्री सीताराम कुँवर को गिरफ्तार कर लिया। इनके पूरे मकान की सघनता से तलाशी ली गयी। पशुओं के चारा भूसा रखने के खोंप में पुलिस को बैरिया थाने की सभी सत्रह बंदूकें बरामद हो गयी। इस बरामदगी के तत्काल बाद सहतवार के थानेदार मुहम्मद हैदर को लाइन हाजिर कर दिया गया था।

नेदरसोल के कमाण्ड वाले बलूच, पठान, सिक्ख सैनिक लोगों को आतंकित करने के लिए सरेराह चलते लोगों की भी ठुकाई-पिटाई करते चल रहे थे, सबकुछ करना उनके लिए जायज था। बलिया से सुखपुरा जा रही फौजी टुकड़ी ने करनई गाँव के श्री सरजू तिवारी को अकारण ही पकड़ कर बंदूक के कुंदों से बुरी तरह से पीट दिया। सुखपुरा में खद्दर का धोती-कुरता पहने दिखे श्री चण्डी प्रसाद को पिस्तौल से गोली मार दिया। लोग उन्हें जिला चिकित्सालय लेकर पहुँचे, लेकिन वह बचाये नहीं जा सकें। इसी दिन (24 अगस्त को) सुखपुरा के ही 18 वर्षीय श्री गौरीशंकर सोनार को गोली मार कर मौत की नींद सुला दिया।

बाँसडीह तहसील का सुखपुरा गाँव ब्रिटिश सरकार और फौज के निशाने पर इसलिये भी था कि यहाँ के महंथ यदुनंदन गिरि बहुत ही धनवान और मानिंद व्यक्ति थे। दो महीने पहले ही इन्होंने ब्रिटिश सरकार को दस हजार रुपये चंदा दिया था। सुखपुरा पहुँचीं टुकड़ी ने महंथ जी के किलानुमा मकान को घेर लिया। इनके द्वारा की जा रही अकारण फायरिंग और दो लोगों के मौत का समाचार महंथ जी को मिल चुका था। वृद्ध महंथ जी चालीस फीट की ऊँचाई से अपने पिछवाड़े पोखरे में कूद कर भाग गए। महंथ जी को एकदिन पहले ही सूचना दे दी गयी थी कि उभांव थाने के सिपाहियों की भरखरा गाँव के लोगों द्वारा छीनी गयी पाँच बंदूकों को कल तक वापस कराने की जिम्मेदारी आपकी है। फौज जब महंथ जी मकान में प्रवेश करने लगी तो उनके दोनों कुत्तों ने हमला कर दिया, इन दोनों स्वामिभक्त कुत्तों को भी अपनी जान गंवानी पड़ी। इस गोली बारी से महंथ जी का हाथी चिघाड़ने लगा, सैनिकों ने हाथी को भी मौत की नींद सुला दिया।

बाँसडीह तहसील (अब सिकंदरपुर तहसील) के सिकंदरपुर पहुँचीं फौजी टुकड़ी ने श्री लक्ष्मीलाल के किराना और कपड़े की दुकानों के ताले तोड़ कर सारा सामान अपनी गाड़ियों पर लाद लिया, और दुकानों में आग लगा दी। इनके मालिक श्री शंकरदत्त और श्री कन्हैयालाल को साथ ले गए।

27 अगस्त को चेतनकिशोर गाँव के श्री जमुना राय को गोली मार दिया। पन्दह गाँव के श्री गौरीशंकर राय उर्फ छोटेलाल का घर लूटने के बाद उसमें आग लगा दी। इनके हाथी को कब्जे में लेकर नीलाम कर पैसे ले लिये।

बाँसडीह तहसील के ही रेवती बाजार में ब्रितानी फौजी टुकड़ी ने खूब लूटपाट किया। श्रीरामपूजन तिवारी, श्रीराम इकबाल लाल के घरों को लूट लिया। श्रीराम नारायण मिश्र की बेरहमी से सरेआम पिटाई की गयी। झरकटहा गाँव के श्री सूरज प्रसाद सिंह, श्रीरामधारी सिंह एवं श्री बृज बिहारी सिंह के घरों को लूटने के बाद आग के हवाले कर दिया था। गायघाट गाँव के श्री बैजनाथ बरई, श्री रूप नारायण सिंह और दीघार के श्री बलराम सिंह के घरों को भी लूटने के बाद फूंक दिया गया था। चौबेछपरा गाँव के श्री बच्चा तिवारी के घर में भी आग लगा दी गयी।

तहसील क्षेत्र के पूर गाँव (अब सिकंदरपुर तहसील) के श्री राजकिशोर सिंह, श्री हरिविलास गुप्ता, श्री लक्ष्मण तिवारी एवं श्री जलधारी सिंह के मकान को लूटने के बाद आग लगा दिया गया था। खेजुरी गाँव के श्री चन्द्रिका प्रसाद के तीन घरों को लूटने के बाद फूंक दिया गया था।

मार्क स्मिथ का कहर

बलिया पर पुनः कब्ज़ा करने के लिए आयी ब्रिटिश फौज का हर सैनिक ब्रितानी सरकार के विरुद्ध बगावत करने वाले लोगों के साथ बहुत क्रूर व्यवहार कर रहें थे, लेकिन इसके बाद भी अंग्रेज अधिकारियों को लगता था कि यह बागियों के साथ नरमी बरत रहें हैं। दस अगस्त से ही बलिया नगर में बगावत की अलख जगाने वाले मात्र 15 वर्ष के किशोर श्री सूरज प्रसाद लाल मार्क स्मिथ ने पहले मुर्गा बना कर बूटों से रौंदा, कोड़े से पीटा, इसके बाद इनको पुलिस लाइन में पेड़ पर उल्टा लटकाकर संगीनों से छेदा गया। मरणासन्न स्थिति में जब इनको उतारा जा रहा उसी समय इनके प्राण पखेरू उड़ गये थे।

कमाण्डर नेदरसोल की टुकड़ी द्वारा की जा रही लूट पाट का अनुकरण मार्क स्मिथ ने भी किया। हनुमानगंज कोठी के बाबू शिवप्रसाद गुप्त की कोठी का सारा सामान उन्नीस बैलगाड़ियों पर लदवा कर पुलिस लाइन में रखवा लिया गया था।

बलिया सदर तहसील के नरही थाने के थानेदार सुन्दर सिंह का दिमाग ब्रिटिश फौज के बलिया पहुँचते ही सातवें आसमान पर पहुंच गया था। थाने के सामने से जा रहे आंदोलन में भाग लेने वाले श्री मुक्तेश्वरनाथ स्वर्णकार को गोली मार कर नाले में फेंक दिया। चरवाहों ने देखा तो इनको स्थानीय चिकित्सक डाक्टर गंगा दयाल उपाध्याय के यहाँ पहुँचा दिया। संयोगवश गोली इनके गले को चीरकर बाहर निकल गयी थी। जिसके कारण स्थानीय चिकित्सा के बाद यह स्वस्थ हो गये थे। नरही थानेदार ने इलाके पेशेवर अपराधियों की एक फौज भी बना रखा था। जिसका नाम "पिण्डारी दल" रख रखा था। इस दल का काम था, दिन के समय ब्रिटिश फौज के हाथों जो लोग लूटने से

बच जाते थे, उनको लूट कर पैसे और सोने-चाँदी के जेवर इकट्ठा करना, जिसे आपस में बाँटा जाता था।

ब्रिटिश फौज की टुकड़ी ने नरही गाँव के श्री जगदीश राय, श्री नर्वदेश्वर राय, श्री ब्रजनंदन राय, श्री त्रिपुरारी राय, श्री लक्ष्मीशंकर त्रिवेदी, श्री जगतलाल एवं श्री बलभद्र उपाध्याय के घरों को लूटने के बाद उनमें आग लगा दिया था। इन सभी लोगों पर नरही थाने पर कब्जा करने, रेलवे स्टेशन, डाकघर जलाने, रेल पटरियों को उखाड़ने आदि विध्वंसक कार्यवाई में भाग लेने का आरोप था। इसी तरह के आरोप में कोटवां नारायणपुर के श्री हरिद्धार राय, श्री ब्रह्मदेव राय, श्री शिवमुनि मल्लाह, लक्ष्मणपुर गाँव के डा. रामदहिन राय, श्री मुरली राय, अमांव गाँव के श्री शिवपूजन राय, बसंतपुर गाँव के श्री सच्चिदानंद तिवारी, भरौली गाँव के श्रीराम सिंहासन राय, चौरा गाँव के श्री जंग बहादुर सिंह, श्री देव नारायण सिंह और श्री सच्चिदानंद सिंह, सुरही गाँव के श्री भुवनेश्वर राय और श्री हरिद्धार राय शर्मा के घरों को लूटने के बाद उनमंस आग लगा दिया था। चितबड़ागाँव में दहशत फैलाने के लिए फौज ने फायरिंग किया जिसमें श्री बृंदा तिवारी चितबड़ागाँव मारे गए, एक व्यक्ति गम्भीर रूप से घायल भी हुए थे। फेफना में चौराहे पर खड़े 28 वर्षीय युवा श्रीरामसागर गुप्ता को गोलियों से भूनकर मौत के घाट उतार दिया था।

उभांव थाने पर कब्जा

चौबीस अगस्त को इधर जिला मुख्यालय बलिया नगर और आसपास के गाँवों में ब्रितानी फौज के द्वारा बलिया जिले पर पुनः कब्ज़ा करने के लिए दमनात्मक कार्रवाई की जारही थी, उधर यहाँ से साठ किमी की दूरी पर स्थित उभांव थाने पर श्री महानंद मिश्र, श्री विश्वनाथ चौबे और श्री पारसनाथ मिश्र के नेतृत्व हजारों सुराजियों की भीड़ ने उभांव थाने पर धावा बोल दिया। यह भीड़ थाने पर कब्जा करने के बाद बिल्थरारोड बाजार (अब बिल्थरारोड तहसील) की तरफ बढ़ रही थी कि सूचना मिली की ब्रिटिश फौज यहाँ पहुँच गयी है, लूट-आगजनी कर रही है। इस समाचार को सुनने के बाद लाठी, भाला, बल्लम, तलवार, फरसा, गंड़ासा आदि ग्रामीण हथियारों से लैस जनता की भीड़ ने ब्रिटिश फौज के साथ लड़ने का निर्णय किया। श्री महानंद मिश्र और श्री विश्वनाथ चौबे जी ने इस उन्मत युवाओं को यह बताया कि फौज के पास बंदूकें और आधुनिक तोपें है, हम उनका मुकाबला अपने इस लाठी, भाला से नहीं कर सकते हैं। आप सभी लोग जितनी जल्दी हो सके अपने घरों को लौट जाइए और जब तक फौज यहाँ पर रहे, छिपकर रहिए। लेकिन युवाओं ने इन लोगों की बातों को अनसुना कर दिया। बिल्थरारोड रेलवे स्टेशन पर पहुँचकर वहाँ रेल पटरियों उखाड़ने लगे। ब्रिटिश फौज के द्वारा की गयी फायरिंग में टंगुनिया (हाहा नाला गाँव) के श्री अतवारु राजभर पुत्र श्री सेतु भर एवं दयानंद हाईस्कूल

के सहायक अध्यापक, आरिपुर सरयां के श्री चंद्रदीप सिंह ने इस प्रत्यक्ष संघर्ष में अपने प्राणों की आहुति दे दी।

कैप्टन मूर का आक्रमण

आजमगढ़ के मऊनाथ भंजन (अब मऊ जिला) से चली ब्रिटिश सेना की तीसरी टुकड़ी ने कैप्टन मूर के नेतृत्व में आ रही थी। सफेद वरदी पहने आधुनिक मशीनगनों से लैस पैंतालीस जवानों की फौज इक्कीस अगस्त को रसड़ा तहसील मुख्यालय (आदर्श नगरपालिका परिषद रसड़ा) पर पहुँच गयी थी। बाइस अगस्त इसने अपनी कार्यवाई शुरू किया।

ज्ञातव्य है कि बलिया जिले पर पुनः कब्ज़ा करने के लिए चीफ कमाण्डर नेदरसोल के नेतृत्व वाली फौजी टुकड़ी 22/23 की आधी रात को रेलगाड़ी से जिला मुख्यालय पर पहुँचीं थी, और जलमार्ग से गाजीपुर से मार्क स्मिथ के नेतृत्व में चली फौजी टुकड़ी 23 अगस्त को दस बजे दिन में बलिया पहुँचीं थी। इस परिपेक्ष्य में देखा जाए तो बलिया जिले की सीमा में सबसे पहले कैप्टन मूर के नेतृत्व वाली फौजी टुकड़ी ही पहुँची थी और सबसे पहले 22 अगस्त की सुबह से ही कार्यवाई भी शुरू कर दिया था।

कैप्टन मूर ने अपनी कार्यवाई रसड़ा नगर के श्री हाजिरबख्स अंसारी की गिरफ्तारी से शुरू किया। श्री हाजिरबख्स अंसारी को जिस समय गिरफ्तार किया गया था, वह अपनी वफात कर गयी (मृतक) बच्ची को कब्रिस्तान में दफना रहे थे। इसके बाद फौज ने श्री ऋषिलाल अग्रवाल, श्री सीताराम कलवार, श्री विश्वनाथ राम कलवार, श्री बैजनाथ स्वर्णकार एवं श्री श्याम किशोर शर्मा को गिरफ्तार कर लिया था।

श्री ऋषिलाल अग्रवाल के पिता श्री सूरज प्रसाद अग्रवाल रसड़ा के सम्पन्न समृद्ध व्यवसायी थे, बेटे की गिरफ्तारी से बहुत परेशान हो गये थे। इन्होंने कैप्टन मूर के समक्ष अपने बेटे के वजन के बराबर चाँदी के सिक्के देने का प्रस्ताव रखा, लेकिन कैप्टन मूर ने इनके बेटे को छोड़ने से इनकार कर दिया, और सभी बंदियों को बलिया भेज दिया था, जहाँ इनकी बहुत ही बेरहमी से पिटाई की गयी थी।

कैप्टन मूर की फौज ने रसड़ा नगर के व्यापारियों से 88 हजार रुपये वसूल किया। पाँच लाख से अधिक के सोने-चाँदी के आभूषण भी ब्रितानी फौज ने लूट लिया था।

यहाँ पर श्री हाजिरबख्स अंसारी, श्री अयूब शौकती, डा. हरिचरण लाल के घरों को लूटने के बाद उनमें आग लगा दिया। श्री विंध्याचल राम लोहार और श्री वंशरोपन भर को पकड़ कर पिटाई करने के बाद पेड़ पर उल्टा लटकाकर टाँग दिया गया था। इस नगर से सामूहिक रूप से नब्बे हजार रुपये का जुर्माना भी वसूल किया था।

रसड़ा तहसील के सरदासपुर गाँव में कैप्टन मूर की फौज ने वीभत्स ताड़व मचाया था। श्री विश्वनाथ सिंह, श्री हनुमान राम, श्री रघुपति सिंह, श्री चंद्रमा सिंह के घरों को लूटने के बाद उनमें आग लगा दिया। इन सभी की अमानुषिकता के साथ पिटाई की

गयी। श्री गांजा भर एवं दो दूसरे लोगों को पीटने के बाद पेड़ पर उल्टा लटकाकर टाँग दिया। श्रीरामेश्वर तेली को हाथी के पैर में जंजीरों से बाँध कर घसीटा गया। रसड़ा के थानेदार ने इस गाँव की तीन महिलाओं के उतारकर उन्हें नंगा कर दिया था। इसी तरह से ब्रिटिश फौजियों के द्वारा छितौनी गाँव की महिलाओं को भी नंगा कर दिया गया था। इन सभी पर रसड़ा तहसील और थाने पर कब्जा करने में सक्रिय भूमिका निभाने का आरोप था। (कैप्टन मूर की फौज के द्वारा 24 अगस्त को बिल्थरारोड में की गयी क्रूरता और फायरिंग में श्री अतवारु भर एवं श्री चंद्रदीप सिंह के बलिदान की घटनाओं का वर्णन ऊपर आ चुका है।)

बिल्थरारोड से विप्लकारियों का पीछा करते हुए कैप्टन मूर की फौज चरौवां पहुँचीं। (शहीद गाँव चरौवां उस समय रसड़ा तहसील में था। वर्तमान समय में यह बिल्थरारोड तहसील में है।)

चरौवां गाँव की जनता ने श्री मंगला सिंह के नेतृत्व में अंग्रेजी फौज की लूटपाट का विरोध करने का निर्णय लिया था। लगभग पाँच सौ लोगों की भीड़ गाँव के बाहर खड़ी हो गयी थी। जिसे देखकर फौज ने फायरिंग शुरू कर दिया। तीस साल के युवक श्री खरबियार पुत्र श्री धनई, मशीनगन का मुकाबला करने के लिए भाला लेकर खड़े थे, जब गोली चलने लगी तो बाँस की बनी खंचिया से मशीनगन की गोलियों को रोकते हुए वीरगति को प्राप्त हो गये। निहत्थे नेतृत्वकर्त्ता श्री मंगला सिंह गोली मारी गयी, जिसके बाद वह गिर पड़े थे। फौज इनको मृत मानकर आगे बढ़ गयी, फौजी टुकड़ी के जाने के बाद इनकी देशी चिकित्सा कराई जाने लगी, क्योंकि अस्पताल नहीं ले जा सकते थे। दो दिन बाद इनकी मृत्यु हो गयी थी।

इस घटना को देख रही श्रीमती मकतुलिया मालिन ने घर में पड़ी दूध औंटने वाली करीखहीं हंडिया कैप्टन मूर के सिर पर दे मारा, तत्क्षण इस वीरांगना को मशीनगन से निकली गोलियों ने छलनी कर दिया था।

चरौवां गाँव के समृद्ध सम्पन्न व्यक्ति श्री लालचंद भगत के बैठका (पुरुषों के सोने-बैठने और अतिथि सत्कार का भवन) में महात्मा गांधी जी की तस्वीर टंगी थी, एक फौजी ने उस पर गोली चलाया, तस्वीर चकनाचूर होकर गिर गयी। श्री लालचंद भगत की सारी सम्पत्ति रुपये, जेवर को फौज ने लूट लिया। इसी तरह से श्रीराम देनी भगत, श्रीराम सेवक तिवारी, ठाकुर कन्हैया सिंह को भी फौजियों के द्वारा लूट लिया गया था।

ब्रिटिश संसद में बलिया जिले की गूँज

25 अगस्त को देर शाम, बलिया जिले पर पुनः कब्ज़ा करने के लिए आये विशेष प्रशासक नेदरसोल और मार्क स्मिथ ने संयुक्त प्रांत के गवर्नर मिस्टर हैलेट को सूचना भेजा कि—''बलवाईयों को गिरफ्तार कर लिया गया है, सभी तीन तहसीलों और दस थानों पर

ब्रिटिश सरकार ने पुनः अधिकार कर लिया है। अब स्थिति पूरी तरह से नियंत्रण में है। आगे की कार्रवाई सुचारु रूप से संचालित की जा रही है।ß

इस सूचना को गवर्नर मिस्टर हैलेट ने ब्रिटिश सरकार के भारत मंत्री मिस्टर एमरी को भेज दिया। 26 अगस्त 1942 को ब्रिटिश संसद की कार्यवाही को बीच में रोक कर भारत मंत्री मिस्टर एमरी ने सदन को बताया कि– ''बलिया जिले पर पुनः कब्ज़ा कर लिया गया है।'' जिसका स्वागत ब्रिटिश सांसदों ने मेजों का थपथपाकर किया था।

1942 में देश ब्रिटिश सरकार के विरुद्ध जन विद्रोह के सबसे बड़े केंद्र रूप में ब्रितानी सरकार ने बिहार, पूर्वी संयुक्त प्रांत (अब पूर्वी उत्तर प्रदेश) मिदनापुर, उड़ीसा और महाराष्ट्र के कुछ हिस्सों को चिन्हित किया था। जिसमें सामान्य जनता के द्वारा सरकारी संस्थानों में तोड़ फोड़ की गयी थी, रेलवे, संचार व्यवस्था को ध्वस्त कर दिया गया था। ब्रिटिश उपनिवेश के प्रतीकों को नष्ट कर दिया गया था।

42 में अगस्त से लेकर नवंबर महीने के बीच ब्रिटिश सरकार की पुलिस को सबसे अधिक गोलियाँ बम्बई (अब मुंबई), बिहार और पूर्वी संयुक्त प्रांत के जिलों में चलानी पड़ी थी।

बिहार में 86 थाने, संयुक्त प्रांत (अब उत्तर प्रदेश) में 21 पुलिस थानों को विद्रोहियों ने नष्ट कर दिया था। इन विद्रोहियों को सजा देने के लिए बिहार में 174 और संयुक्त प्रांत में 283 विशेष अदालतों का गठन किया गया था। इन अदालतों के द्वारा बिहार के 8212 लोगों को और संयुक्त प्रांत के 8062 लोगों को दोषी ठहराया गया और इनको सजा दी गयी थी।

इन विशेष अदालतों के गठन और त्वरित सजा के पीछे सरकार की सोच स्पष्ट थी कि जितनी जल्दी अपराधियों को सजा दी जायेगी, उससे ऐसे अपराधों को रोकने में मदद मिलेगी।

कांग्रेस नेताओं का पलायन

ब्रिटिश सरकार के गवर्नर मिस्टर हैलेट द्वारा विशेषाधिकार प्राप्त फौजी अफसरों मि. नेदरसोल, कैप्टन मार्क स्मिथ और कैप्टन मूर के साथ पहुँची फौज ने जहाँ जिले में बर्बर खूनी आतंक का तांडव मचा रखा था, वहीं दूसरी तरफ डीएम श्री जे.एस. निगम और एसपी श्री रियाजुद्दीन खान को तत्काल प्रभाव से हटाकर लखनऊ भेज दिया गया था। ब्रिटिश अफसरों ने डीएम जगदीश चंद्र निगम और इनके पुत्र श्री सुरेश निगम की आंदोलनकारियों के साथ मिलीभगत का आरोप भी लगाया गया था।

कांग्रेस के जिलाध्यक्ष श्री चित्तू पांडे जी जिनको जिले में पुलिस की गोली से मारे गए सैकड़ों लोगों की मौत से क्षुब्ध बदला लेने पर उतारू जनता को समझाने और उपद्रवग्रस्त

जिले में शान्ति व्यवस्था बनाने के लिए मौखिक रूप से कलक्टर बनाये गये थे। 22 अगस्त की रात में ही श्री पांडे जी को जैसे ही ब्रिटिश फौज के आने और कार्रवाई की जानकारी मिली बलिया नगर के दक्षिण दिशा के दियारे में निकल गये। उधर गड़वार और उभांव थाने पर कब्जा करने निकले कांग्रेस के द्वारा नियुक्त कप्तान पंडित महानंद मिश्र, उप कप्तान श्री विश्वनाथ चौबे और श्री पारसनाथ मिश्र भी बलिया के लिए चल चुके थे। लेकिन बलिया शहर में फौजी कार्यवाई की सूचना मिलते ही गड़हा परगना के गाँवों से होकर गंगा नदी की ओर चल दिये। जवहीं दियर में चारों लोगों की भेंट हुई। वहीं पर इन लोगों से श्री नर्मदेश्वर चतुर्वेदी जी भी मिल गये थे, जो क्रांतिकारी विचारधारा वाले युवा कार्यकर्ता थे। इन सभी लोगों ने एक छोटी नाव से गंगा नदी को पार किया था। कुछ दिनों तक बिहार के गाँवों में छिपने-भटकने के बाद बनारस, कलकत्ता, धनबाद, भागलपुर में जाकर भूमिगत हो गए थे।

इसमें श्री पारसनाथ मिश्र ने बनारस को अपना केंद्र बनाया था। यह वहाँ के उग्रपंथी गुट से जुड़ गये थे। जिसमें सर्वश्री बाबूराव विष्णु पराड़कर, श्री जयचंद्र विद्यालंकार, सरदार सज्जन सिंह जैसे लोग थे। बलिया के श्रीराम लक्षन तिवारी और श्री गंगा सिंह भी इनके सम्पर्क में थे।

ब्रिटिश फौज के अफसरों की लूट

अंग्रेज प्रशासक नेदरसोल और मार्क स्मिथ ने बलिया की जनक्रांति को अपनी कमाई का साधन बना लिया। इनकी इस लूट में बलिया जिले के नये पुलिस कप्तान मिस्टर वुड भी बढ़ चढ़ कर भाग ले रहे थे। अभी तक जिले के समृद्ध सम्पन्न लोगों से पचास लाख रुपये से अधिक लूट चुके, इन अफसरों ने जिले के 30 गाँवों के 215 मकान जला दिया था। एक सौ से अधिक मकानों को गिरा भी दिया गया था।

इसके बाद इस विद्रोह की सजा के रूप में जिले के लोगों पर तेरह लाख रुपये का सामूहिक जुर्माना लगाया गया था। इसके अतिरिक्त मनमाने तरीके से युद्ध चन्दा, युद्ध ऋण, विजय ऋण के नाम पर पूरे जिले में रुपये उगाहने की होड़ मच गयी थी, जुर्माना वसूलने के लिए निकलने वाले अमीन, नायब तहसीलदार, तहसीलदार, परगनाधिकारी जितने रुपये की रसीद देते थे, उससे दोगुना-तीन गुना रुपये स्वयं के लिए वसूलते थे। अगर कोई इस अवैध वसूली का विरोध करता था, तो उसे भारत प्रतिरक्षा अधिनियम के अंतर्गत जेल भेजने की धमकी देते थे।

इसमें पुलिस कप्तान वुड और उनकी मेम साहिबा ने भी खूब पैसे वसूल किये। कप्तान साहब दिन या रात में जहाँ-जहाँ छापामारी करते थे। अपने दलालों के माध्यम से मेम साहिबा सौदेबाज़ी करके पैसे वसूल करती थी। इन तीनों अफसरों ने बलिया जिले के लोगों से करोड़ों रुपये की अवैध वसूली किया था।

बलिया जिले की जनता के साथ धोखा हुआ था

बलिया जिले में बयालिस की क्रांति के दौरान कांग्रेस के सभी प्रमुख नेता ठाकुर जगन्नाथ सिंह, श्री चित्तू पांडे, श्री राधा मोहन सिंह, श्री तारकेश्वर पांडेय, श्री महानंद मिश्र इत्यादि सभी जेलों में बंद थे।

इस आंदोलन को जिले की जनता ने स्वतःस्फूर्त प्रेरणा से चलाया था। इसकी सफलता को देखकर कांग्रेस, कांग्रेस सेवा दल, कौमी सेवा दल, आर्यसमाज, किसान सभा, कम्युनिस्ट पार्टी सहित सभी देशभक्त लोगों ने खुले मन से साथ दिया था। यहाँ तक कि अपराध जगत से जुड़े लोगों ने भी इसमें मदद किया था।

यह सशस्त्र संघर्ष था, इसमें महात्मा गांधी जी की अहिंसा पर विश्वास करने वाले लोगों की संख्या नहीं के बराबर थी। इसीलिये प्रारंभ के कुछ जुलूसों को छोड़कर सभी जुलूस सशस्त्र निकाले गए थे। जिले के सम्पर्क मार्गों, रेलवे लाइनों को उखाड़ कर एक स्वतंत्र द्वीप बना दिया गया था।

संयुक्त प्रान्त के बलिया की तरह से ही बंगाल के मिदनापुर और महाराष्ट्र के सतारा में भी वहाँ की जनता ने किया था। इन तीनों स्थानों पर स्वराज सरकार का गठन किया गया था।

19 अगस्त 1942 तक जिले की तीनों तहसीलों बलिया, रसड़ा, बाँसडीह और जिले के कुल दस थानों में से सात थानों पर विद्रोही जनता का कब्जा हो गया था। केवल गड़वार, सिकंदरपुर और उभांव थाने पर कब्जा नहीं था, लेकिन इन थानों को ब्रिटिश सरकार की पुलिस ने स्वयं खाली कर दिया था। यहाँ के थानेदार हथियारों और अभिलेखों को लेकर अपने किसी परिचित के घर पर छिपे हुए थे।

सादी वरदी में इक्के-दुक्के पुलिस वाले दूर-दूर से इन थानों की निगरानी कर रहे थे।

19 अगस्त को बलिया जिला मुख्यालय पर कब्ज़ा करने के लिए जिले भर से पहुँचीं, लाखों सशस्त्र जनता जिलाधिकारी कार्यालय, पुलिस कप्तान कार्यालय, जिला कोषागार, कारागार पर कब्ज़ा करने जेल बंदियों को रिहा करने और जनता पर क्रूरता से अत्याचार करने वाले अफसरों, थानेदारों को सजा देने के मंसूबों को लेकर बलिया आई थी।

लेकिन जिलाधिकारी जे.एस. निगम, पुलिस कप्तान मुहम्मद रियाजुद्दीन खान की चाल, जिसके तहत कांग्रेस के नेताओं को जेल से रिहा करके कांग्रेस अध्यक्ष श्री चित्तू पांडे जी को अधिकारियों और उनके परिवार जनों की रक्षा करने का वचन एवं उग्र सशस्त्र संघर्ष पर उतारू जनता को समझा-बुझाकर घरों को वापस भेजने की रणनीति काम कर गयी।

इन दोनों अफसरों को कमिश्नर बनारस के यहाँ बलिया जिले की जनता के बगावत की रिपोर्ट लेकर गये, तहसीलदार रामलगन सिंह से मालूम थी कि गवर्नर मिस्टर हैलेट द्वारा बलिया जिले की बगावत को काबू में करने के लिए भारी फौज भेजी जा रही है,

यह बात मालूम थी। इन लोगों को किसी भी तरह से फौज के बलिया पहुँचने तक अपने अफसरों के जान-माल की हिफाज़त करना था। इसी को दृष्टि में रखकर यह सारी योजना भी बनाई गयी थी।

बलिया जिले को आजाद द्वीप बनाकर स्वराज-सुराज की सरकार बनाने-चलाने की सफलता के चरम पर पहुँचीं योजना कांग्रेस नेताओं के हाथों में नेतृत्व आते ही काँच की तरह टूट कर बिखर गयी। पचास से अधिक बलिदानियों की आत्माहुति सैकड़ों घायलों के खून से रंजित आजादी और सुराज की सुखद छाँव महज कुछ दिनों के स्वराज के बाद, भीषण त्रासदी और विपदा में रूप में बदल गयी।

स्थानीय कांग्रेस नेताओं द्वारा बलिया की जनता के इस सशस्त्र संघर्ष को पौरुष के अहिंसक आंदोलन में बदलने के कारण बलिया जिले की जनता को माया मिली न राम मिले।

इसकी तुलना अगर हम इसी अगस्त क्रांति के जन आंदोलन मिदनापुर की जनक्रांति से करें, तो वहाँ हुई जनक्रांति में बलिया जिले से कम जनहानि में जनता ने ब्रितानी सरकार की हुकूमत को उखाड़ फेंका था और इनकी स्वराज-सुराज की सरकार 1945-46 तक चलती रही थी। इसके पीछे बस एक ही बात थी कि यहाँ की जनता ने हिंसा-अहिंसा का घालमेल नहीं होने दिया था।

जहाँ तक कांग्रेस की बात है तो बलिया जिले की जनता पर ब्रिटिश सरकार की पुलिस ने मुकदमों का पहाड़ लाद दिया था। कांग्रेस के सभी प्रमुख नेता इस सशस्त्र बगावत का जिम्मेदार बलिया जिले की जनता को मान रहे थे। कांग्रेस के कोई भी बड़े नेता इसे कांग्रेस कार्यकर्ताओं के द्वारा किये गए आंदोलन का हिस्सा मानने के लिए बिलकुल तैयार नहीं थे, बलिया जिले के कांग्रेस नेताओं को कांग्रेस पार्टी के सिद्धांतों को नहीं मानने वाले अपराधियों के रूप में देखा जाता था। एक प्रकार से कांग्रेस पार्टी इसे अराजकता मान रही थी और इससे पल्ला झाड़ कर स्वयं की संलिप्तता से इंकार कर रही थी। जबकि कांग्रेस के कार्यकर्ताओं पर भी मुकदमे लिखे गए थे, उनकी गिरफ्तारी भी हो रही थी।

बलिया के तारनहार बने फिरोज गांधी

ब्रिटिश सरकार के विरुद्ध विद्रोह करने की सजा भोग रही जनता के लिए तारनहार बनें कांग्रेस के युवा नेता उच्च न्यायालय के अधिवक्ता श्री फिरोज गांधी जी (आगे चलकर पूर्व प्रधानमंत्री श्रीमती इंदिरा गांधी जी के पति हुए) 20 मार्च 1944 को अपने अधिवक्ता मित्र श्री सतीश चंद्र खरे जी के साथ एक मुकदमे में बहस करने के लिए बलिया आये। जिले के कांग्रेस नेताओं ने जिले की जनता और कांग्रेस कार्यकर्ताओं की पीड़ा इनको

बताया तो वह भावुक हो उठे और उन्होंने अपने परिचित इलाहाबाद हाईकोर्ट के वकीलों का एक पैनल बनाया जो बारी-बारी से बलिया आकर बिना कोई फीस लिए बलिया के विद्रोहियों पर थोपे गये, सही-गलत मुकदमों की ठीक प्रकार से पैरवी बहस करने-कराने लगे जिससे बलिया के लोगों को बहुत राहत मिली थी।

बलिया जिले के सेनानी परिवारों के लोग आज भी स्वयं को श्री फिरोज गांधी जी का ऋणी मानते हैं। क्योंकि फौज और पुलिस के दमन के कारण ज्यादातर लोग कंगाल हो गये थे, मुकदमा लड़ने के लिए पैसे भी नहीं थे। यद्यपि कि यहाँ के प्रसिद्ध अधिवक्ता श्री मुरलीमनोहर लाल जी सरकारी वकील की नौकरी छोड़कर सेनानियों के मुकदमे बगैर फीस के लड़ते थे।

संदर्भ ग्रंथ

1. बलिया में राष्ट्रीय आंदोलन, वर्ष-1970, लेखक/ प्रकाशक-श्री महेंद्र प्रसाद, मुद्रक-मानव मंदिर मुद्रणालय वाराणसी।
2. स्वतंत्रता संग्राम के सैनिक, वर्ष-1965, संपादक-श्री एसपी भट्टाचार्य, प्रकाशक-सूचना विभाग उत्तर प्रदेश लखनऊ।
3. बलिया में क्रांति और दमन, वर्ष-1946, लेखक/ प्रकाशक-श्री देवनाथ उपाध्याय, किताब महल इलाहाबाद।
4. स्मारिका 1942 बलिया, वर्ष-1997, संपादक-श्री सुरेंद्र नाथ सिंह, सहायक सूचना निदेशक बलिया। प्रकाशक- सूचना एवं जनसंपर्क विभाग बलिया।
5. बलिया दर्पण, वर्ष-2003-04, संपादक/प्रकाशक-श्रीरामबली सिंह यादव, सहायक सूचना अधिकारी बलिया।
6. स्वतंत्रता संग्राम में बलिया, वर्ष-1988, लेखक-बाबू दुर्गा प्रसाद गुप्त। प्रकाशक-सार्वभौम प्रकाशन बलिया।
7. ठाकुर जगन्नाथ सिंह जीवन परिचय, वर्ष-1978, लेखक-श्री नरेन्द्र शास्त्री, प्रकाशक-गांधी ग्रंथागार बलिया।
8. 1942 की अगस्त क्रांति और बलिया, वर्ष-2011, लेखक-कौशिकेय शिवकुमार सिंह, प्रकाशक-क्षेत्रीय अभिलेखागार वाराणसी।)

पंचम अध्याय

बलिया जिले के अमर बलिदानी (1857-58)

1. श्री मंगल पांडे, जन्म-30 जनवरी 1831, गाजीपुर जिले (अब बलिया) की बलिया सदर तहसील के नगवां गाँव में श्री सुदिष्ट पांडे एवं श्रीमती जानकी देवी के पुत्र, ब्रिटिश ईस्ट इंडिया कंपनी की 19 वीं पलटन के 34 नंबर देशी पैदल सेना के 1446 नंबर के सिपाही थे। 29 मार्च 1857 को कलकत्ता के बैरकपुर सैनिक छावनी में विद्रोह किया था। 08 अप्रैल 1857 को कलकत्ता में फाँसी दे दी गयी थी।
2. श्री गोविन्द मल्लाह ग्राम चौरा, बलिया सदर तहसील। 03 जून 1857 को बलिया जिले से ईस्ट इंडिया कंपनी के द्वारा वसूली किया गया रुपया (खजाना) बनारस जा रहा था। जिसे चौरा गाँव के पास लूट लिया गया था। इसके बाद पहुँची अंग्रेजी फौज की 78वीं बटालियन हाई लैण्डर्स टुकड़ी के द्वारा इनके गोली मार कर गाँव को आग लगा दी गयी थी। इनके अतिरिक्त इस गड़हा परगना के दर्जन भर गाँवों के पचास से अधिक लोगों को गोली मार कर इनके सिर-धड़ को अलग-अलग पिपराघाट पुल से कोरंटाडीह तक पेड़ पर टांग दिया गया था।
3. श्री दहारी डोम, गायघाट, पचरुखिया। 21/22 अप्रैल 1858 की रात को वीरवर कुँवर सिंह और उनके सैनिकों की रक्षा के लिए अपने सैकड़ों परिजनों के साथ सर ई0 लुगार्ड की पैदल, अश्वारोही सेना और ब्रिगेडियर डगलस की फौज का मुकाबला सहतवार-रेवती के बीच स्थित पचरुखिया के जंगल में देशी हथियार बाँस के खप्पचे से किया था। इस संघर्ष में सौ से अधिक ब्रिटिश सैनिक मारे गए थे। इनके पचास से अधिक परिजन भी बलिदान हुए थे। यह स्थान मुड़िकटवा नाले के नाम से प्रसिद्ध है।

बयालीस का भारत छोड़ो–करो या मरो आंदोलन

1. श्री दुःखी कोइरी, खोरीपाकड़, जन्म-1922 ईस्वी, 16 अगस्त 1942 को बलिया नगर में लागू धारा 144 को भंग करने और अपने भाई श्री शिवप्रसाद के साथ मिलकर मजिस्ट्रेट (तहसीलदार) के साथ हाथापाई करने एवं उठाकर पटकने के

कारण लोहापट्टी-गुदरीबाजार में गोली मार कर मौत की नींद सुला दिया गया था। इनके साथ कुल नौ वीरों ने अपने प्राणों की आहुति दिया था।

2. श्री शिवप्रसाद कोइरी, खोरीपाकड़ (उपरोक्त 16 अगस्त की घटना में भागीदार थे। इनको भी यहीं पर ब्रिटिश सरकार की पुलिस ने गोली मार दिया था।
3. श्री सूरज मिश्र, आयु 19 वर्ष, मिश्रौली बलिया।
4. श्री ढेला दुसाध आयु 32 वर्ष, मुहल्ला- नेऊरी बलिया नगर।
5. श्री गनपति पांडे आयु 18 वर्ष, गोपालपुर बलिया।
6. श्रीराम सुभग चमार पुत्र श्री खुदीराम, 38 वर्ष, दवनीणण बलिया।
7. श्री शिवमंगल राम आयु 38वर्ष ग्राम भरतपुरा बलिया।
8. श्री रघुनाथ अहीर पुत्र श्री देउ अहीर 36 वर्ष, जीराबस्ती बलिया।
9. श्री मोहित लाल पुत्र श्री शिवचरण लाल कारों बलिया। इनको लोहापट्टी- गुदरीबाजार में हुए पुलिस और जनता के बीच हुए संघर्ष के बाद से बौखलाई पुलिस ने अकारण ही श्री बालेश्वरनाथ मंदिर के पास गोली मार कर मौत के घाट उतार दिया था।
10. श्री श्रीकृष्ण मिश्र 50 वर्ष मलप हरसेनपुर। 17 अगस्त 1942 को रसड़ा तहसील, थाना, डाकघर, रेलवे स्टेशन पर कब्ज़ा करने के उपरान्त जब यह स्वतंत्रता आंदोलन के वीर मिठाई खाने के लिए एक अहाते के अंदर बैठे थे। उसी समय ब्रिटिश सरकार की पुलिस ने कुछ मुसहर अपराधियों को लेकर इन लोगों पर हमला किया था। जिसमें इनके साथ कुल आठ लोग शहीद हुए थे।
11. श्री विश्वनाथ प्रसाद पुत्र श्री गंगा दयाल 28 वर्ष, रसड़ा उत्तरपट्टी (रसड़ा गोली काण्ड)
12. श्री बिशू राम पुत्र श्री मुन्नी राम, रसड़ा उत्तरपट्टी (रसड़ा गोली काण्ड)
13. श्री हरि राम पुत्र श्री दुःखी चमार 23 वर्ष, सुल्तानपुर (रसड़ा गोली काण्ड)
14. श्री गनपति नोनियां 24 वर्ष, कोइवर (रसड़ा गोली काण्ड)
15. श्री कौशल कुमार सिंह पुत्र श्री मुरली सिंह 22 वर्ष नारायणागढ़ बैरिया। 16अगस्त 1942 को बैरिया थाने के कब्जा करने के दौरान ब्रिटिश सरकार की पुलिस और स्वाधीनता-संग्राम के वीरों द्वारा किये गये संघर्ष में बैरिया थाने पर शहीद हुए थे इसी कौशिला कुमार-श्री कौशल कुमार सिंह के बलिदान की स्मृति में प्रतिवर्ष 18 अगस्त को बैरिया शहीद स्मारक पर श्रद्धांजलि सभा का आयोजन किया जाता है।
16. श्री देव बसन कोइरी पुत्र श्री धुना कोइरी 38 वर्ष गोन्हियाछपरा (बैरिया का संघर्ष)
17. श्री भीम अहीर पुत्र श्री वकील अहीर 22 वर्ष भगवानपुर (बैरिया का संघर्ष)
18. श्री मैनेजर सिंह पुत्र श्रीराम अशीष सिंह 38 वर्ष टोला गुदरीराय (बैरिया का संघर्ष)
19. श्री श्रीराम प्रसाद उपाध्याय पुत्र श्री चंद्रमा उपाध्याय 26 वर्ष चाँदपुर बैरिया। (बैरिया का संघर्ष)

20. श्रीरामवृक्ष राय पुत्र श्री बेनी राय 38 वर्ष बैरिया (बैरिया का संघर्ष)
21. श्रीराम नगीना सोनार पुत्र श्री शिवनन्दन सोनार 18 वर्ष बैरिया (बैरिया का संघर्ष)
22. श्री शिवराम तिवारी 20 वर्ष मुरारपट्टी (बैरिया का संघर्ष)
23. श्री निर्भयकृष्ण राय पुत्र श्री चंद्रशेखर राय 16 वर्ष गोन्हियाछपरा (बैरिया का संघर्ष)
24. श्री मुक्तिनाथ तिवारी पुत्र श्री कपिलदेव तिवारी 24 वर्ष बहुआरा (बैरिया का संघर्ष)
25. श्री विद्यापति गोंड़ 24 वर्ष मिल्की मठिया बैरिया (बैरिया का संघर्ष)
26. श्री विकी राम 19 वर्ष श्रीपालपुर (बैरिया का संघर्ष)
27. श्री धर्मदेव मिश्र पुत्र श्री गोकुल मिश्र 18 वर्ष शुभनथहीं (बैरिया का संघर्ष)
28. श्री देवकी स्वर्णकार पुत्र श्री रेखा स्वर्णकार बैरिया (बैरिया का संघर्ष)
29. श्री नरसिंह राय पुत्र श्रीरामजी सिंह बिशुनपुरा (बैरिया का संघर्ष)
30. श्री विक्रम सोनार पुत्र श्री शिवनारायण सोनार श्रीपालपुर (बैरिया का संघर्ष)
31. श्री छट्ठू कमकर पुत्र श्रीराम एकबाल कमकर बैरिया (बैरिया का संघर्ष)
32. श्रीराम जन्म गोंड़ पुत्र श्री मौला गोंड़ मिल्की तिवारी बैरिया (बैरिया का संघर्ष)
33. श्रीरामदेव कुम्हार 26 वर्ष सोनबरसा (बैरिया का संघर्ष)
34. श्री देवी राम पुत्र श्री नन्दू राम चाँदपुर बैरिया (बैरिया का संघर्ष)
35. श्री अतवारु भर पुत्र श्री सेतु भर 22 वर्ष, हाहा नाला, टंगुनिया बिल्थरारोड बाजार रेलवे स्टेशन पर कैप्टन मूर की फौज के द्वारा मशीनगन से मारे गए थे।
36. श्री चंद्रदीप सिंह 25 वर्ष आरिपुर सरयां बिल्थरारोड स्टेशन पर संघर्ष में बलिदान हुए थे।
37. श्री शिवशंकर सिंह पुत्र श्री लालजी सिंह 24 वर्ष, चरौवां कैप्टन मूर की फौज के साथ संघर्ष में बलिदान हुए थे।
38. श्री खरबियार पुत्र श्री धनई खरबियार 30 वर्ष, चरौवां संघर्ष
39. श्री मंगला सिंह 50 वर्ष, चरौवां गाँव में कैप्टन मूर की फौज के साथ संघर्ष में बलिदान हुए थे।
40. श्रीमती मकतुलिया मालिन पत्नी श्री जमुना माली 54 वर्ष चरौवां (चरौवां संघर्ष)
41. श्री वृन्दा तिवारी पुत्र श्री गोपीचंद तिवारी 32 वर्ष चितबड़ागाँव में फौज की गोलियों से शहीद हुए थे।
42. श्री शिव दहिन राम भर पुत्र श्री बंगाली राम भर 32 वर्ष दरियापुर थाना नरही फौज की गोलियों से शहीद हुए थे।
43. श्रीराम सागर गुप्ता 28 वर्ष फेफना बलिया फौज की गोलियों से शहीद हुए थे।
44. श्री दूधन हलवाई 48 वर्ष नरही बलिया फौज की गोलियों से शहीद हुए थे।

45. श्रीराम नगीना सिंह पुत्र श्री गया सिंह 32 वर्ष बाँसडीह फौज की गोली से शहीद हुए थे।
46. श्री शंकर भर पुत्र श्री देव नारायण भर 30 वर्ष बाँसडीह पुलिस/ फौज की गोलियों से शहीद हुए थे।
47. श्री महाबीर कोइरी 28 वर्ष छाता बलिया। पुलिस/ फौज की गोलियों से शहीद हुए थे।
48. श्री जमुना राय 38 वर्ष चेतनकिशोर सिकंदरपुर पुलिस/ फौज की गोलियों से शहीद हुए थे।
49. श्रीरामधनी राय 38 वर्ष चेतनकिशोर सिकंदरपुर पुलिस/ फौज की गोलियों से शहीद हुए।
50. श्रीराम नगीना शर्मा 40 वर्ष चेतनकिशोर सिकंदरपुर पुलिस/ फौज की गोलियों से शहीद हुए।
51. सुश्री कुमारी जानकी 13 वर्ष, बंकवा, बाँसडीह पुलिस/फौज को चकमा देकर विप्लकारियों को बचाने में इनको गोली मार कर मौत के घाट उतार दिया था।
52. श्री चंडी प्रसाद पुत्र श्री बाबूलाल श्रीवास्तव 42 वर्ष सुखपुरा फौज की गोलियों से शहीद हुए थे।
53. श्री गौरीशंकर सोनार पुत्र श्री जमुना सोनार 18 वर्ष, फौज की गोलियों से शहीद हुए थे।
54. श्रीरामकृष्ण माली पुत्र श्रीरामफल माली सहतवार 30 वर्ष पुलिस की मार से बलिदान हुए थे।
55. श्रीराम तपेशा भर, 25 वर्ष पुलिस की पिटाई के कारण बलिदान हुए थे।
56. श्रीराम अधार राय 18 वर्ष भरौली पुलिस की पिटाई से शहीद हुए थे।
57. श्री गुल्ली राय पुत्र श्रीराम चरन सिंह 40वर्ष, चौरा पुलिस की पिटाई से शहीद हुए थे।
58. श्री कौशल राम 26 वर्ष चौबेछपरा पुलिस की मार से बलिदान हुए थे।
59. श्री महादेव राय 50 वर्ष चौरा पुलिस की पिटाई से शहीद हुए थे। 60- श्री गौरीशंकर राय पुत्र श्रीरामवृक्ष राय मधुबनी बैरिया पुलिस की पिटाई से शहीद हुए थे।
61. श्री सूरज लाल पुत्र श्रीरामा प्रसाद लाल 18 वर्ष बलिया पुलिस की पिटाई से शहीद हुए थे।
62. श्री गणेश पांडे 45 वर्ष तुर्तिपार बिल्थरारोड पुलिस की पिटाई से जेल में शहीद हुए थे।
63. श्री चन्द्रिका ओझा 24 वर्ष मुजहीं पुलिस की पिटाई से जेल में शहीद हुए थे।
64. श्री जमुना सिंह 28 वर्ष, चितबिसांव पुलिस की पिटाई से जेल में शहीद हुए थे।

65. श्री देवनारायण राय चौरा बलिया सदर तहसील जेल में पुलिस की पिटाई से शहीद हुए थे।
66. श्री परशुराम ठाकुर भरौली बलिया सदर तहसील पुलिस की पिटाई से जेल में शहीद हुए थे।
67. श्री बालेश्वर सिंह 32 वर्ष, जिगनी खास बलिया सदर पुलिस की पिटाई से जेल में शहीद हुए थे।
68. श्री बुधन राम पुत्र श्री रघुनाथ राम नरही पुलिस की पिटाई से जेल में शहीद हुए थे।
69. श्री ब्रह्मदेव पांडे दलछपरा बाँसडीह तहसील पुलिस की पिटाई से जेल में शहीद हुए थे।
70. श्री बांके सिंह बलिया पुलिस की पिटाई से जेल में शहीद हुए थे।
71. सरदार संत प्रसाद सिंह चमनसिंह बाग बलिया नगर पुलिस की पिटाई से शहीद हुए थे।
72. श्री गदाधर पांडे 30 वर्ष दयाछपरा पुलिस की पिटाई से जेल में शहीद हुए थे।
73. श्रीरामरेखा शर्मा 58 वर्ष गंगापुर बैरिया पुलिस की पिटाई से जेल में शहीद हुए थे।
74. श्री राजकुमार बाघ पुत्र श्रीरामवृक्ष दुसाध 40 वर्ष सीसोटार सिकंदरपुर पुलिस की पिटाई से जेल में ही शहीद हुए थे।
75. श्रीमती राधिका देवी भरतपुरा पुलिस की पिटाई से शहीद हुयी थीं।
76. सुश्री देवहुर्ति देवी 25 वर्ष मनियर बाँसडीह तहसील पुलिस की पिटाई से शहीद हुई थीं।
77. श्रीरामनन्दन दास महंथ 75 वर्ष सिकंदरपुर पुलिस की पिटाई से शहीद हुए थे।
78. श्री सूर्यदेव राय 70 वर्ष लिलकर सिकंदरपुर पुलिस की पिटाई से शहीद हुए थे।
79. श्री श्रीकृष्ण तिवारी 44 वर्ष महुलानपार सिकंदरपुर पुलिस की पिटाई से शहीद हुए थे।
80. श्री सहदेव सिंह 60वर्ष नवापुरा रसड़ा पुलिस की पिटाई से शहीद हुए थे।
81. श्री हल कमकर बैरिया पुलिस की पिटाई से शहीद हुए थे।
82. श्रीराम लक्षन कुम्हार आसचौरा छाता पुलिस की पिटाई से फरारी के दौरान शहीद हुए थे।
83. श्री लक्ष्मण सिंह आसचौरा छाता पुलिस की पिटाई से शहीद हुए थे।
84. श्री राधा रमन पांडेय बरियारपुर बाँसडीह तहसील पुलिस की पिटाई से जेल में शहीद हुए थे।
85. श्री गौरीशंकर राय पुत्र श्रीरामवृक्ष राय मधुबनी बैरिया पुलिस की पिटाई से जेल में शहीद हुए।

86. श्रीराम दहिन ओझा पुत्र श्री सूचित ओझा बाँसडीह गंभीर बीमारी के कारण बलिया जेल से पुलिस ने अस्पताल में भर्ती किया, अस्पताल में ही मृत्यु हो गयी थी।
87. श्री भुवनेश्वर राय सुरही बलिया सदर तहसील आंदोलन के दौरान लापता हो गए।
88. श्री कुलदीप सिंह सुखपुरा आंदोलन के दौरान लापता हो गए।

संदर्भ ग्रंथ

1. स्वतंत्रता संग्राम के सैनिक, संपादक श्री एस.पी. भट्टाचार्य, प्रकाशन वर्ष-1965, प्रकाशक-सूचना विभाग उत्तर प्रदेश लखनऊ। मुद्रक-राजकीय मुद्रणालय इलाहाबाद।
2. बलिया दर्पण, संपादक-श्रीरामबली सिंह यादव, प्रकाशन वर्ष-2003-04, प्रकाशक-सूचना एवं जनसंपर्क विभाग बलिया।
3. 1942 की अगस्त क्रांति और बलिया, लेखक-कौशिकेय शिवकुमार सिंह, प्रकाशन वर्ष-2011, प्रकाशक-क्षेत्रीय अभिलेखागार वाराणसी। मुद्रक-शिवम आर्ट्स, लखनऊ।
4. बलिया में क्रांति और दमन, लेखक-उपाध्याय श्री देवनाथ प्रकाशन वर्ष-1946, प्रकाशक श्री डी.एन. उपाध्याय, मुद्रक- देश सेवा प्रेस 54 हेवेट रोड, इलाहाबाद।)

बयालीस के आंदोलन में भाग लेने वाले स्वातंत्र्यवीर

1. श्री अनंत पुत्र श्री सोहन नरावं 6 महीने की सजा हुई थी।
2. श्री अनंत सिंह पुत्र श्री अम्बिका सिंह छाता 11माह की सजा हुई थी।
3. श्री अनिरूद्ध मिश्र पुत्र श्रीरामाधार मिश्र छपिया बिसौली बीस बेंत की सजा हुई थी।
4. श्री अब्दुल मजीद पुत्र श्री बेचहा बलिया नगर 3 माह कारावास 15 रुपये जुर्माना हुआ था।
5. श्री अम्बिका चौबे सिकंदरपुर 9 माह कारावास 50 रुपये जुर्माना हुआ था।
6. श्री अमरनाथ पुत्र श्री बैजनाथ 9 महीने की सजा भुगते थे।
7. श्री अमीर सिंह पुत्र श्री अहोरा सिंह कोटवां 1वर्ष 6 माह की सजा हुई थी।
8. श्री अयोध्या कोइरी पुत्र श्री बन्धु कोइरी खरीद बाँसडीह 9 माह 25 दिन की सजा भुगते थे।
9. श्री अयोध्या सिंह पुत्र श्री फूलनाथ सिंह टोला सेवक राय बैरिया 9 महीने कठोर कारावास 50 रुपये जुर्माना हुआ था।
10. श्री अर्जुन पुत्र श्री श्री किशुन बलिया 9 महीने की सजा 50 रुपये जुर्माना हुआ था।

11. श्री अलगू पुत्र श्रीराम खेलावन बलिया थोड़े दिनों तक जेल में रहे 550 रुपये जुर्माना हुआ था।

12. श्री अलगू सिंह पुत्र श्री रघुनंदन सिंह बलिया नगर भारत छोड़ो आंदोलन में नजरबंद किये गए थे।

13. श्री अवध किशोर गुप्त पुत्र श्रीराम किशुन राम सिवानकलां सिकंदरपुर सौ रुपये का जुर्माना हुआ था।

14. श्री अवध बिहारी पुत्र श्री सरयू कुँवर सहतवार 2 वर्ष सश्रम कारावास की सजा हुई थी।

15. श्री अवध बिहारी दास साधु पुत्र श्री जीव उपाध्याय सुखपुरा 1वर्ष कारावास सौ रुपये का जुर्माना हुआ था।

16. श्री अहमद अली पुत्र श्री हाशिम अली अठिलापुरा रसड़ा 4 साल की सजा हुई थी।

17. श्री आत्मा राम पुत्र श्री शिवनंदन चितबड़ागाँव 6 माह कठोर कारावास की सजा हुई थी।

18. श्री इन्द्र चंद्र पुत्र श्री बेंचा तेली लालगंज बैरिया 6 महीने कठोर कारावास की सजा हुई थी।

19. श्री इन्द्रदेव उपाध्याय पुत्र श्री महेंद्र उपाध्याय बैजनाथ छपरा बैरिया 18 महीने कठोर कारावास 10 बेंत की सजा हुई थी।

20. श्री इन्द्रदेव सिंह पुत्र श्री गंगा सिंह गंगहरा बलिया थोड़े दिनों तक जेल में रहे।

21. श्री इन्द्रदेव अहीर पुत्र श्री देवराज अहीर रामपुर थाना नरही 5 साल सश्रम कारावास की सजा हुई थी।

22. श्री उदय नारायण सिंह पुत्र श्रीराम प्रसाद सिंह गोपालपुर बलिया 5 वर्ष कारावास सौ रुपये का जुर्माना हुआ था।

23. श्री उमाशंकर लाल पुत्र श्री जानकी लाल रेवती बलिया एक वर्ष कठोर कारावास की सजा हुई थी।

24. श्री उमाशंकर सिंह सोनार पुत्र श्री महादेव सिंह सोनार ओक्डेनगंज बलिया नगर थोड़े दिनों तक जेल में रहे।

25. श्री कन्हैया सिंह पुत्र श्री सर्वदेव सिंह चरौवां भारत प्रतिरक्षा कानून के तहत गिरफ्तार कर नजरबंद रहे।

26. श्री कपिलदेव सिंह पुत्र श्रीराम सनेही सिंह चरौवां 6 महीने कठोर कारावास 50 रुपये जुर्माना की सजा हुई थी।

27. श्री कपिलदेव राम पुत्र श्री नन्दन राम चितबड़ागाँव 6 माह कठोर कारावास की सजा हुई थी।

28. श्री कपिलदेव पांडेय पुत्र श्री सोखन पांडेय खरौनी बाँसडीह 18 महीने कठोर कारावास की सजा हुई थी।

29. श्री कपिलदेव पुत्र श्रीराम सूचित बेदुऑ बलिया नगर 2 साल सश्रम कारावास और 20 बेंत की सजा हुई थी।

30. श्री कवलदेव सिंह पुत्र श्री शक्ति सिंह चरौवां 7 साल सश्रम कारावास की सजा हुई थी।

31. श्री कपिलदेव सिंह पुत्र श्री जंगी सिंह श्रीनगर बैरिया थोड़े दिनों तक जेल में रहे थे।

32. श्री कपिलदेव सिंह पुत्र श्री गोपाल सिंह चितबड़ागाँव 6 माह कठोर कारावास की सजा हुई थी।

33. श्री कपिलदेव सिंह पुत्र श्रीराम सुख सिंह बेदुऑ बलिया नगर 9 महीने जेल में बंद रहे।

34. श्री कपिलदेव सिंह पुत्र श्री सकल सिंह बलिया नगर 2 साल सश्रम कारावास 20 बेंत की सजा भोगे थे।

35. श्री कमलापति चौबे पुत्र श्री मुनेश्वर चौबे बाँसडीह एक वर्ष कठोर कारावास सौ रुपये का जुर्माना हुआ था।

36. श्रीमती कल्यानी देवी पत्नी श्री वीर बहादुर लाल श्रीवास्तव पुरास बलिया छः माह तक घर में नजरबंद की गयी थी।

37. श्री करिया सिंह पुत्र श्री देवनंदन सिंह बाँसडीह 4 साल सश्रम कारावास 20 बेंत की सजा हुई थी।

38. श्री कान्हा पुत्र श्री चमरु हनुमानगंज बलिया कुछ दिनों तक जेल में रहे बीस बेंत की सजा हुई थी।

39. श्री कामता कान्दू पुत्र श्री बाबूराम कान्दू बलिया नगर 2 साल सश्रम कारावास 15 बेंत की सजा हुई थी।

40. श्री कामता मिश्र पुत्र श्री हरसरन मिश्र पांडेपुर 9 महीने कठोर कारावास 20 बेंत की सजा हुई थी।

41. श्री कामता प्रसाद पुत्र श्री सहदेव प्रसाद चरौवां 6 महीने कठोर कारावास सौ रुपये जुर्माना की सजा हुई थी।

42. श्री कामता सिंह पुत्र श्री फागू सिंह बेलसरा थाना गड़वार 7 साल सश्रम कारावास 500 रुपये जुर्माना की सजा हुई थी। कम्युनिस्ट पार्टी के सदस्य थे, विधायक भी रहे।

43. श्री काशी सिंह पुत्र श्री तिलका सिंह सलेमपुर एकदिन की कैद 15 बेंत की सजा हुई थी।

44. श्री किशुन पुत्र श्री चरित्तर बलिया रोडवेज स्टेशन के पास 2 वर्ष सश्रम कारावास 20 बेंत की सजा हुई थी।

45. श्री किशुनी राम पुत्र श्री चिल्लर राम बलिया नगर 2 साल सश्रम कारावास 20 बेंत की सजा हुई थी।

46. श्रीमती किशोरी देवी पत्नी श्री हृदयानंद तिवारी बैरिया एक साल कैद की सजा हुई थी।

47. श्री कुँज बिहारी पुत्र श्री लच्छू अखोप थाना उभांव 7. 7 साल सश्रम कारावास की दो सजाएं हुई थी।

48. श्री कुबेर प्रसाद सतनीसराय बलिया ढाई साल तक नजरबंद रखे गए थे।

49. श्री कुँवर सत्यनारायण पुत्र श्री कुँवर भरन सिंह परसिया थाना सहतवार एक साल सश्रम कारावास 50 रुपये जुर्माना हुआ था।

50. श्री केदारनाथ तिवारी पुत्र श्री बैजनाथ तिवारी बहुआरा बैरिया 9 महीने तक जेल में रहे।

51. श्री केदार तिवारी पुत्र श्री बालेश्वर तिवारी सीताकुण्ड एक वर्ष कठोर कारावास की सजा हुई थी।

52. श्री केदारनाथ तिवारी पुत्र श्री गया प्रसाद तिवारी रानीगंज बैरिया एक साल कैद की सजा हुई थी।

53. श्री केदारनाथ पांडेय पुत्र श्रीरामवृक्ष पांडेय रेवती 18 महीने कठोर कारावास की सजा हुई थी। इनकी दुकान भी लूट ली गयी थी।

54. श्री केशव प्रसाद राय कुँवर पुत्र श्री माखुल कुँवर बेलहरी 18 महीने कठोर कारावास सौ रुपये जुर्माना की सजा हुई थी।

55. श्री केशव पुत्र श्री गणेशी बिल्थरारोड 5 वर्ष सश्रम कारावास 20 बेंत की सजा हुई थी।

56. श्री केशो सिंह पुत्र श्री जगदेव सिंह पीपरपाँती बलिया 14 महीने कठोर कारावास की सजा हुई थी।

57. श्री कैलाश पुत्र श्री बाबूलाल बलिया नगर 5 वर्ष सश्रम कारावास 20 बेंत की सजा हुई थी।

58. श्री श्रीकृष्ण पुत्र श्री दूबा सहतवार 18 महीने कठोर कारावास सौ रुपये जुर्माना की सजा हुई थी।

59. श्री खिचड़ी नोनियां (चौहान) पुत्र श्री दूबर नोनियां नरावं 15 बेंत की सजा हुई थी।

60. श्री खूबनाथ सिंह पुत्र श्री शिव गोविन्द सिंह सिकंदरपुर एक दिन की कैद 20 बेंत की सजा हुई थी।

61. श्री खेदन तिवारी पुत्र श्री स्वरुप तिवारी बैरिया 18 महीने कारावास की सजा हुई थी।
62. श्री गंगा प्रसाद पुत्र श्री भगवती प्रसाद बलिया नगर 2 वर्ष सश्रम कारावास की सजा हुई थी।
63. श्री गंगा माली पुत्र श्री शिवपूजन माली सहतवार तीन साल कारावास की सजा हुई थी।
64. श्री गंगाराम कान्दू पुत्र श्री जद्दू कान्दू बलिया नगर 200 रुपये जुर्माना हुआ था।
65. श्री गंगा सिंह पुत्र श्री तिलकधारी सिंह सुखपुरा 2 साल सश्रम कारावास और बीस बेंत की सजा हुई थी।
66. श्री गजाधर प्रसाद लोहार पुत्र श्रीरामदास प्रसाद लोहार बरुआ बाँसडीह 9 माह कठोर कारावास 25 रुपये जुर्माना की सजा हुई थी। बाँसडीह तहसील एवं थाना पर कब्जा करने का अपराध सिद्ध हो जाने के बाद 395/436 के अंतर्गत 6 साल सश्रम कारावास की सजा हुई थी।
67. श्री गया सिंह पुत्र श्री सूरज सिंह एक दिन की कैद 50 रुपये जुर्माना हुआ था।
68. श्री गुलाबचंद सोनार पुत्र श्री महाबीर सोनार गुरुद्वारा रोड गुदरीबाजार बलिया नगर धारा 395/436 के अंतर्गत 2 वर्ष तक जेल में रहे। बलिया जिले में भारतीय जनसंघ के संस्थापक जिला मंत्री बनें थे।
69. श्री गोपी पुत्र श्री द्वारिका राजपुर बाँसडीह 9 महीने कैद 50 रुपये जुर्माना हुआ था।
70. श्री गौरीशंकर कलवार (जायसवाल) पुत्र श्री बन्धु कलवार नगरा 6 महीने कठोर कारावास की सजा हुई थी।
71. श्री गौरीशंकर राम पुत्र श्री महाबीर राम रसड़ा 7 साल सश्रम कारावास तथा 20 बेंत की सजा हुई थी।
72. श्री गौरीशंकर राय पुत्र श्री राजेश राय बेलहरी मात्र 16 साल की आयु में ही आंदोलन में कूद पड़े थे। 20 महीने कठोर कारावास 300 रुपये जुर्माना की सजा हुई थी।
73. श्री गौरीशंकर राय उर्फ छोटेलाल पुत्र श्री महेश्वर प्रसाद राय पन्दह सिकंदरपुर 15 माह कठोर कारावास की सजा हुई थी। आपका मकान भी जला दिया गया था।
74. श्री चंद्रदेव उपाध्याय पुत्र श्री महेंद्र उपाध्याय बैजनाथ छपरा 18 महीने कठोर कारावास एवं 15 बेंत की सजा हुई थी।
75. श्री चंद्रदेव सिंह पुत्र श्री मथुरा सिंह 18 महीने कैद की सजा हुई थी।
76. श्री चंद्रशेखर प्रसाद सिंह पुत्र श्री श्याम मोहन सिंह रेवती एक साल कैद और 150 रुपये जुर्माना हुआ था।

77. श्री चन्द्रिका दास पुत्र / शिष्य श्री सूर्यदेव उभांव 5 साल सश्रम कारावास की सजा हुई थी।

78. श्री चन्द्रिका प्रसाद पुत्र श्रीराम लाल बलिया नगर 10 माह कठोर कारावास की सजा हुई थी।

79. श्री चन्द्रिका सिंह पुत्र श्री केशव दयाल सिंह झरकटहा रेवती 5 वर्ष सश्रम कारावास की सजा हुई थी।

80. श्री चरित्तर तिवारी पुत्र श्री महादेव तिवारी चितबड़ागाँव 5 वर्ष सश्रम कारावास की सजा हुई थी।

81. श्री चारुचंद्र कुमार पुत्र श्रीराम प्रसाद बादिलपुर थोड़े दिनों तक जेल में रहे थे।

82. श्री छांगुर चौहान पुत्र श्री सुखिया नोनियां जगेसरा सिकंदरपुर 1 वर्ष सश्रम कारावास की सजा हुई थी।

83. श्री जंग बहादुर सिंह पुत्र श्री राजकुमार सिंह चौरा थाना नरही 5 वर्ष 6 माह कठोर कारावास 260 जुर्माने की सजा हुई थी।

84. श्री जगत नारायण तिवारी पुत्र श्रीराम नारायण तिवारी टंडवा 6 माह कठोर कारावास 50 रुपये जुर्माना हुआ था।

85. श्री जगत लाल पुत्र श्री महेश लाल नरही आंदोलन में भाग लेने के कारण 5 साल तक जेल में बंद रहे।

86. श्री जगदीश चौबे पुत्र श्री बुझावन चौबे मासूमपुर सिकंदरपुर थोड़े दिनों तक जेल में रहे थे।

87. श्री जगदीश पांडेय पुत्र श्री रीखी पांडेय आसचौरा बाँसडीह थोड़े दिनों तक जेल में रहे थे।

88. श्री जगदीश पांडेय पुत्र श्रीराम सुभग पांडेय मिड्ढी बलिया नगर 5 साल सश्रम कारावास एवं सौ रुपये का जुर्माना हुआ था।

89. श्री जगदीश राय पुत्र श्री महेंद्र राय नरही को 3 साल के कठोर कारावास की सजा हुई थी।

90. श्री जगदीश सिंह पुत्र श्री हरिहर सिंह मेऊली को 23 महीने कठोर कारावास की सजा हुई थी।

91. श्री जगदेव प्रसाद गुप्त पुत्र श्रीराम लखन प्रसाद गुप्त रसड़ा को 5 वर्ष का सश्रम कारावास एवं 15 बेंत की सजा हुई थी।

92. श्री जगदेव पांडेय पुत्र श्रीराम सुभग पांडेय मिड्ढा बलिया 6 महीने कठोर कारावास, सौ रुपये जुर्माना की सजा हुई थी।

93. श्री जगदेव राम तेली पुत्र श्री लगन तेली को धारा 395 /436 के अंतर्गत 7 साल सश्रम कारावास और 20 बेंत की सजा हुई थी।

94. श्री जगदेव राय पुत्र श्री मुखी राय महुलानपार सिकंदरपुर को दो साल सश्रम कारावास की सजा हुई थी।

95. श्री जगधारी यादव पुत्र श्री जोवा अहीर बिल्थरारोड को धारा 395 /436 के अंतर्गत 5 वर्ष सश्रम कारावास, 50 रुपये जुर्माना और 20 बेंत की सजा हुई थी।

96. श्री जगधारी अहीर पुत्र श्री जमुना अहीर उभांव बिल्थरारोड को 5 वर्ष सश्रम कारावास की सजा हुई थी।

96. श्री जगन्नाथ पुत्र श्री रघुनंदन सिकंदरपुर को एक साल के सश्रम कारावास की सजा हुई थी।

97. श्री जगन्नाथ लाल पुत्र श्री तपसी लाल खानपुर डुमरिया कुछ दिनों तक जेल में रहे थे।

98. श्री जगरनाथ चौहान पुत्र श्री गोवर्धन नोनियां गड़वार को 15 बेंत की सजा हुई थी।

99. श्री जगबंधन राय बलिया 9 माह कठोर कारावास एवं 50 रुपये जुर्माना की सजा हुई थी।

100. श्री जद्दू पुत्र श्री हर सरन बलिया को 5 वर्ष सश्रम कारावास की सजा हुई थी।

101. श्री जमुना पुत्र श्री जय बहादुर चन्दुकी को एक दिन की कैद एवं 20 बेंत की सजा हुई थी।

102. श्री जमुना बारी पुत्र श्री धनिया बारी महुलानपार सिकंदरपुर को 15 बेंत की सजा हुई थी।

103. श्री जमुना राय पुत्र श्री मुनेश्वर राय कठौड़ा सिकंदरपुर को 6 महीने कैद एवं 50 रुपये जुर्माना की सजा हुई थी।

104. श्री जमुना लोहार पुत्र श्री सीताराम लोहार हैबतपुर बलिया को 18 महीने कठोर कारावास की सजा हुई थी।

105. श्री जमुना सिंह पुत्र श्रीराम लखन सिंह देवढ़ी बाँसडीह थोड़े दिनों तक जेल में रहे थे।

106. श्री जमुना सिंह पुत्र श्री जीतन सिंह नरही को 4 वर्ष सश्रम कारावास की सजा हुई थी।

107. श्री जमुना हलवाई पुत्र श्री सरजू हलवाई रेवती को 10 बेंत और 300 रुपये जुर्माना की सजा हुई थी।

108. श्री जयकरन सिंह पुत्र श्री साहेब सिंह ताड़ीबड़ागाँव को 6 माह कठोर कारावास, 20 रुपये एवं 20 बेंत की सजा हुई थी।

109. श्री जयदेव पांडेय पुत्र श्री रघुवंश पांडेय लक्ष्मण. छपरा बैरिया थोड़े दिनों तक जेल में रहे थे।

110. श्री ज्योतिष मिश्र पुत्र श्रीराम नगीना मिश्र उग्रसेनपुर थोड़े दिनों तक जेल में रहे थे।

111. श्री जलधारी सिंह पुत्र श्री जंगी सिंह बलिया, कुछ दिनों तक जेल में रहे थे।

112. श्री जवाहर लाल गुप्ता पुत्र श्री खूबलाल गुप्ता जापलिंनगंज बलिया नगर को 6 महीने कठोर कारावास की सजा हुई थी।

113. श्री जानकी पुत्र श्री झपसी कोइरी गड़वार को एक दिन की कैद एवं 20 बेंत की सजा हुई थी।

114. श्री जीऊ राय पुत्र श्री लक्ष्मी राय मेऊड़ी को 8 साल सश्रम कारावास की सजा हुई थी।

115. श्री जीव बोधन राय पुत्र श्री दल सिंगार राय बसंतपुर बलिया को 9 माह कठोर कारावास एवं 60 रुपये जुर्माने की सजा हुई थी।

116. श्री जुम्मा पुत्र श्री दमड़ी शिवपुर बलिया को एक साल कैद एवं बीस बेंत की सजा हुई थी।

117. श्री जोगी पांडेय पुत्र श्री मनोरथ पांडेय नसीराबाद बलिया को बीस बेंत की सजा हुई थी।

118. श्रीमती झरकसी देवी पत्नी श्री जगरनाथ सिंह बसंतपुर बलिया थोड़े दिनों तक जेल में रहीं थी।

119. श्री झिंगुर पुत्र श्री नारायण सिकंदरपुर को 18 महीने कठोर कारावास की सजा हुई थी।

120. श्री ठाकुर राय पुत्र श्री बरन राय लिलकर सिकंदरपुर को 18 महीने कठोर कारावास की सजा हुई थी।

121. श्री डिग्री उपाध्याय पुत्र श्री सरजू उपाध्याय डूहियां बाँसडीह को 5 वर्ष सश्रम कारावास एवं 50 बेंत की सजा हुई थी।

122. श्री डोमन राय बैरिया को भारत प्रतिरक्षा कानून के तहत 5 वर्ष सश्रम कारावास की सजा हुई थी।

123. श्री तपेश्वर पुत्र श्रीराम लखन दिवाकरपुर बलिया को 5 वर्ष सश्रम कारावास एवं 20 बेंत की सजा हुई थी।

124. श्री तिलकधारी सिंह पुत्र श्री धरमू सिंह मिड्ढी बलिया को 9 महीने कठोर कारावास एवं 200 रुपये जुर्माने की सजा पाए थे। जुर्माने की रकम नहीं चुका पाने के कारण तीन महीने अतिरिक्त जेल में रहे थे।

125. श्री द्वारिका पुत्र श्री लखन मंदा रसड़ा को 20 महीने कठोर कारावास एवं 20 बेंत की सजा हुई थी।

126. श्री द्वारिका तेली चितबड़ागाँव को 6 महीने कठोर कारावास एवं 500 रुपये जुर्माने की सजा हुई थी।

127. श्री दीनदयाल पांडेय पुत्र श्री केदार पांडेय सहतवार को दो साल सश्रम कारावास एवं बीस बेंत की सजा हुई थी।
128. श्री दीनानाथ उपाध्याय पुत्र श्री बच्चन उपाध्याय बभनौली को 20 माह कठोर कारावास की सजा हुई थी।
129. श्री देवदत्त यादव पुत्र श्री नेवाद चौधरी बहेरी, सिकंदरपुर को दो साल कारावास की सजा हुई थी।
130. श्री देवदत्त यादव पुत्र श्री प्यारे अहीर बहेरी सिकंदरपुर को दो साल सश्रम कारावास की सजा हुई थी।
131. श्री देवधारी पुत्र श्री गुलवानी इसारपीथापट्टी सिकंदरपुर थोड़े दिनों तक जेल में रहे और 50 रुपये का जुर्माना भरा था।
132. श्री देवधारी पुत्र श्री बरन नरावं चिलकहर रसड़ा को कोर्ट उठने तक की और 15 बेंतों की सजा हुई थी।
133. श्री देवनाथ उपाध्याय पुत्र श्री महावीर उपाध्याय मलेजी को नवानगर सिकंदरपुर 8 माह कठोर कारावास की सजा हुई।
134. श्री देवनाथ तिवारी पुत्र श्री लोरपोछन तिवारी सीताकुण्ड को 3 साल सश्रम कारावास की सजा हुई थी।
135. श्री देवा गिरि शिष्य श्री चतुर्भुज गिरि भगवानपुर बैरिया थोड़े दिनों तक जेल में रहे थे और 700 रुपये जुर्माना हुआ था।
136. श्री देवेन्द्र सिंह पुत्र श्री उदित सिंह हल्दी थोड़े दिनों तक जेल में रहे थे और 700 रुपये जुर्माना हुआ था।
137. श्री धनुषधारी पुत्र श्री जगदम्बा लाल राजपुर बाँसडीह को एक साल कैद और बीस बेंत की सजा हुई थी।
138. श्री धरका दुसाध पुत्र श्री लखन दुसाध सहतवार को 20 महीने कठोर कारावास एवं बीस बेंत की सजा हुई थी।
139. श्री धर्मराज पांडेय पुत्र श्री गंगू पांडेय सिकंदरपुर को 18 महीने कठोर कारावास एवं पंद्रह बेंत की सजा हुई थी।
140. श्री धर्मदेव ओझा पुत्र श्री कालिका ओझा केहरपुर बैरिया को 5 साल सश्रम कारावास की सजा हुई थी।
141. श्री घुरखेली राम पुत्र श्री बगली राम बलुआ मुड़ियारी बाँसडीह को एक साल कैद और सौ रुपये का जुर्माना हुआ था।
142. श्री नगीना पुत्र श्री नन्दकुमार तुरहाटोली (अब राजेन्द्र नगर) बलिया नगर को 6 महीने कठोर कारावास की सजा हुई थी।
143. श्री नगीना उपाध्याय पुत्र श्री देवी उपाध्याय बभनौली गड़वार को 20 महीने कठोर कारावास एवं बीस बेंत की सजा हुई थी।

144. श्री नगीना चौबे पुत्र श्री उमन चौबे जवहीं बलिया को 5 साल सश्रम कारावास की सजा हुई थी।
145. श्री नगीना दुसाध पुत्र श्री बारी दुसाध खरौनी बाँसडीह को 18 महीने कठोर कारावास एवं बीस बेंत की सजा हुई थी।
146. श्री नगीना पांडेय पुत्र श्री द्वारिका पांडेय शाहपुरवा को 5 साल सश्रम कारावास एवं बीस बेंत की सजा हुई।
147. श्री नन्दकिशोर चौहान पुत्र श्रीरामेश्वर नोनियां नरावं चिलकहर रसड़ा को एक दिन की कैद एवं 15 बेंत की सजा हुई थी।
148. श्री नन्दकुमार पुत्र श्रीरामदेनी सेरिया कलां बाँसडीह को एक दिन की कैद एवं 20 बेंत की सजा हुई थी।
149. श्री नन्दकुमार पुत्र श्री कनक बहेरी बलिया को 11 महीने कठोर कारावास की सजा हुई थी।
150. श्री नन्दकुमार पुत्र श्री हरिवंश चौबेछपरा को 9 महीने कठोर कारावास एवं 40 रुपये जुर्माने की सजा हुई थी।
151. श्री नन्द जी तिवारी पुत्र श्री राजकिशोर तिवारी सहतवार आंदोलन में भाग लेने के कारण नजरबंद रखे गए थे।
152. श्री नन्द जी लाल पुत्र श्रीराम उग्रह देवढ़ी बाँसडीह को 6 महीने कठोर कारावास एवं 200 रुपये जुर्माने की सजा हुई थी।
153. श्री नरेन्द्र नाथ राय अमडरिया को दो बार छः. छः महीने की सजा हुई थी।
154. श्री नागेश्वर पांडेय उर्फ लाल पांडेय दयाछपरा बैरिया थोड़े दिनों तक जेल में रहे थे।
155. श्री नागेश्वर पांडेय पुत्र श्री मथुरा पांडेय सिकंदरपुर को 18 महीने कठोर कारावास एवं 20 बेंत की सजा हुई थी।
156. श्री नागेश्वर पुरी पुत्र / शिष्य श्री देव सरन पुरी टोला फकरुराय बैरिया को 5 साल सश्रम कारावास की सजा हुई थी।
157. श्री नागेश्वर सिंह पुत्र श्रीराम भजन सिंह सुखपुरा को 21 महीने कठोर कारावास एवं 50 रुपये जुर्माने की सजा हुई थी।
158. श्री नुरुल ऐन पुत्र श्री वासुल हुसेन सिकंदरपुर को एक साल कैद की सजा हुई थी।
159. श्री पदुम देव उपाध्याय पुत्र श्री शिवपूजन उपाध्याय बहुआरा बैरिया को नौ महीने कठोर कारावास एवं 60 रुपये जुर्माने की सजा हुई थी।
160. श्री पद्मदेव शर्मा बाँसडीह को 9 महीने कठोर कारावास एवं 50 रुपये जुर्माने की सजा हुई थी। जुर्माना नहीं चुकाने के कारण 6 महीने की अतिरिक्त सजा भुगते थे।

171. श्री पदुम देव राय पुत्र श्री कैलाश राय हथौंज को एक साल कैद की सजा हुई थी।

172. श्री पुजारी अहीर पुत्र श्री महंगू अहीर आलम शाहपुर को एक साल कैद की सजा हुई थी।

173. श्री पूर्णमासी पंडित पुत्र श्री काशी पंडित बलिया नगर को नौ महीने कठोर कारावास की सजा हुई थी।

174. श्री पृथ्वी सिंह पुत्र श्री गंगा प्रसाद सिंह दवढी को 5 साल सश्रम कारावास की सजा हुई।

175. श्री प्रताप पासी पुत्र श्री सीताराम पासी इशरतगंज बलिया नगर को दस बेंत की सजा हुई थी।

176. श्री प्रसिद्ध नारायण सिंह पुत्र श्री जगमोहन सिंह चितबड़ागाँव को 3 वर्ष 6 माह कठोर कारावास की सजा हुई थी।।

177. श्री परमा तिवारी पुत्र श्रीराम किशुन तिवारी सीताकुण्ड को पाँच साल कठोर कारावास की सजा हुई थी।

188. श्री परमा प्रसाद पुत्र श्री नारायण तेली खेजुरी को 9 महीने कठोर कारावास और 60 रुपये जुर्माने की सजा हुई थी। जुर्माना नहीं चुका पाने के कारण छः महीने और जेल में रहे थे।

189. श्री प्रमोद राय (परमोदा राय) पुत्र श्री सुखलाल राय लिलकर सिकंदरपुर को 1वर्ष 6माह सश्रम कारावास की सजा भुगतना पड़ा था।

190. श्री परशुराम मिश्र पुत्र श्री बलदेव मिश्र तुर्की-दौलतपुर नगरा सन् 1920 से लेकर 1942 तक आंदोलन में भाग लेने कारण इनको कुल दो साल सश्रम कारावास एवं तीन सौ रुपये जुर्माना की सजा हुई थी।

191. श्री परशुराम सिंह पुत्र श्रीराम बहादुर सिंह दवनी बलिया आपको धारा 396 के अंतर्गत आजीवन कारावास की सजा हुई थी।

192. श्री परशुराम सिंह पुत्र श्री मुखलाल सिंह बहुआरा बैरिया को तीन साल सश्रम कारावास की सजा भुगतनी पड़ी थी।

193. श्री पारसनाथ मिश्र पुत्र श्री जगदेव मिश्र मिश्रवली बिल्थरारोड को बयालीस के आंदोलन में भाग लेने के कारण 2 वर्ष सश्रम कारावास की सजा हुई थी। आजादी के बाद पुलिस के डीआईजी हो गये थे।

194. श्री पारसनाथ शुक्ल पुत्र श्री लोरपोछन शुक्ल रिखीछपरा बैरिया को एक साल सश्रम कारावास की सजा हुई थी।

195. श्री पारस राम बेलहरी को एक वर्ष कठोर कारावास की सजा हुई थी।

196. श्री पारस राम पुत्र श्रीराम गोविन्द देवढ़ी को 6 महीने कठोर कारावास एवं 50 रुपये की सजा हुई थी। जुर्माना नहीं चुकाने के कारण इनको 10 महीने और जेल में रहना पड़ा था।

197. श्री पारस लाल पुत्र श्री विंध्याचल लाल भरौली थाना नरही को दो साल सश्रम कारावास की सजा भुगतनी पड़ी थी।

198. श्री पारस लाल पुत्र श्री भंजन लाल बिसौली बाँसडीह को 18 महीने कठोर कारावास की सजा हुई थी।

199. श्रीमती पार्वती देवी पत्नी श्री शिवशंकर लाल सतनीसराय बलिया नगर को तीन बार में 18 महीने की सजा हुई थी।

200. श्री फागू राम दुसाध पुत्र श्री लच्छू दुसाध बघांव सहतवार ने 20 महीने कठोर कारावास एवं बीस बेंत की सजा को भोगा था।

201. श्री फीका लाल पुत्र श्री चन्दो लाल बिसहर सहतवार ने एक साल कठोर कारावास और बीस रुपये जुर्माना की सजा के साथ-साथ जुर्माना नहीं चुकाने के कारण तीन महीने अतिरिक्त जेल में रहे थे।

202. श्री बखोरी राम पुत्र श्री सालिक राम रेवती को थोड़े दिनों तक जेल में रहना पड़ा था।

203. श्री बाबू बच्चा प्रसाद अग्रवाल पुत्र श्री बाबू फकीरचंद अग्रवाल चौक-स्टेशन मार्ग बलिया को कुछ दिनों की सजा हुई थी, जिसका जुर्माना वसूल किया गया था।

204. श्री बच्चा पुत्र श्री राजेन्द्र छाता को 15 महीने कठोर कारावास की सजा हुई थी।

205. श्री बच्चा सिंह पुत्र श्री गया सिंह टकरसन बलिया को भी थोड़े थोड़े दिनों की सजा हुई थी।

206. श्री बच्चा सिंह पुत्र श्री लालजी सिंह पुरास बलिया को नौ महीने कठोर कारावास 75 रुपये जुर्माने की सजा हुई थी।

207. श्री बच्चा सिंह पुत्र श्री नन्द किशोर सिंह बलिया नगर को 9 महीने कठोर कारावास एवं 70 रुपये जुर्माने की सजा हुई थी।

208. श्री बद्री प्रसाद कान्दू पुत्र श्री महावीर कान्दू औदीं थाना गड़वार को 6 महीने कठोर कारावास की सजा भुगतनी पड़ी थी।

209. श्री बद्री नारायण लाल पुत्र श्री परमेश्वर लाल बड़ागाँव बाँसडीह को छः माह कठोर कारावास की सजा हुई थी।

210. श्री बद्री राजभर पुत्र श्री बरन भर सिकंदरपुर को 18 महीने कठोर कारावास एवं बीस बेंत की सजा भुगतनी पड़ी थी।

211. श्री बन्धु शर्मा पुत्र श्रीराम स्वरूप लोहार भदौरा थाना गड़वार को 3 साल सश्रम कारावास एवं आठ बेंत की सजा हुई थी।

212. श्री बन्धु गुप्ता पुत्र श्री शिव बरत कान्दू अखोप थाना उभांव को 15 बेंत की सजा भुगतनी पड़ी थी।

213. श्री बनवारी पुत्र श्रीरामदास बाँसडीह को 4 साल सश्रम कारावास की सजा हुई थी।
214. श्री बनवारी तिवारी पुत्र श्री अर्जुन तिवारी जीराबस्ती को 4 महीने कठोर कारावास 30 रुपये जुर्माने की सजा हुई थी।
215. श्री बनारसी पुत्र श्री परसादी भरौली को 19 महीने कठोर कारावास एवं 18 बेंत की सजा हुई थी।
216. श्री बब्बन सिंह पुत्र श्री वंश बहादुर सिंह बलिया नगर को 6 महीने की सजा हुई थी।
217. श्री बब्बन सिंह पुत्र श्री रेखा सिंह दीघार को एक साल कैद की सजा हुई थी।
218. श्री बृज किशोर उपाध्याय पुत्र श्री राजेश्वर उपाध्याय भरसर दुबहड़ 14 फरवरी 42 से 3 मई 1943 तक जेल में रहे थे।
219. श्री बृजनंदन राय पुत्र श्री माधव राय नरही को एक साल कैद की सजा हुई थी।
220. श्री बृज बिहारी सिंह पुत्र श्री हरिहर नाथ सिंह चकिया बैरिया को 2साल सश्रम कारावास की सजा हुई थी। इनका मकान भी जला दिया गया था।
221. श्री वृक्षा चौहान पुत्र श्री बिहारी नोनियां नरांव चिलकहर रसड़ा को 15 बेंत की सजा हुई थी। इनके पुत्र श्री प्रभुनाथ चौहान ने बताया कि पुलिस पिताजी को सुबह पकड़ कर ले गयी थी, देर शाम को ट्रेन से घर आ गये थे।
222. श्री ब्रह्म प्रकाश नारायण पुत्र श्री एकबाल नारायण गड़वार को 18 महीने कैद की सजा हुई थी।
223. श्री बरहू राय पुत्र श्री शिवपूजन राय मधुबनी बैरिया को 5 साल सश्रम कारावास की सजा हुई थी।
224. श्री बलराम पुत्र श्रीराम नरेश श्रीपुर को 9 महीने कठोर कारावास 40 रुपये जुर्माने की सजा हुई थी।
225. श्री बलराम कमकर पुत्र श्रीराम धारी कमकर सुकुलपुरा को 5साल सश्रम कारावास एवं बीस बेंत की सजा हुई थी।
226. श्री बलराम पाठक पुत्र श्री अच्युतानंद पाठक छाता को आजीवन कारावास की सजा हुई थी।
227. श्री बल्ली भर पुत्र श्री शिवजतन राम बलुआ, बलिया को 6 साल सश्रम कारावास की सजा हुई थी।
228. श्री बली राम पुत्र श्री शिवजतन राम मुड़ियारी को 7 साल सश्रम कारावास की सजा हुई थी।
229. श्री बालेश्वर सिंह पुत्र श्री शिवपूजन सिंह विजयीपुर बलिया को दो साल सश्रम कारावास बीस बेंत की सजा हुई थी।

230. श्री बहोर पुत्र श्री श्रीकिशुन टीकापुर बाँसडीह को छः माह कठोर कारावास की सजा हुई थी।

231. श्री बाबूलाल पुत्र श्री प्रसाद लाल बलुआ बाँसडीह को 7साल सश्रम कारावास की सजा हुई थी।

232. श्री बालमुनि राम पुत्र श्री रघुवीर राम बलुआ बलिया को एक साल कैद की सजा हुई थी। हरिजन नेता थेवस

233. श्री बाली चमार पुत्र श्री अन्दी चमार सिकंदरपुर को एक दिन की कैद एवं 10 बेंत की सजा हुई थी।

234. श्री बाली अहीर पुत्र श्री जुरावन अहीर शिवरामपुर बैरिया को 9 साल सश्रम कारावास की सजा हुई थी।

235. श्री बालेश्वर पुत्र श्री शिवजतन माल्देपुर को 2साल सश्रम कारावास एवं बीस बेंत की सजा हुई थी।

236. श्री बालेश्वर सिंह पुत्र श्री विष्णु सिंह ताड़ीबड़ागाँव को 5 साल 6 महीने सश्रम कारावास एवं पचास रुपये का जुर्माना हुआ था।

237. श्री बासुदेव सिंह पुत्र श्रीराम रतन सिंह देवरार मुड़ियारी को छःमाह सश्रम कारावास की सजा हुई थी।

238. श्री विंध्याचल लोहार छितौनी रसड़ा को 18 महीने की कैद एवं 15 रुपये जुर्माने की सजा हुई थी।

239. श्री बिशुन प्रसाद पुत्र श्री सुन्दर प्रसाद बिल्थरारोड को एक साल कैद की सजा हुई थी।

240. श्री बिहारी अहीर पुत्र श्री बालगोविन्द अहीर बड़ागाँव थाना नरही को 5 साल सश्रम कारावास की सजा हुई थी।

241. श्री बीजू राम पुत्र श्री दीपा राम सिकंदरपुर को 5 साल सश्रम कारावास की सजा हुई थी।

242. श्री बूद्धू राम कमकर पुत्र श्रीराम रतन कमकर जमुआं बलिया को 5 साल सश्रम कारावास एवं बीस बेंत की सजा हुई थी।

243. श्री बैजनाथ कलवार पुत्र श्री महादेव कलवार रसड़ा को 5 साल सश्रम कारावास एवं 15 बेंत की सजा हुई थी।

244. श्री बैजनाथ चौधरी पुत्र श्रीरामधारी चौधरी पकड़ी को एक ल कैद एवं सौ रुपये जुर्माने की सजा हुई थी।

245. श्री बैजनाथ तेली पुत्र श्री शिव तेली सिकंदरपुर को 18 महीने कठोर कारावास एवं बीस बेंत की सजा हुई थी।

246. श्री बैजनाथ प्रसाद पुत्र श्री मंगल राम भृगुआश्रम बलिया नगर। बयालीस की क्रांति में बलिया शहर ब्रिटिश फौज और पुलिस का सबसे क्रूर और घृणित कृत्य इनके साथ किया गया था। अमानवीयता-अमानुषिकता की पराकाष्ठा तक इनकी पिटाई के बाद इनके सामने ही इनके मात्र एक साल बच्चे को बंदूक की संगीन पर टांग कर मार डाला गया। अबोध पुत्र के रक्त से इनको नहलाया गया था, इनकी पत्नी अचेत हो गयी थी और इस वीर ने अपने प्राणों की आहुति दे दी। 247-श्री बैजनाथ राम पुत्र श्री विशुन राम सिकंदरपुर को 18 महीने कठोर कारावास एवं बीस बेंत की सजा हुई थी।

248. श्री बैजनाथ राय पुत्र श्री बालेश्वर राय हल्दी को 3 महीने कैद एवं 17 रुपये जुर्माने की सजा हुई थी।

249. श्री बैजनाथ सोनार ओक्डेनगंज बलिया नगर को 18 महीने कठोर कारावास की सजा हुई थी।

250. श्री बेनीमाधव सिंह पुत्र श्री सीताराम सिंह चितबड़ागाँव को 9 महीने कठोर कारावास एवं 40 रुपये जुर्माने की सजा हुई थी। जुर्माना नहीं चुकाने के कारण तीन महीने अतिरिक्त जेल में रहे थे।

251. श्री बेनी राम अहीर पुत्र श्री गंगा अहीर बलिया नगर को 6 साल सश्रम कारावास की सजा हुई थी।

252. श्री बैजू अहीर पुत्र श्री बालेश्वर अहीर भीमहर को थोड़े दिनों की जेल एवं दस बेंत की सजा हुई थी।

253. श्री भग्गल राम पुत्र श्री भगवान दास रसड़ा को एक साल कैद की सजा हुई थी।

254. श्री भागी पुत्र श्री गंगा मासूमपुर सिकंदरपुर को एक दिन की कैद एवं बीस बेंत की सजा हुई थी।

255. श्री भादो राम बिन्द पुत्र श्री केशोराम बिन्द विद्याभवन नारायणपुर बाँसडीह को 9 महीने कठोर कारावास एवं 50 रुपये जुर्माने की सजा हुई थी।

256. श्री भिखारी चौहान पुत्र श्री जगदेव नोनियां नरावं को एक दिन की कैद एवं 15 बेंत की सजा हुई थी।

257. श्री भिरुग राम पुत्र श्री बाबूलाल परसिया को 5 साल सश्रम कारावास एवं बीस बेंत की सजा हुई थी।

258. श्री भीम पुत्र विशेश्वर, बेलसड़ी को 6 साल 6 महीने कठोर कारावास की सजा हुई थी।

259. श्री भुनेश्वर पुत्र श्री बैजनाथ बलिया नगर 6 माह कठोर कारावास 30 रुपये जुर्माने की सजा हुई थी। जुर्माना नहीं चुकाने के कारण एक महीने और जेल में रहे।

260. श्री भूपनारायण सिंह पुत्र श्री मुखलाल सिंह बहुआरा को 3 साल सश्रम कारावास की सजा हुई थी।

261. श्री भैरव प्रसाद मठिया को 6 महीने कठोर कारावास एवं 25 रुपये जुर्माने की सजा हुई थी।

262. श्री भोला सिंह पुत्र श्री सूरज सिंह अधैला सहतवार को 9 महीने कठोर कारावास एवं 25 रुपये जुर्माने की सजा हुई थी। जुर्माना नहीं चुकाने के कारण तीन महीने अतिरिक्त जेल में रहे थे।

263. श्री मंगर अहीर पुत्र श्री अनग्राहित अहीर जोगेन्द्र गिरि की मठिया बैरिया को एक साल कैद की सजा हुई थी।

264. श्री मंगल वर्मा सिकंदरपुर को 18 महीने कठोर कारावास एवं बीस बेंत की सजा हुई थी।

265. श्री मंगल देव पांडे पुत्र श्री बलदेव पांडे गोंठाई को एक साल छः माह कठोर कारावास की सजा हुई थी। यह कम्युनिस्ट पार्टी के नेता थे।

266. श्री मंगल सोनार पुत्र श्री भगवान सोनार रसड़ा को 7 साल सश्रम कारावास की सजा हुई।

267. श्री महंगू गुप्त पुत्र श्री आर0 पी0 गुप्त चितबड़ागाँव को 18 साल 6 महीने कठोर कारावास की सजा हुई थी। किन्तु आजादी के बाद चार साल छः माह बाद ही जेल से रिहा हो गये थे।

268. श्री मंगर तुरहा पुत्र श्री मेवा तुरहा सिकंदरपुर को 18 महीने कठोर कारावास एवं बीस बेंत की सजा हुई थी।

269. श्री मटुकी चौरसिया पुत्र श्रीराम लगन बरई सिकंदरपुर को 5 साल सश्रम कारावास की सजा हुई थी।

270. श्री मथुरा चन्द पुत्र श्रीराम लाल मासूमपुर सिकंदरपुर को एक साल कैद की सजा हुई थी।

271. श्री मृगराज सिंह पुत्र श्री अर्जुन सिंह चरौवां को बयालीस की क्रांति में भाग लेने के कारण 8 साल सश्रम कारावास 50 रुपये जुर्माने की सजा हुई थी। आप नन्दगंज डकैती केश में भी भाग लिए थे, जिसमें आपको 14 साल सश्रम कारावास की सजा हुई थी।

272. श्री महन्त राय पुत्र श्री बोधि राय सहतवार को 5. 5 साल की दो सश्रम कारावास की सजा हुई थी।

273. श्री महावीर पुत्र श्री राधा बलिया नगर को 2 साल सश्रम कारावास की सजा हुई थी।

274. श्री महावीर पुत्र श्री शिवशंकर मासूमपुर सिकंदरपुर को 2 साल सश्रम कारावास की सजा हुई थी।

275. श्री महावीर पुत्र श्री शिवशंकर महुलानपार सिकंदरपुर को 2साल सश्रम कारावास की सजा हुई थी।

276. श्री महावीर पुत्र श्रीरामयाद प्रसाद भरखरा को दो साल सश्रम कारावास की सजा हुई थी।

277. श्री महेंद्र उपाध्याय पुत्र श्री हनुमान उपाध्याय रामपुर बाँसडीह को 6 महीने कारावास एवं 50रुपये जुर्माने की सजा हुई थी। जुर्माना नहीं चुकाने के कारण एक महीने और जेल में रहे।

278. श्री महेंद्र पुत्र श्री हनुमान शेखपुर को 6महीने कारावास 50 रुपये जुर्माने की सजा हुई थी। जुर्माना नहीं चुकाने के कारण एक महीने और जेल में रहे थे।

279. श्री माधव प्रसाद पुत्र श्रीराम प्रसाद बलिया नगर को 6महीने कठोर कारावास 50 रुपये जुर्माने की सजा हुई थी।

280. श्री माधो राम पुत्र श्रीराम प्रसाद बलिया नगर को 6महीने कारावास 150 रुपये जुर्माने की सजा हुई थी। जुर्माना नहीं चुकाने के कारण 6 महीने अतिरिक्त जेल में रहे।

281. श्री मुखवा दुसाध पुत्र श्री रघुवा दुसाध खरौनी बाँसडीह को 20-20 माह का कठोर कारावास एवं बीस बेंत की सजा हुई थी।

282. श्री मुकुन्द सिंह पुत्र श्री सत्यदेव सिंह बाँसपार बहोरवां थाना उभांव को पाँच साल कठोर कारावास की सजा हुई थी।

283. श्री मुन्नी जापलिंनगंज बलिया नगर को 9 महीने कठोर कारावास 300 रुपये जुर्माने की सजा हुई थी। जुर्माना नहीं चुकाने के कारण तीन महीने अतिरिक्त जेल में रहे।

284. श्री मुरलीधर वर्मा बैरिया को 9 महीने कठोर कारावास एवं साठ रुपये जुर्माने की सजा हुई थी। जुर्माना नहीं चुकाने के कारण छः महीने अतिरिक्त जेल में रहे।

285. श्री मुस्तफा पुत्र श्री अली हुसैन काजीपुरा बलिया नगर को 2 साल सश्रम कारावास और 10 बेंत की सजा हुई थी।

286. श्री मुस्तफा पुत्र श्री अब्दुल समद सिवानकलां सिकंदरपुर को तीन साल सश्रम कारावास की सजा हुई थी।

287. श्री मुहम्मद युसुफ़ कुरैशी पुत्र श्री दीन मुहम्मद कुरैशी रसड़ा को 2 साल 2 महीने कैद की सजा हुई थी।

288. श्री मूल नारायण चौहान पुत्र श्री लौटन नोनियां नरांव चिलकहर रसड़ा को एक दिन की कैद एवं 15 बेंत की सजा हुई थी।

289. श्री मेवा अहीर पुत्र श्री किशुन अहीर त्रिकालपुर बाँसडीह बयालीस की क्रांति में भाग लेने के कारण छः महीने जेल में बंद रहे।

290. श्री मोतीलाल पुत्र श्री काली प्रसाद रानीगंज बैरिया बयालीस की क्रांति में भाग लेने के कारण सात महीने जेल में बंद रहे।

291. श्री मोहई चौहान पुत्र श्री लौकी नोनियां नरांव चिलकहर रसड़ा को 6 महीने कठोर कारावास एवं 15 बेंत की सजा हुई थी।

292. श्री मोहम्मद यासीन पुत्र श्री इलाही मियां रसड़ा को 18 महीने कठोर कारावास एवं 15 बेंत की सजा हुई थी।

293. श्री रघुनाथ पुत्र श्री काली को 6 महीने कठोर कारावास छः बेंत की सजा हुई थी।

294. श्री रघुनाथ प्रसाद पुत्र श्री भगवान प्रसाद रसड़ा को 9 महीने कठोर कारावास 50 रुपये जुर्माने की सजा हुई थी। जुर्माना नहीं चुकाने के कारण तीन महीने अतिरिक्त जेल में रहे थे।

295. श्री रघुनाथ राय पुत्र श्री कोमल राय नरौनी को एक दिन की कैद एवं 15 बेंत की सजा हुई थी।

296. श्री रघुनाथ सिंह पुत्र श्रीराम स्वरूप सिंह श्रीनगर बैरिया को छः माह कारावास एवं सौ रुपये जुर्माने की सजा हुई थी। जुर्माना नहीं चुकाने के कारण छः महीने अतिरिक्त जेल में रहे थे।

297. श्री रघुवीर राम पुत्र श्री प्रभु राम चाँदनी टोला सेरिया को 9 महीने कठोर कारावास एवं बीस बेंत तथा 50 रुपये जुर्माने की सजा हुई थी।

298. श्री रतन राजभर पुत्र श्री शीतल भर शिवपुर बलिया को तीन साल सश्रम कारावास की सजा हुई थी।

299. श्री रंजीत सिंह पुत्र श्री नारायण सिंह बाँसडीह को 3 साल सश्रम कारावास की सजा हुई थी।

300. श्री रणधीर वीरपुर को एक साल कड़ी कैद की सजा हुई थी।

301. श्री रमाशंकर पुत्र श्री गंगाराम रसड़ा को 5 साल सश्रम कारावास की सजा हुई थी। आपके परिवार को भी प्रताड़ित किया गया था।

302. श्री रमाशंकर चौबे पुत्र श्री दुःख हरन चौबे टेंगरही बैरिया को एक साल कड़ी कैद की सजा हुई थी।

303. श्री राजकिशोर सिंह पुत्र श्री बनवारी सिंह पूर बलिया को एक साल कड़ी कैद एवं 200रुपये जुर्माने की सजा हुई थी। जुर्माना नहीं चुकाने के कारण तीन महीने अतिरिक्त जेल में रहे थे।

304. श्री राजकिशोर सिंह पुत्र श्री चरित्तर सिंह बलिया को 1 साल सश्रम कारावास 40 रुपये जुर्माने की सजा हुई थी।

305. श्री राजपति पुत्र श्री झींगुर कोइरी महुलानपार सिकंदरपुर को 2साल सश्रम कारावास की सजा हुई थी।

306. श्री राजपति राय पुत्र श्री भगई राय सहतवार को 18-18 महीने कठोर कारावास एवं 100-100 रुपये जुर्माने की सजा हुई थी। 307-श्री राजमोहन गिरि पुत्र श्री बलदेव गिरि सरनी सिकंदरपुर को 9 महीने कठोर कारावास की सजा हुई थी।

308. श्री राजहंस राय पुत्र श्री हनुमान राय सिकंदरपुर को 2साल सश्रम कारावास की सजा हुई थी।

309. श्री राजेन्द्र प्रसाद पुत्र श्री अम्बिका प्रसाद बलिया नगर को 7 साल सश्रम कारावास एवं बीस बेंत की सजा हुई थी।

310. श्री राजेश कुमार राय पुत्र श्री लाल बचन कुमार बेलहरी को छः महीने कारावास एवं 50 रुपये जुर्माने की सजा हुई थी।

311. श्री राजेश्वर त्रिपाठी पुत्र श्रीरामचंद्र तिवारी नारायणपुर रसड़ा को 10 महीने कारावास की सजा हुई थी।

312. श्री राजू चौहान पुत्र श्री महिपाल नोनियां नरांव चिलकहर रसड़ा को एक दिन की कैद एवं 15 बेंत की सजा हुई थी।

313. श्री राजेश्वर प्रसाद पुत्र श्री राजेन्द्र प्रसाद गुप्ता हनुमानगंज को नौकरी से निकाल दिया गया था। इसके बाद इनकी बुरी तरह से पिटाई की गयी थी, जिससे इनकी मृत्यु हो गयी। इनके मकान को भी लूट लिया गया था।

314. श्री राधाकृष्ण गुप्ता पुत्र श्री हीरालाल गुप्ता चितबड़ागाँव को 18 वर्ष 6माह सश्रम कारावास की सजा हुई थी। किन्तु आजादी के बाद पाँच साल में ही जेल से रिहा हो गये थे।

315. श्री राजन गुप्ता पुत्र श्री रघुनंदन प्रसाद गुप्ता चितबड़ागाँव को 6 महीने कठोर कारावास की सजा हुई थी।

316. श्री राधाकृष्ण प्रसाद सोनाडीह बिल्थरारोड को एक साल सश्रम कारावास एवं 50 रुपये जुर्माने की सजा हुई थी।

317. श्री राधाकिशुन पुत्र श्री सरयू राम सीयर थाना उभांव को पाँच साल कठोर कारावास की सजा हुई थी।

318. श्री राधामोहन तिवारी सीताकुण्ड को 9 महीने कठोर कारावास 25 रुपये जुर्माने की सजा हुई थी।

319. श्रीराम अशीष (फरारी से वापसी पर सरदार रामाशीष सिंह) पुत्र श्री नेपाल जिगनी खास थाना गड़वार बलिया। भारत प्रतिरक्षा कानून के अंतर्गत 3 वर्ष एवं पाँच साल की सजा हुई थी। कभी गिरफ्तार नहीं हुए।

320. श्रीराम उदार तिवारी पुत्र श्री विश्वनाथ तिवारी मिल्की मठिया बैरिया को 6 महीने कारावास एवं 150 रुपये जुर्माने की सजा हुई थी।

321. श्रीराम ऋषि चौरसिया पुत्र श्री भुजावन बरई पांडेपुर को 5 वर्ष सश्रम कारावास की सजा हुई थी।

322. श्रीराम ऋषि तिवारी पुत्र श्री मुखी तिवारी अकोई अध्यापक की नौकरी से निकाल दिया गया। 9 महीने की सजा हुई थी।

323. श्रीरामचंद्र पुत्र श्री सरयू राम बेलसरा 9 महीने कठोर कारावास 50 रुपये जुर्माने की सजा हुई थी।

324. श्रीरामचंद्र सिंह पुत्र श्री कौशलेश्वर सिंह अगरौली को 9 महीने कारावास एवं 30 रुपये जुर्माने की सजा हुई थी।

325. श्रीराम चरित्र सिंह पुत्र श्री महावीर सिंह ताड़ीबड़ागाँव को एक साल कैद की सजा हुई थी।

326. श्रीरामचन्दर अहीर पुत्र श्री कौशलेश्वर अहीर अगरौली को 9 महीने कठोर कारावास 50 रुपये जुर्माने की सजा हुई थी।

327. श्रीराम चन्दर राय पुत्र श्री शिव नारायण राय खरौनी बाँसडीह को आजीवन कारावास की सजा हुई थी।

328. श्रीराम चीज मिश्र पुत्र श्री गोपाल मिश्र मठिया बाँसडीह को 4 साल सश्रम कारावास की सजा हुई थी।

329. श्रीराम जनम पांडेय पुत्र श्रीरामधारी पांडेय बहुआरा बैरिया को 4. 4 साल सश्रम कारावास की सजा हुई थी।

330. श्रीरामजन्म सिंह पुत्र श्री भगवान सिंह कथरिया थाना नरही को 1साल सश्रम कारावास की सजा हुई थी।

331. श्रीरामजी पांडेय पुत्र श्री शिवराज पांडेय मासूमपुर सिकंदरपुर को एक दिन की कैद एवं बीस बेंत मारने की सजा हुई थी।

332. श्रीराम दयाल चौहान पुत्र श्री ढोढ़ा नोनियां करौंदी थाना उभांव को एक साल कैद, 100 रुपये जुर्माना और दस बेंत की सजा हुई थी।

333. श्रीराम दास पुत्र श्री देवकी सहतवार को दो साल सश्रम कारावास की सजा हुई थी।

334. श्रीरामदेव पांडेय पुत्र श्री नन्द किशोर पांडेय डुमरिया सहतवार को 6 महीने कठोर कारावास 50 रुपये जुर्माने की सजा हुई थी।

335. श्रीराम ध्यान सिंह पुत्र श्री निरंजन सिंह रुस्तमपुर बलिया सदर तहसील को 7 साल सश्रम कारावास की सजा हुई थी।

336. श्रीरामधन राय पुत्र श्री भागी राय चेतन किशोर सिकंदरपुर को चार साल सश्रम कारावास की सजा हुई थी। बरेली जेल में सजा भोगते हुए, आपकी मृत्यु हो गयी थी।

337. श्रीरामधनी राय पुत्र श्री भारी राय चेतन किशोर सिकंदरपुर को एक-एक साल कड़ी कैद की सजा हुई थी।

338. श्रीरामधारी पुत्र श्री बेचू सिवानकलां सिकंदरपुर को एक दिन की कैद एवं दस बेंत की सजा हुई थी।

339. श्रीरामधारी अहीर पुत्र श्री बेचू अहीर बहेरी बलिया को एक साल कड़ी कैद की सजा हुई थी।

340. श्रीरामधारी सिंह पुत्र श्री गोपी सिंह झरकटहा रेवती बयालीस की क्रांति में जेल गए थे।

341. श्रीराम नगीना प्रसाद पुत्र श्री बाबूराम उजियार थाना नरही को छः माह कठोर कारावास की सजा हुई थी। आपका मकान भी लूटा गया था।

342. श्रीरामनंदन उर्फ रघुनंदन पुत्र श्री शिवदेनी गोठहुली बलिया को 18 महीने कठोर कारावास की सजा हुई थी।

343. श्रीराम नंदन दास पुत्र / शिष्य श्री भगवान दास चकिया सिकंदरपुर को एक दिन की कैद एवं दस बेंत की सजा हुई थी।

344. श्रीराम नारायण पुत्र श्रीराम धरम बैरिया को 18 महीने कठोर कारावास की सजा हुई थी।

345. श्रीराम नारायण अहीर पुत्र श्री लक्ष्मी अहीर को एक दिन की कैद एवं बीस बेंत की सजा हुई थी।

346. श्रीराम नारायण गुप्ता पुत्र श्री बेनी राम गुप्ता हथौंज को 6 महीने कठोर कारावास एवं 200 रुपये जुर्माने की सजा हुई थी।

347. श्रीराम नारायण मिश्र पुत्र श्री श्रीनाथ मिश्र रेवती को 18 महीने कठोर कारावास की सजा हुई थी।

348. श्रीरामपति राय पुत्र श्री भोगी राय चेतन किशोर सिकंदरपुर को छः महीने कठोर कारावास एवं 150 रुपये की सजा हुई थी।

349. श्रीराम प्रवेश पुत्र श्रीरामतपेशा सोबईबाँध करनई को 15 बेंत मारने और 50 रुपये जुर्माना हुआ था।

350. श्रीराम बचन गोंड़ पुत्र श्री खेलावन गोंड़ चचयां को तीन साल सश्रम कारावास 150 रुपये जुर्माना और बीस बेंत की सजा हुई थी। आप कम्युनिस्ट पार्टी के थे।

351. श्रीराम बचन पुत्र श्रीराम खेलावन चकिया थाना बैरिया को 20 महीने कठोर कारावास की सजा हुई थी।

352. श्रीराम बरई वर्मा पुत्र श्री भोजराज वर्मा हथौंज को 6 महीने कठोर कारावास एवं 200 रुपये जुर्माने की सजा हुई थी।

353. श्रीराम रतन पुत्र श्री शीतल सिकंदरपुर को एक-एक साल कारावास की दो सजाएं हुई थी।

354. श्रीराम रतन सिंह पुत्र श्री नथूनी प्रसाद सिंह रामनगर बैरिया बयालीस की क्रांति के दौरान दो बार पकड़े गये और छोड़ दिए गए थे।

355. श्रीराम रतन सिंह पुत्र श्री माधुनी सिंह रामनगर बैरिया को 2साल सश्रम कारावास की सजा हुई थी।

356. श्रीरामरुप दास जाम रसड़ा को 6महीने कठोर कारावास एवं पचीस रुपये जुर्माने की सजा हुई थी।

357. श्रीराम लखन पुत्र श्री सहदेव सहतवार को दो साल सश्रम कारावास एवं दो सौ रुपये जुर्माना की सजा हुई थी।

358. श्रीराम लखन सोनार पुत्र श्री सखीचंद सोनार सहतवार को 4 साल सश्रम कारावास की सजा हुई थी।

359. श्रीराम लोचन पुत्र श्री दौलत बलिया को दो साल सश्रम कारावास एवं पंद्रह बेंत की सजा हुई थी।

360. श्रीराम वृक्ष राय पुत्र श्री शिव बरन बलिया नगर को 6 माह कारावास की सजा हुई थी।

361. श्रीराम सकल राय पुत्र श्रीरामपति राय देवकली सिकंदरपुर को एक दिन की कैद एवं दो बेंत की सजा हुई थी।

362. श्रीराम सिंहासन ठाकुर पुत्र श्री समरथ ठाकुर गोपालपुर को छः माह कारावास की सजा हुई थी।

363. श्रीराम सुन्दर मिश्र पुत्र श्री ध्वजधारी मिश्र को दस महीने कारावास की सजा हुई थी।

364. श्रीराम सुन्दर राय पुत्र श्री महावीर राय को छः महीने कठोर कारावास एवं सौ रुपये जुर्माने की सजा हुई थी। इनके दो पुत्रों श्री त्रिवेणी राय और श्री अमर राय को भी जेल में बंद कर दिया गया था।

365. श्रीराम सेवक सिंह पुत्र श्री कालिका सिंह चाँदपुर बैरिया को 3 साल सश्रम कारावास की सजा हुई थी।

366. श्रीराम सेवक राय पुत्र श्रीरामराज राय महुलानपार सिकंदरपुर को दो साल सश्रम कारावास की सजा हुई थी।

367. श्रीराम शंकर जापलिंनगंज बलिया नगर को 9 महीने कारावास एवं 25 रुपये जुर्माने की सजा हुई थी।

368. श्री ऋषिलाल अग्रवाल पुत्र श्री सरयू प्रसाद अग्रवाल रसड़ा को 7 साल सश्रम कारावास एवं बीस बेंत की सजा हुई थी।

369. श्री लक्ष्मण प्रसाद पुत्र श्री लालमोहर राम गनेशपुर रुद्रपुर बलिया को 15 महीने कठोर कारावास की सजा हुई थी।

370. श्री लक्ष्मण सिंह कुशवाहा पुत्र श्री अकरी सिंह कुशवाहा मिर्जापुर बैरिया को एक साल कैद की सजा हुई थी।

371. श्री लक्ष्मण सिंह पुत्र श्री आसकृत सिंह बहुआरा बैरिया को 6 महीने कठोर कारावास एवं 60 रुपये जुर्माने की सजा हुई थी।

372. श्री लक्ष्मण सिंह पुत्र श्री मथुरा सिंह मनियर बाँसडीह को छः माह कठोर कारावास एवं 60 रुपये जुर्माने की सजा हुई थी।

373. श्री लाखन अहीर पुत्र श्री शिव प्रसाद अहीर वीरपुर सिकंदरपुर को छः महीने कारावास की सजा हुई थी।

374. श्री लालजी राम पुत्र श्री परमा राम सीयर थाना उभांव को एक दिन की कैद एवं बीस बेंत मारने की सजा हुई थी।

375. श्री लालजी चौहान पुत्र श्री बालगोविन्द नोनियां नरांव चिलकहर रसड़ा को एक दिन की कैद एवं बीस बेंत की सजा हुई थी।

376. श्री लाल बहादुर यादव पुत्र श्री शिवनाथ अहीर जादोपुर सहतवार को 18 महीने कठोर कारावास एवं सौ रुपये जुर्माने की सजा हुई थी।

377. श्री लाल बहादुर कान्दू पुत्र श्री सहदेव कान्दू सिकंदरपुर को एक दिन की कैद एवं बीस बेंत की सजा हुई थी।

378. श्री लाल बिहारी पुत्र श्री सहदेव सिवानकलां सिकंदरपुर को एक दिन की कैद एवं 15 बेंत की सजा हुई थी।

379. श्री लोटन सिंह पुत्र श्री रेखा सिंह दीघार सहतवार को नौ महीने कारावास एवं तीस रुपये जुर्माना हुआ था।

380. श्री विश्वनाथ पुत्र श्री सरयू ताड़ीबड़ागाँव को 15 बेंत और 50रुपये जुर्माना हुआ था।

381. श्री विश्वनाथ पुत्र श्री छोटे राम विष्णुपुर-बिशुनीपुर बलिया को 6 महीने कारावास की सजा हुई थी।

382. श्री विश्वनाथ सोनार पुत्र श्रीराम चरित्तर सोनार बाँसडीह को 5 साल सश्रम कारावास की सजा हुई थी।

383. श्री विश्वनाथ गुप्त पुत्र श्री भगवान कान्दू करीमगंज थाना उभांव को 5 साल सश्रम कारावास एवं तीस बेंत की सजा भोगना पड़ा था।

384. श्री विश्वनाथ गुप्त पुत्र श्री गनेश कान्दू सीयर थाना उभांव को 5 साल सश्रम कारावास एवं तीस बेंत की सजा हुई थी।

385. श्री विश्वनाथ गुप्त पुत्र श्रीराम जनम रतसर बलिया को 18 महीने कठोर कारावास की सजा भुगतनी पड़ी थी। इनका मकान भी लूटा गया था।

386. श्री विश्वनाथ प्रसाद पुत्र श्री छेदी राम सीयर थाना उभांव को पाँच साल कठोर कारावास की सजा हुई थी।

387. श्री विश्वनाथ राय पुत्र श्री सहदेव राय चेतन किशोर सिकंदरपुर को 18 महीने कठोर कारावास एवं बीस बेंत की सजा हुई थी।

388. श्री विश्वनाथ राय पुत्र श्री संत राय बलुआ बलिया को बीस बेंत की सजा हुई थी।

389. श्री श्याम किशोर शर्मा पुत्र श्री राजपति शर्मा रसड़ा ने 1921 से लेकर 1942 तक सभी आंदोलनों में भाग लिए थे। बयालीस की क्रांति में आपको 5 साल सश्रम कारावास की सजा हुई थी।

390. श्री श्याम लाल यादव पुत्र श्री लच्छू अहीर अगरौली को 9 महीने कठोर कारावास 50 रुपये जुर्माने की सजा हुई थी।

391. श्री शम्भु चौहान पुत्र श्री सुखराज नोनियां नरांव चिलकहर रसड़ा को एक दिन की कैद एवं 15 बेंत की सजा हुई थी।

392. श्री शम्भु चौबे पुत्र श्री कृपाल चौबे चौबे छपरा को 5 साल सश्रम कारावास की सजा हुई थी।

393. श्री शालिग्राम पुत्र श्री सत्यनारायण बलिया नगर को 9 महीने कारावास एवं 50 रुपये जुर्माने की सजा हुई थी।

394. श्री शिवकुमार पांडेय पुत्र श्रीरामनाथ पांडेय को 18 महीने जेल की सजा भुगतनी पड़ी थी।

395. श्री शिवकुमार मिल्की बैरिया को 7 साल 6 महीने कैद की सजा हुई थी।

396. श्री शिवगोपाल सिंह पुत्र श्री भगेलू सहतवार को 20 महीने कठोर कारावास एवं बीस बेंत की सजा हुई थी।

397. श्री शिवदत्त राय पुत्र श्रीरामयोद्धा राय दरावं को चार साल 14 दिन की सजा भुगतनीपड़ी थी।

398. श्री शिव जतन चौहान पुत्र श्रीराम किशुन नोनियां नरांव चिलकहर रसड़ा को एक दिन की कैद एवं बीस बेंत मारने की सजा हुई थी।

399. श्री शिवदत्त चौहान पुत्र श्री रघुनंदन नोनियां भोजाराय के पुरा गड़वार को एक-एक साल की दो सजाएं हुई थी।

400. श्री शिवदत्त वर्मा (कोइरी) पुत्र श्री तुला भगत पिलुई बाँसडीह को एक साल कैद और 15 बेंत की सजा हुई थी।

401. श्री शिवधारी यादव पुत्र श्री घरभारी अहीर पुरुषोत्तम पट्टी सिकंदरपुर को छः महीने कठोर कारावास की सजा हुई थी।

402. श्री शिव नंदन पुत्र श्रीरामराज बैरिया को 18 महीने कठोर कारावास की सजा हुई थी।

403. श्री शिवनंदन पुत्र श्री चौभर खरौनी को 20 महीने कठोर कारावास एवं बीस बेंत की सजा हुई थी।

404. श्री शिवनाथ सिंह पुत्र श्री रुपन सिंह मुड़ियारी बाँसडीह को सात सौ रुपये जुर्माना के साथ कोर्ट उठने तक की सजा हुई थी।

405. श्री शिवप्रसाद पुत्र श्री अयोध्या कोइरी साहोडीह बाँसडीह को एक साल कैद और बीस बेंत की सजा हुई थी।

406. श्री शिवपूजन सिंह पुत्र श्री अमीर सिंह गड़वार को 5 साल सश्रम कारावास एवं बीस बेंत की सजा हुई थी।

407. श्री शिवबरन चौहान पुत्र श्री सुखराज नोनियां नरांव चिलकहर रसड़ा को एक दिन की कैद एवं 15 बेंत की सजा हुई थी।

408. श्री शिव बालक पुत्र श्री पदम सहतवार को 4 साल सश्रम कारावास की सजा हुई थी।

409. श्री शिव भंजन पुत्र श्री देवी कुमार बहेरी बलिया को 18 महीने कठोर कारावास की सजा हुई थी।

410. श्री शिवमुनि राम पुत्र श्री ठाकुर राम कोटवां थाना नरही को 5 साल सश्रम कारावास की सजा हुई थी।

411. श्री शिवमुनि सहतवार को 5 साल सश्रम कारावास एवं बीस बेंत की सजा हुई थी।

412. श्री शिवमुनि कमकर पुत्र श्री पदारथ कमकर बहादुरपुर, बलिया कोतवाली को 5 साल सश्रम कारावास एवं बीस बेंत की सजा हुई थी।

413. श्री शिवमुनि लोहार पुत्र श्री दौलत लोहार बलिया नगर को 2 साल सश्रम कारावास की सजा हुई थी।

414. श्री शिवसागर मिश्र पुत्र श्रीराम जनम मिश्र भरसर दुबहड़ को 6 महीने कारावास की सजा हुई थी।

415. श्री शुभकरन पुत्र श्री गया लाल अखोप थाना उभांव को 1साल सश्रम कारावास की सजा हुई थी।

416. श्री शुभ दयाल तिवारी पुत्र श्रीराम धनेश तिवारी कोटवां को 18 महीने कठोर कारावास की सजा हुई थी।

417. श्री शेखर उपाध्याय पुत्र श्री शीतल उपाध्याय सोनबरसा बैरिया 4 साल 14 दिन का सश्रम कारावास भोगे थे।

418. श्री श्रीकृष्ण पुत्र श्री शिवनंदन महुलानपार सिकंदरपुर को 2 साल सश्रम कारावास की सजा हुई थी।

419. श्री श्रीकृष्ण कान्दू पुत्र श्री प्रभु कान्दू सहतवार को 2 साल सश्रम कारावास एवं 15 बेंत की सजा हुई थी।

420. श्री श्रीकांत सिंह पुत्र श्रीरामपति सिंह सोनाडीह बिल्थरारोड को 2 साल सश्रम कारावास की सजा हुई थी।

421. श्री श्री किशुन तिवारी पुत्र श्री शिवनंदन तिवारी महुलानपार सिकंदरपुर को 2 साल सश्रम कारावास की सजा हुई थी।

422. श्री सकलदीप अहीर पुत्र श्री महंगू अहीर दमड़ी का टोला बैरिया को 18 महीने कठोर कारावास एवं दस बेंत की सजा हुई थी।

423. श्री सकलदीप सिंह पुत्र श्रीरामचंद्र सिंह पिपराकलां बलिया सदर तहसील को एक साल सश्रम कारावास की सजा हुई थी।

424. श्री सच्चिदानंद पुत्र श्री आदित्य नारायन सिकंदरपुर को छः महीने कारावास और 500 रुपये जुर्माने की सजा हुई थी।

425. श्री सत्ती राय पुत्र श्री अवध राय महावीर घाट बलिया नगर को आजीवन कारावास की सजा हुई थी। लेकिन आजादी के बाद रिहा हो गये थे।

426. श्री सत्यदेव चौहान पुत्र श्री सुखारी नोनियां बलिया नगर को एक दिन की कैद एवं 15 बेंत की सजा हुई थी।

427. श्री सत्यदेव तिवारी पुत्र श्री शिव प्रसाद तिवारी गोसाईं का टोला गड़वार को 3 साल सश्रम कारावास एवं बीस बेंत की सजा हुई थी।

428. श्री सत्यनारायण सिंह पुत्र श्री गोरख सिंह ताड़ीबड़ागाँव नगरा को 5. 5 साल की दो सश्रम कारावास की सजा हुई थी।

429. श्री सदाफल खरौनी बाँसडीह को 9 महीने कारावास और 60रुपये जुर्माने की सजा हुई थी।

430. श्री सन्त पुत्र श्री नकछेदी ताड़ीबड़ागाँव नगरा को 6 महीने कठोर कारावास 50 रुपये जुर्माना और 15 बेंत की सजा हुई थी।

431. श्री समरथ ठाकुर पुत्र श्री शिव बालक ठाकुर गोपालपुर बलिया को बयालीस की क्रांति में भाग लेने के कारण 9 महीने कारावास की सजा हुई थी।

432. श्री सरजू पुत्र श्री टेंगरी तुर्तिपार बिल्थरारोड को 5 साल सश्रम कारावास की सजा हुई थी।

433. श्री सरयू राम दुसाध पुत्र श्री शीतल राम दुसाध बहादुरपुर कोतवाली बलिया को 5 साल सश्रम कारावास एवं बीस बेंत की सजा हुई थी।

434. श्री सरयू सिंह पुत्र श्री कपिलदेव सिंह सुखपुरा बलिया को 5 साल सश्रम कारावास एवं बीस बेंत की सजा हुई थी।

435. श्री सहदेव पुत्र श्री दुखहरन ताड़ीबड़ागाँव नगरा को 6 महीने कठोर कारावास, 50 रुपये जुर्माना और 10 बेंत की सजा हुई थी। जुर्माना नहीं चुकाने के कारण तीन महीने अतिरिक्त जेल में रहे थे।

436. श्री सहदेव पुत्र श्री मूरत ताड़ीबड़ागाँव नगरा को 6 महीने कठोर कारावास, 50 रुपये जुर्माना और 15 बेंत की सजा हुई थी। जुर्माना नहीं चुकाने के कारण दो महीने अतिरिक्त जेल में रहे थे।

437. श्री सहदेव भगत सिकंदरपुर को 9 महीने कठोर कारावास, 60 रुपये जुर्माना की सजा हुई थी। जुर्माना नहीं चुकाने के कारण छः महीने और जेल में रहे थे।

438. श्री सालिक पुत्र श्री अचरज सिकंदरपुर को एक साल कैद की सजा हुई थी।

439. श्री सालिक जायसवाल पुत्र श्री टेंगर कलवार बलिया नगर को 5 साल सश्रम कारावास एवं बीस बेंत की सजा हुई थी।

440. श्री साधुशरण सिंह पुत्र श्री जई सिंह गड़वार को 5 साल सश्रम कारावास 150 रुपये जुर्माने की सजा हुई थी। आगे की कोर्ट में अपील करने के बाद छूट गए थे।

441. श्री सिद्धनाथ तिवारी पुत्र श्री जगदीश तिवारी रसड़ा को एक साल कठोर कैद की सजा हुई थी।

442. श्री सीताराम पुत्र श्री दमड़ी पकड़ी बलिया को 18 महीने कठोर कारावास एवं बीस बेंत की सजा हुई थी।

443. श्री सीताराम कलवार पुत्र श्री सूरज राम कलवार रसड़ा को 7 साल सश्रम कारावास और बीस रुपये जुर्माने की सजा हुई थी।

444. श्री सीताराम ओझा पुत्र श्री शिवप्रसाद ओझा हल्दी को 1 साल सश्रम कारावास एवं 50 रुपये जुर्माने की सजा हुई थी।

445. श्री सीताराम प्रसाद अगरसंडा बलिया को 6 महीने कठोर कारावास एवं 150 रुपये जुर्माने की सजा हुई थी।

446. श्री सीताराम सिंह पुत्र श्री गनेश सिंह बालेश्वरघाट बलिया नगर को 3 साल 6 माह कठोर कारावास एवं बीस बेंत की सजा हुई थी।

447. श्री सीताराम पुत्र श्री कमलेश्वर रामापाली सिकंदरपुर को एक वर्ष कठोर कारावास की सजा हुई थी।

448. श्री सुखई पुत्र श्री बेनी गोंसाई अखोप थाना उभांव को एक साल सश्रम कारावास की सजा हुई थी।

449. श्री सुखारी अहीर पुत्र श्री जगदेव अहीर नरांव चिलकहर रसड़ा को एक दिन की कैद एवं 15 बेंत की सजा हुई थी।

450. श्री सुखदेव पुत्र श्री शंकर गड़वार को दो साल सश्रम कारावास एवं 35 बेंत मारने की सजा हुई थी।

451. श्री सुखदेव पुत्र श्री मोहन फरसाटार थाना उभांव को 5 साल सश्रम कारावास की सजा हुई थी।

452. श्री सुगवा राय पुत्र श्री महावीर राय चेतन किशोर सिकंदरपुर को 18 महीने कठोर कारावास एवं बीस बेंत की सजा हुई थी।

453. श्री सुग्रीव राय पुत्र श्री महावीर राय सिकंदरपुर को 18 महीने कठोर कारावास एवं बीस बेंत की सजा हुई थी।

454. श्री सुदर्शन सिंह पुत्र श्री शिवबालक सिंह बहुआरा बैरिया को 4 साल 6 महीने सश्रम कारावास की सजा हुई थी। बैरिया थाने पर कब्जा करने के दौरान आपको गोली भी लगी थी।

455. श्री सुदामा पांडे पुत्र श्री बुझावन पांड़े दामोदरपुर थाना गड़वार को 20 कोड़े लगाये गये थे।

456. सुदामा प्रसाद सिंह पुत्र श्रीराम बहादुर सिंह दवनी को 7 साल सश्रम कारावास की सजा हुई थी।

457. श्री सुन्दर नोनियां पुत्र श्री कन्हाई नोनियां मधुबनी बैरिया को 5 साल सश्रम कारावास की सजा हुई थी।

458. श्री सुरेंद्र राय पुत्र श्री दौलत राय लिलकर सिकंदरपुर को 2 साल सश्रम कारावास की सजा हुई थी।

459. श्री सुरेंद्र नाथ श्रीवास्तव पुरास बलिया को एक साल कैद की सजा हुई थी।

460. श्री सुरेंद्र नारायण उर्फ बच्चू बाबू पुत्र श्री चौधरी धर्मदेव नारायण को एक साल कैद की सजा हुई थी।

461. श्री सूबेदार गोंड़ पुत्र श्री नौबत गोंड़ बलिया नगर को 18 महीने कारावास की सजा हुई थी।

462. श्री सूर्यदेव पुत्र श्रीराम नारायन एकवारी बलिया को एक साल कैद की सजा हुई थी।

463. श्री सूर्य नारायण पांडे पुत्र श्री सुखदेव पांडे दयाछपरा बैरिया को 6 महीने कठोर कारावास और सौ रुपये जुर्माने की सजा हुई थी।

464. श्री सूर्यबली पुत्र श्री देव शरण हल्दी कुछ दिनों तक जेल में रहे थे।

465. श्री सूरज कलवार पुत्र श्रीरामदास कलवार थोड़े दिनों तक जेल में रहे थे।

466. श्री सूरज देव गिरि पुत्र श्रीराम नारायन गिरि कोटवारी रसड़ा को 2 साल सश्रम कारावास की सजा हुई थी।

467. श्री सूरज सिंह सलेमपुर को 9 महीने कारावास और 50 रुपये का जुर्माना हुआ था। जुर्माना नहीं चुकाने के कारण तीन महीने अतिरिक्त जेल में रहे थे।

468. श्री सूरज राम अहीर पुत्र श्री बलिराम अहीर नगरी कोतवाली बलिया को 2 साल सश्रम कारावास एवं दस बेंत की सजा हुई थी।

469. श्री सौदागर राय पुत्र श्री कुबेर राय साहोडीह बाँसडीह को एक दिन की कैद एवं 50 रुपये जुर्माने की सजा हुई थी। जुर्माना नहीं चुकाने के कारण छः महीने जेल में बंद रहे थे।

470. श्री सौदागर सिंह पुत्र श्री चुरेमन मंदा रसड़ा को 18 महीने कठोर कारावास की सजा हुई थी।

471. श्री सोमेश्वर उपाध्याय पुत्र श्री रघुनाथ उपाध्याय छिब्बी रसड़ा को 3 साल सश्रम कारावास एवं बीस बेंत की सजा हुई थी।

472. श्री हंसनाथ शर्मा पुत्र श्रीरामदास पांडे कुरेजी थाना गड़वार को 1 साल सश्रम कारावास एवं सौ रुपये जुर्माने की सजा हुई थी।

473. श्री हरख नारायन पुत्र श्री राजकुमार सीयर बाजार थाना उभांव को 1 साल सश्रम कारावास, पाँच सौ रुपये जुर्माना और 15 बेंत की सजा हुई थी।

474. श्री हरिद्वार राय पुत्र श्री नगीना राय नारायणपुर थाना नरही को 5 साल 6 माह सश्रम कारावास और सौ रुपये जुर्माने की सजा हुई थी।

475. श्री हरदेव सिंह पुत्र श्रीरामसागर सिंह कोटवारी रसड़ा को दो साल सश्रम कारावास की सजा हुई थी।

476. श्री हर नारायन ओझा पुत्र श्री रक्षा ओझा रुद्रपुर गायघाट को 1 साल सश्रम कारावास की सजा हुई थी।

477. श्री हरपाल राय पुत्र श्री राजपति राय महुलानपार सिकंदरपुर को बीस बेंत की सजा हुई थी।

478. श्री हरिद्वार राय पुत्र श्री नागेश्वर राय कोटवां नारायणपुर थाना नरही बलिया को कुल 11 साल सश्रम कारावास की सजा हुई थी। पाँच साल के बाद वाराणसी सेन्ट्रल जेल में ही इनकी मृत्यु हो गयी थी।

479. श्री हरिद्वार बरई पुत्र श्री हनुमान बरई चितबड़ागाँव को एक साल सश्रम कारावास की सजा हुई थी।

480. श्री हरिनारायन प्रसाद पुत्र श्री भजन राम गड़वार को 18 महीने कठोर कारावास की सजा हुई थी।

481. श्री हरिवंश मिश्र पुत्र श्री रघुनंदन मिश्र दीघार सहतवार को बैरिया थाने पर कब्जा करने के दौरान पैरों में गोली लगी थी। छः महीने जेल में बंद रहे थे।

482. श्री हरिहर पुत्र श्री कपिलदेव रेवती थोड़े दिनों तक जेल में रहे थे।

483. श्री हरिहर लाल पुत्र श्री जमुना लाल मुड़ियारी बाँसडीह को 1 साल सश्रम कारावास की सजा हुई थी।

484. श्री हरिहर सिंह पुत्र श्रीराम नारायन सिंह नरही को 4 साल सश्रम कारावास की सजा हुई थी।

485. श्री हरिहर सिंह पुत्र श्री अवध बिहारी सिंह देवडीह थोड़े दिनों तक जेल में रहे थे। इनके घर को लूटा गया था।

486. श्री हरिनाथ पुत्र श्री शंकर सिवानकलां सिकंदरपुर को 18 महीने कठोर कारावास एवं बीस बेंत की सजा हुई थी।

487. श्री हरि पांडे पुत्र श्री चंद्रदेव पांडे आसचौरा बाँसडीह को 5 साल सश्रम कारावास की सजा हुई थी। लेकिन 3 वर्ष 2 माह बाद ही जेल से रिहा कर दिया गया था।

488. श्री हरि राय पुत्र श्री महंथ राय हंसनगर हल्दी बलिया को एक साल कैद की सजा हुई थी।

489. श्री हाजिर बख्स पुत्र श्री हबीबुल्लाह रसड़ा को 7 साल सश्रम कारावास की सजा हुई थी।

490. श्री हीरा चौधरी पुत्र श्रीरामलाल चौधरी मासूमपुर सिकंदरपुर को 2 साल सश्रम कारावास की सजा हुई थी।

491. श्री हीरामनि हलवाई पुत्र श्री रघुनाथ हलवाई नरही को भारत छोड़ो आंदोलन के दौरान पुलिस ने गोली मार दिया था। मौके पर ही आप वीरगति को प्राप्त हुए थे।

492. श्री हीरा लाल पुत्र श्री रघुवीर राम जापलिंनगंज बलिया नगर को 5 साल सश्रम कारावास एवं बीस बेंत की सजा हुई थी।

493. श्री हीरा लाल राम पुत्र श्री दशरथ राम औदीं पियरिया गड़वार को 5 साल सश्रम कारावास की सजा हुई थी।

494. श्री हीरा राम सुखपुरा को अंग्रेजों भारत छोड़ो आंदोलन में भाग लेने कारण 5 साल सश्रम कारावास की सजा हुई थी।

495. श्री हीरा राय पुत्र श्री श्री सीताराम राय लिलकर सिकंदरपुर को अगस्त क्रांति आंदोलन के दौरान एक सिपाही की बंदूक छीनने के अपराध में 21 महीने कठोर कारावास सौ रुपये जुर्माना की सजा हुई थी, और आपका मकान भी लूटा गया था।

496. श्री हुलार पुत्र श्री मोहन राय भरसर दुबहड़ को 7 साल सश्रम कारावास की सजा हुई थी।

497. श्री हुसैनी पुत्र श्री रहमान मधुबनी बैरिया को 18 महीने कठोर कारावास की सजा हुई थी।

498. श्री त्रिवेणी पुत्र श्रीरामा मधुबनी बैरिया को 4 साल सश्रम कारावास की सजा हुई थी।

499. श्री त्रिवेणी सिंह पुत्र श्री गोरख सिंह ताड़ीबड़ागाँव नगरा को 6 महीने कठोर कारावास एवं 15 बेंत की सजा हुई थी।

संदर्भ ग्रंथ

1. स्वतंत्रता संग्राम के सैनिक, संपादक-श्री भट्टाचार्य एस0 पी0, प्रकाशन वर्ष-1965 , प्रकाशक-सूचना विभाग उत्तर प्रदेश लखनऊ। मुद्रक-राजकीय मुद्रणालय इलाहाबाद।

2. 1942 की अगस्त क्रांति और बलिया, लेखक-कौशिकेय शिवकुमार सिंह, प्रकाशन वर्ष-2011, प्रकाशक क्षेत्रीय अभिलेखागार वाराणसी, मुद्रक-शिवम आर्ट्स लखनऊ।
3. बलिया में क्रांति और दमन, लेखक-श्री देवनाथ उपाध्याय, प्रकाशन वर्ष-1946, प्रकाशक-डी. एन. उपाध्याय, मुद्रक-देश सेवा प्रेस 54 हेवेट रोड, इलाहाबाद।
4. स्वतंत्रता संग्राम में बलिया लेखक-श्री गुप्त दुर्गा प्रसाद प्रकाशन वर्ष-1988,

आजाद हिंद फौज में बलिया जिले की भागीदारी

विप्लवी मनोभावों वाले बलिया जिले के लोगों में स्वतंत्रता-स्वराज की ज्वाला सतत प्रज्वलित होती रही। 1857 के प्रथम स्वतंत्रता संग्राम से लेकर 30 दिसंबर 1943 को जब नेताजी सुभाष चंद्र बोस के हाथों स्वतंत्रा अंदमान निकोबार द्वीप समूह के ''शहीद द्वीप'' पर पौरुष से प्राप्त स्वाधीनता का तिरंगा फहराया गया था, तब भी बलिया के वीर इस स्वर्णिम इतिहास के साक्षी बने थे।

जिनके नाम निम्न है—

1. श्री भगवान देव सिंह पुत्र श्री रघुनंदन सिंह हल्दी बलिया।
2. श्रीरामदेव सिंह पुत्र श्रीरामानंद सिंह हल्दी बलिया।
3. श्री सरयू सिंह पुत्र श्री रघुनाथ सिंह दोकटी, बलिया।
4. श्री सूर्यदेव सिंह पुत्र श्री श्याम जी सिंह भीखमपुर बलिया।
5. श्री बैजनाथ सिंह पुत्र श्रीराम रतन सिंह परसिया सीताकुण्ड।
6. श्री विक्रमा सिंह पुत्र श्री दिगम्बर सिंह वाजिदपुर बलिया।
7. श्री अब्दुल गफूर उभांव।
8. श्री अनवर हुसैन उभांव।
9. श्रीरामचंद्र यादव बहादुरपुर फेफना।
10. श्रीराम पाठक जीराबस्ती।
11. श्री बृज किशोर उपाध्याय भरसर दुबहड़।
12. श्री कपिलदेव तिवारी भरसर दुबहड़।
13. श्री गजाधर राम बिसेनी डेरा बलिया।
14. श्री गया सिंह बिसेनी डेरा बलिया।
15. श्री कैलाश सिंह बिसेनी डेरा बलिया।
16. श्री तारकेश्वर चौबे जवहीं बलिया।
17. श्री जगन्नाथ सिंह पुत्र श्री जमादार सिंह नारायणागढ़ बैरिया।
18. श्रीरामाज्ञा सिंह कुरेजी, गड़वार बलिया।
19. श्री शुभ नारायण सिंह गढ़ी बलिया।
20. श्री अनवर हक सीयर थाना उभांव बिल्थरारोड।

21. श्री दूबर चौबे पुत्र श्री भोला चौबे चौबे के दलकी सुर्यभानपुर।
22. श्री विश्वनाथ सिंह चौरा थाना नरही बलिया।
23. श्री धनुषधारी सिंह बलेसरा थाना गड़वार बलिया।
24. श्री सुदामा प्रसाद बलेसरा थाना गड़वार बलिया।
25. श्री हरिकिशुन चौधरी बलेसरा थाना गड़वार बलिया।
26. श्री भैरोसिंह बलेसरा थाना गड़वार बलिया।
27. श्री अवधेश कुमार पांडेय पुत्र रामाश्रय पांडेय कैथवली।
28. श्रीरामनाथ तिवारी पुत्र श्री महेंद्र तिवारी गोन्हियाछपरा बैरिया।

(संदर्भ ग्रंथ-बलिया दर्पण, प्रकाशक/संपादक-श्रीरामबली सिंह यादव, अपर सूचना अधिकारी, सूचना एवं जनसंपर्क विभाग बलिया। प्रकाशन वर्ष-2002- 03, पृष्ठ संख्या-43)

षष्ठम अध्याय

स्वतंत्रता संग्राम से जुड़े प्रमुख गाँवों की सूची

अवायं, असना, अखोप, अहिरौली, अचलगढ़, अजऊर आरिपुर सरयां, आसचौरा, औदीं, अगरौली, अमांव , उभांव, उजियार, एकवारी, कथरिया, करनई, कारों, कुरेजी, कोटवां, कर्णछपरा, कपूरी, खड़सरा, खरीद, खंदवा, खरुवांव, खेजुरी, गड़वार, गायघाट, गोठाईं, गोविन्दपुर, गोपालपुर, गोन्हियाछपरा चिलकहर, चेतनकिशोर, चाँदपुर ,चेरुईआं, चंदुकी चौबेछपरा, चितबड़ागाँव नगरपंचायत, चौरा, छाता, छिब्बी, छितौनी, जमुआं, जजौली, झरकटहा, झंडा गिरि के मठिया, टकरसन, टेंगरही, टोला सिवनराय, डूहां बिहरा, डूहीमूसी, तरछापार, ताड़ीबड़ागाँव, तिखमपुर, तुर्तिपार, थम्हनपुरा, दयाछपरा, दलनछपरा, दरामपुर , दवनी, दतौली, दिऊली, दामोदरपुर, दुबहड़, देवढ़ी, देवकली, दौलतपुर, दीघार, दुर्जनपुर, दोकटी, नगरा (अब नगरपंचायत), नरांव, नरही, नगपुरा, नसीराबाद, नारायणपुर, नारायनापाली, नारायणागढ़, पकड़ी, पूर, पन्दह, पतोई, पांडेपुर, पिलुई, परसिया, पिपराकलां, फकरुराय का टोला, फेफना, बढ़वलिया, बहदुरा, बाँसडीह नगरपंचायत, बकंवा, बिल्थरारोड नगरपंचायत, बैरिया (अब नगरपंचायत), बभनौली, बेलसरा, बलिया नगरपालिका परिषद, बसंतपुर, बेलहरी, बालूपुर, बहादुरपुर, बहुआरा, बेलहरी, बैजनाथछपरा, भरसर, भरौली, मलप हरसेनपुर, महुलानपार, महथापार, मासूमपुर, मधुबनी, मिश्रौली, मंदा, मिल्की, रतसड़ (अब नगरपंचायत), रसड़ा नगरपालिका परिषद, रानीगंज, रामपुर, राजागाँव खरौनी, रेवती नगरपंचायत, लक्ष्मणपुर, लिलकर, सहतवार, सीसोटार, सोनाडीह, सोबईबाँध, सुरेमनपुर, सुरहियां, सेरिया, सिवानकलां, सरदासपुर, सागरपाली, सरायभारती, सोहावं, सकरपुरा, सुजायत, सुखपुरा, सिकंदरपुर नगरपंचायत, सोनाडीह, सुल्तानपुर, सोनबरसा, शाहपुर, शेर, शुभनथहीं, शिवपुर, हथौंज, हनुमानगंज आदि।

स्वतंत्रता संग्राम के स्मारक

1. अमर शहीद मंगल पांडे स्मारक नगवां, बलिया–यह स्मारक अमर बलिदानी श्री मंगल पांडे जी की जन्मभूमि नगवां गाँव में अमर शहीद मंगल पांडे स्मारक समिति के द्वारा उत्तर प्रदेश सरकार के द्वारा तत्कालीन नगरविकास मंत्री स्व. विक्रमादित्य पांडेय जी

के अथक प्रयास से ग्रामसभा की भूमि पर बना है। इसका लोकार्पण एवं अमर शहीद मंगल पांडे जी की विशालकाय धातु की प्रतिमा का अनावरण उनके बलिदान दिवस 08 अप्रैल 2005 को तत्कालीन मुख्यमंत्री उत्तर प्रदेश श्री मुलायम सिंह यादव जी के द्वारा किया गया था।

वर्तमान समय में इस स्मारक की स्थिति काफी दयनीय है। यहाँ के पुस्तकालय की पुस्तकों के साथ-साथ खिड़की-दरवाज़े सभी नदारत हो गये है।

2. शहीद पार्क चौक बलिया–स्वतंत्रता आंदोलन के दौरान सभी सार्वजनिक सभाओं एवं जुलूसों के अतिरिक्त स्वतंत्रता संग्राम सेनानियों को दी जाने वाली कोड़े-बेंतों के मूक साक्षी बलिया नगर के हृदय स्थली चौक को 1960 ईस्वी में शहीद पार्क के रूप में परिवर्तित किया गया था। इसके मध्य मे स्थित कुएँ पर सन् 1968 ईस्वी में जन सहयोग से बहुत ही सुंदर मण्डप के अंदर महात्मा गांधी जी की आदमकद संगमरमर की प्रतिमा स्थापित करायी गयी है।

इसी पार्क में नगरपालिका परिषद बलिया के द्वारा ''स्वातंत्र्य समर के योद्धा'' नाम से अमर शहीदों, सेनानियों के नाम उत्कीर्ण किये गए पत्थर लगाये गये हैं।

वर्तमान समय में यह पार्क दर्शनीय स्थल के रूप विकसित होने की प्रक्रिया में है।

3. शहीद स्मारक बैरिया–अंग्रेजो भारत छोड़ो, करो या मरो के नारे को मंत्र मानकर 1942 में जो जनक्रांति बलिया जिले जनता ने किया था। उसमें बैरिया थाने पर अधिकार करने के लिए 16 अगस्त 1942 को ब्रिटिश सरकार की पुलिस और जनता के बीच हुए भीषण संघर्ष के दौरान पचास लोगों ने अपने प्राणों की आहुति दी थी, सैकड़ों लोग घायल हुए थे। इस स्मारक का निर्माण जन सहयोग से सिद्धसंत स्वामी महराज बाबा मठ, मिल्की मठिया के श्री महंथ बाबा लक्ष्मणदास जी (स्वतंत्रता संग्राम सेनानी) शिष्य श्री रघुपति दास जी महाराज के नेतृत्व में कराया गया था। इसका लोकार्पण अमर बलिदानी श्री कौशल कुमार सिंह के बलिदान की तिथि 18 अगस्त 1956 को हुआ था। यहाँ प्रतिवर्ष 18 अगस्त को शहीद श्रद्धांजलि मेला, सभा का आयोजन किया जाता है। जिसमें वर्तमान बैरिया थानाध्यक्ष के द्वारा शहीदों के सम्मान में पूजन किया जाता है। इसके रखरखाव एवं आयोजन का भार अब आदर्श नगरपंचायत बैरिया के ऊपर है।

4. शहीद स्मारक चरौवां–बलिया जिले की वर्तमान बिल्थरारोड तहसील के शहीद गाँव चरौवां में ब्रिटिश फौज के साथ संघर्ष करते हुए अपने प्राणों की आहुति देने वाले बलिदानी वीरों अमर बलिदानी चंद्रदीप सिंह, श्री मंगला सिंह, श्री खरबियार एवं वीरागंना श्रीमती मकतुलिया मालिन के सम्मान में इस स्मारक का क्रांतिकारी स्मारक समिति के द्वारा जन सहयोग से कराया गया था। 25 अगस्त 1991 को इसका भूमि पूजन हुआ था। 11 अक्तूबर 1992 को देश के तत्कालीन प्रधानमंत्री स्व. चंद्रशेखर जी एवं जल संसाधन मंत्री श्री विद्याचरण शुक्ल जी ने इसका लोकार्पण किया था। यहाँ प्रतिवर्ष 25

अगस्त को शहीद मेला लगता है। वर्तमान समय में इसका सुन्दरीकरण कार्य क्षेत्र पंचायत बिल्थरारोड के द्वारा कराया गया है। यह एक दर्शनीय स्थल है।

5. शहीद स्मारक सुखपुरा–बलिया-सिकंदरपुर मुख्य मार्ग पर बलिया से जाते समय बाँये तरफ अमर बलिदानी श्री चण्डी प्रसाद, श्री गौरीशंकर सोनार एवं आंदोलन के दौरान लापता हो गए श्री कुलदीप सिंह के सम्मान में दर्शनीय शहीद स्मारक का निर्माण कराया गया है। प्रतिवर्ष 24 अगस्त को यहाँ पर शहीद स्मारक समिति के द्वारा ध्वजारोहण, पुलिस गारद की सलामी, श्रद्धांजलि सभा का आयोजन किया जाता है।

अभी वर्ष 2021में ग्राम पंचायत सुखपुरा के द्वारा इसे भव्य स्वरुप दिया गया है। इसी स्मारक में पुस्तकालय, वाचनालय भी बनाया गया है।

6. सेनानी स्मारक बाँसडीह–बाँसडीह तहसील मुख्यालय के क्षेत्र पंचायत बाँसडीह कार्यालय परिसर में बनें इस स्मारक का निर्माण/सुन्दरीकरण एवं रखरखाव की जिम्मेदारी भी क्षेत्र पंचायत बाँसडीह के द्वारा की जाती है। यहाँ लगे शिलालेख पर बाँसडीह क्षेत्र पंचायत के शहीदों, सेनानियों के नाम उत्कीर्ण किये गए हैं। प्रतिवर्ष 18 अगस्त को बलिया जिला मुख्यालय से निकलने वाली शहीद श्रद्धांजलि यात्रा यहाँ पर पुष्पांजलि अर्पित करने आती है।

सुन्दर उपवन में स्थित यह स्मारक दर्शनीय है।

यहाँ पर आदर्श नगरपंचायत बाँसडीह के द्वारा यहाँ के शहीदों के सम्मान में ‘सप्तर्षि द्वार’ का निर्माण कराया गया है।

7. सेनानी स्मारक चिलकहर–क्षेत्र पंचायत चिलकहर के प्रांगण में स्वतंत्रता संग्राम सेनानियों के सम्मान में प्रस्तर शिलालेख लगा है, जिस पर कुछ सेनानियों के नाम उत्कीर्ण है। इसी के समीप बहादुर स्वतंत्रता संग्राम सेनानी, पूर्व विधायक चिलकहर, जिले आर्यसमाज, सोशलिस्ट पार्टी एवं कम्युनिस्ट पार्टी के नेता रहे बाबू कामता सिंह की प्रतिमा भी स्थापित है। यहाँ प्रतिवर्ष 01 जनवरी को इनकी जयंती पर भाकपा की ब्लाक कमेटी के द्वारा श्रद्धांजलि सभा का आयोजन किया जाता है।

वर्तमान समय में यह अच्छी स्थिति में है।

8. शहीद स्मारक बिल्थरारोड–वर्तमान बिल्थरारोड तहसील के डीएवी कालेज के प्रांगण में 16 अगस्त 1942 को बलिया नगर में ब्रिटिश सरकार की पुलिस और जनता के बीच हुए संघर्ष में बलिदान हुए, अमर बलिदानी श्री सूर्यनारायण मिश्र, बिल्थरारोड में शहीद हुए श्री चंद्रदीप सिंह, चरौवां गाँव में कैप्टन मूर की फौज के साथ संघर्ष करते शहीद हुए श्री मंगला सिंह, श्री खर बियार एवं श्रीमती मकतुलिया मालिन के सम्मान में भव्य स्मारक का निर्माण दयानन्द विद्यालय के प्रधानाचार्य, स्वतंत्रता संग्राम सेनानी श्री देवनाथ उपाध्याय के प्रयास से उत्तर प्रदेश सरकार द्वारा कराया गया था। जिसका लोकार्पण तत्कालीन महामहिम राज्यपाल श्री बी0 सत्यनारायण रेड्डी जी द्वारा 19 फरवरी 1991 को किया गया था।

वर्तमान समय में इस स्मारक की स्थिति काफी दयनीय है।

9. सेनानी स्मारक रेवती–उच्च प्राथमिक विद्यालय रेवती के परिसर में 1942 के शहीदों, सेनानियों के सम्मान में एक स्मारक का निर्माण कराया गया है। यहाँ पर एक आदमकद प्रस्तर शिला पर क्षेत्र के शहीदों, सेनानियों के नाम उत्कीर्ण है। वर्तमान समय में यह सामान्य स्थिति में है।

10. सेनानी स्मारक भरसौता हल्दी–प्राथमिक विद्यालय, उच्च प्राथमिक विद्यालय भरसौता हल्दी के प्रांगण में एक आदमकद प्रस्तर शिला पर क्षेत्र के शहीदों, सेनानियों के नाम उत्कीर्ण कर लगाया गया है। ब्रिटिश काल में बना विद्यालय भवन जर्जर होकर गिर गये हैं।

11. अमर शहीद राजकुमार दुसाध 'बाघ' स्मारक, जिला कारागार परिसर सिविल लाइन्स बलिया।

12. वीरवर कुँवर सिंह स्मारक, कुँवर सिंह चौराहा सिविल लाइन्स बलिया।

13. स्वतंत्रता संग्राम सेनानी, संविधान निर्माता डा. भीमराव रामजी अंबेडकर स्मारक कलेक्ट्रेट परिसर सिविल लाइन्स बलिया।

14. नेताजी सुभाषचंद्र बोस स्मारक, नेताजी सुभाषचंद्र पार्क, जिलाधिकारी कार्यालय के सामने कलेक्ट्रेट परिसर बलिया।

15. अमर शहीद रामदहिन ओझा स्मारक, टीडी कालेज चौराहा, सिविल लाइन्स बलिया।

16. स्वतंत्रता संग्राम सेनानी श्री मुरलीमनोहर लाल स्मारक, टाऊन इंटरमीडिएट कॉलेज परिसर, सिविल लाइन्स बलिया।

17. स्वतंत्रता संग्राम सेनानी श्री चित्तू पांडे स्मारक, चित्तू पांडे चौराहा बलिया।

18. स्वतंत्रता संग्राम सेनानी श्री उमाशंकर सोनार स्मारक, सेनानी उमाशंकर चौराहा ओक्डेनगंज बलिया।

19. क्रांतिकारी चंद्रशेखर आजाद स्मारक, चंद्रशेखर पार्क नया चौक बलिया।

20. स्वतंत्रता संग्राम सेनानी, पूर्व प्रधानमंत्री श्री लालबहादुर शास्त्री स्मारक, शास्त्री पार्क चौक, भृगुआश्रम बलिया।

21. स्वतंत्रता संग्राम सेनानी, पूर्व सांसद श्री जगन्नाथ चौधरी स्मारक, जगन्नाथ चौधरी चौराहा, काशीपुर बलिया।

22. अमर शहीद मंगल पांडे स्मारक, मंगल पांडे चौराहा, कदमतर बलिया।

23. स्वतंत्रता संग्राम सेनानी, पूर्व सांसद पंडित तारकेश्वर पांडेय स्मारक, सच कालेज चौराहा बलिया।

सप्तम अध्याय

गोवा मुक्ति आंदोलन में बलिया जिले का योगदान

स्वतंत्रता प्राप्ति के बाद देश के समक्ष सबसे बड़ी चुनौती देश के छोटे-छोटे भू-भाग पर अपनी हुकूमत चलाने वाले राज-रजवाड़ों, नबाबों, जागीरदारों, जमींदारों का भारत गणराज्य में विलय कराने की थी।

देश के प्रधानमंत्री उप प्रधानमंत्री, गृहमंत्री सरदार बल्लभभाई पटेल ने इसके लिए प्रयास किया। अधिसंख्य ऐसे लोगों ने भारत गणराज्य में विलय कर लिया था। लेकिन समुद्र तट पर स्थित गोवा राज्य जिस पर पुर्तगालियों का अधिकार था। उन्होंने भारतीय गणराज्य में शामिल होने से मना कर दिया था।

सरकार के विलय प्रस्ताव के प्रयासों में हो रही देरी से चिन्तित होकर देश के विभिन्न भागों से देश की अखण्डता के लिए स्वतंत्रता आंदोलन से जुड़े लोगों ने गोवा मुक्ति आंदोलन चलाया और गोवा पहुँच गए थे। 1961के पूर्वार्ध में जिले के स्वतंत्रता संग्राम सेनानी, विधायक ठाकुर जगन्नाथ सिंह के नेतृत्व में श्री प्रभुनाथ सिंह राजपूत नेवरी बलिया नगर, श्री सत्यनारायण सिंह बलिया, श्री प्रद्युम्न उपाध्याय नरही, श्री लक्ष्मीशंकर राय टुटवारी, श्रीराम विचार पांडेय नारायनापाली, श्री द्वारिका प्रसाद जायसवाल उर्फ भीम जी गुदरीबाजार बलिया, श्री महाबीर प्रसाद गुप्त बलिया नगर, श्री नागा पांडेय चमनसिंह बाग रोड, श्री गुलाम जिलानी गुदरीबाजार, श्री रमाशंकर लाल जगदीशपुर, बलिया नगर, श्री सुखनंदन दास अरदौना, श्रीराम सुन्दर भारती बेलसड़ी गाजीपुर, श्री विश्वनाथ शर्मा जापलिंनगंज, श्री महानंद मिश्र जापलिंनगंज, श्रीराम नगीना रसड़ा, श्री इन्द्रासन सिंह जाम रसड़ा, श्री त्रिभुवन स्वर्णकार रसड़ा, श्री डिग्री उपाध्याय बाँसडीह, श्री काशीनाथ राय मनियर गोवा, दमन, दीव को मुक्त कराने के लिए गये थे। बलिया जिले के इस सत्याग्रही जत्थे को पूना से (अब पुणे) सत्याग्रह कमेटी के निर्देशानुसार कारवाड़ पहुँचना था। ट्रकों, बसों से निःशुल्क यात्रा करते हुए यह जत्था कारवाड़ पहुँच गया। वहाँ सैनिकों ने इनको समझाया कि आप सभी यहाँ से वापस लौट जाइये। लेकिन यह लोग भटकते रहे। इसी दौरान पुर्तगालियों के हत्थे चढ़ गये थे, उन लोगों ने इन लोगों की पिटाई भी किया। अंत में यह बलिया लौट आये थे।

देश की सीमाओं की रक्षा करते शहीद हुए सैनिकों का विवरण

1962 भारत और चीन के मध्य हुए युद्ध में वीरगति को प्राप्त हुए बलिया जिले के वीर सपूत–

1. श्री संग्राम राम, सैनिक, नंबर-6790581, आर्मी सप्लाई कोर ग्राम -असनवार, पोस्ट-औदीं, बलिया।
2. श्री नन्द किशोर सिंह, हवलदार, नंबर-3938430, राजपूत रेजिमेंट, ग्राम-उजियार पोस्ट-कोरंटाडीह, बलिया।
3. श्रीराम ध्यान सिंह, हवलदार, नंबर-2941612, राजपूत रेजिमेंट, ग्राम-भीमहर पोस्ट-डोरीडीह, बलिया।
4. श्री सीताराम सिंह सैनिक, नंबर-29484 75 राजपूत रेजिमेंट, ग्राम-गायघाट पोस्ट-बघऊंच, बलिया।
5. श्री नागेन्द्र पांडे, पायनियर्स, नंबर-8001798, पायनियर कोर, ग्राम - पोस्ट-कोटवां नारायणपुर बलिया।
6. श्री विमल पांडेय, गार्डमैन, नंबर-13660040, बिग्रेड ऑफ द गार्डस्, ग्राम-पोस्ट-फरसाटार, बलिया।
7. श्री उमाशंकर सिंह सैनिक, नंबर-2944740, राजपूत रेजिमेंट, ग्राम-शाहपुर पोस्ट-गड़वार बलिया।
8. श्री जनरल राम अवध सिंह, नंबर-1219256, आर्टिलरी रेजिमेंट, ग्राम-नींबू पोस्ट-सरदासपुर, बलिया।

1971 भारत-पाकिस्तान युद्ध में वीरगति को प्राप्त करने वाले–

1. श्री बच्चा सिंह नायब सूबेदार, नंबर-JC 63800, राजपूत रेजिमेंट, ग्राम - पोस्ट-बंकवा, बलिया।
2. श्री धर्मात्मा सिंह, नायब सूबेदार नंबर-JC 63800, कुमाऊ रेजिमेंट, ग्राम-सुरहियाँ पोस्ट-सहतवार बलिया।
3. श्रीराम लाल राम सैनिक, नंबर-6808910, आर्मी सप्लाई कोर, ग्राम-शिवपुर दीयर नयी बस्ती बलिया।
4. श्री वंशराज सिंह सैनिक नंबर 2960506, राजपूत रेजिमेंट, ग्राम-गुरवां पोस्ट-मिड्ढा बलिया।
5. श्री रघुनन्दन राय सैनिक नंबर-6616760 ,आर्मी सप्लाई कोर ग्राम-प्रीतम छपरा पोस्ट-कर्ण छपरा, बलिया।

1985 ऑपरेशन रक्षक के दौरान वीरगति को प्राप्त करने वाले वीर–

1. श्री विजय बहादुर सिंह हवलदार, नंबर-2659359, ग्रेंडियर्स रेजिमेंट, ग्राम-चंद्रपुरा पोस्ट-बाँसडीह रोड बलिया।

1987 ऑपरेशन पवन (श्रीलंका) के दौरान वीरगति को प्राप्त करने वाले जवान–

1. श्री नन्द बिहारी पांडेय हवलदार, नंबर-2972036 राजपूत रेजिमेंट, ग्राम-शिवरामपुर, बलिया।
2. श्री लक्ष्मण तिवारी सैनिक नंबर-2972036 राजपूत रेजिमेंट, ग्राम-दलई तिवारी का पुरा, रसड़ा, बलिया।
3. श्री शिव बालक सिंह सैनिक नंबर-4264462 बिहार रेजिमेंट ग्राम - पोस्ट-श्रीनगर बलिया।

1992 में ऑपरेशन रक्षक के दौरान वीरगति को प्राप्त करने वाले जवान–

1. श्री मुन्नी लाल हवलदार, नंबर-14349278 आर्टिलरी
ग्राम-गोपालपुर पोस्ट-बाछापार, बलिया।
2. श्री रवीन्द्र नाथ तिवारी हवलदार नंबर-14477481, आर्टिलरी, ग्राम -पोस्ट-बहुआरा, बलिया।
3. श्री महेश्वरी सिंह हवलदार नंबर-14451933, आर्टिलरी
ग्राम -पोस्ट-शिवपुर शिवपुर दीयर नयी बस्ती, बलिया।
4. जनरल रमाशंकर यादव नंबर-14400022 आर्टिलरी ग्राम-शाहपुर पोस्ट-बाँसडीह रोड बलिया।

1996 में ऑपरेशन रक्षक के दौरान वीरगति को प्राप्त करने वाले जवान-

1. श्री नायक विजय शंकर भगत नंबर-14364351 आर्टिलरी ग्राम- नयी बस्ती हांसनगर पोस्ट-हल्दी बलिया।
2. श्री विवेकानन्द चौबे हवलदार नंबर-13676473 बिग्रेड ऑफ द गार्डस् ग्राम-चेरुईआं पोस्ट-थम्हनपुरा बलिया।
3. श्री नायक राम प्रवेश सिंह नेगी नंबर-4061551 गढ़वाल रेजिमेंट, ग्राम - पोस्ट-मुड़ाडीह, बलिया।

1997 के ऑपरेशन रक्षक के दौरान वीरगति को प्राप्त करने वाले जवान–

1. श्री पारस नाथ सैनिक नंबर-1479439, 22 त्त बंगाल इंजीनियरिंग ग्रुप, ग्राम - पोस्ट-हल्दी रामपुर बलिया।

1999 के ऑपरेशन रक्षक के दौरान वीरगति को प्राप्त करने वाले वीर जवान–

1. श्री काशीनाथ सिंह हवलदार नंबर-2977215 राजपूत रेजिमेंट, ग्राम-परसिया पोस्ट-हल्दी बलिया।

2000 में ऑपरेशन रक्षक के दौरान वीरगति को प्राप्त करने वाले वीर जवान–

1. श्रीरामनाथ राम आर आई एस नंबर-JC 2357432 आर्म्ड रेजिमेंट (22 RR) ग्राम-चांदूपाकड़ पोस्ट-मनियर, बलिया।
2. श्री बब्बन प्रसाद सैनिक नंबर-10182652, कुमाऊं रेजिमेंट ग्राम - पोस्ट-दुबहड़, बलिया।
3. श्री नायक अरविन्द राय नंबर-4555441, महार रेजिमेंट, ग्राम-कुतुबपुर पोस्ट-कोरंटाडीह, बलिया।

2001 में ऑपरेशन रक्षक के दौरान वीरगति को प्राप्त करने वाले वीर जवान–

1. श्री शैलेन्द्र कुमार सिंह सैनिक नंबर-2995788, राजपूत रेजिमेंट ग्राम-पोस्ट-मझौवां बलिया।
2. श्री गुलाब चन्द प्रसाद सैनिक नंबर- 4570127, महार रेजिमेंट ग्राम-जमालपुर पोस्ट-गोंसाईपुर बलिया।

2004 में ऑपरेशन रक्षक के दौरान वीरगति को प्राप्त करने वाले वीर जवान–

1. श्री सुदामा यादव हवलदार नंबर-14492365 आर्टिलरी, ग्राम-दुमदुमा पोस्ट-फेफना बलिया।
2. श्री हरेन्द्र राम हवलदार नंबर-14571977 ईएमई कोर, ग्राम-नरहनी पोस्ट-जमुई बलिया।
3. लांस नायक हरिहर नाथ सिंह नंबर-2967725, 264 डीएससी, ग्राम-कपूरी पोस्ट-फेफना बलिया।

2016 में ऑपरेशन रक्षक (उरी सेक्टर जम्मू-कश्मीर) में वीरगति को प्राप्त करने वाले वीर जवान–

1. लांस नायक राजेश कुमार यादव नंबर-4283188 ल्ल, बिहार रेजिमेंट, ग्राम - पोस्ट-दुबहड़ बलिया।
2. नायक हरिन्द्र कुमार यादव नंबर 15693045 सिगनल रेजिमेंट ग्राम-अब्बास पुर पोस्ट-रुपवार, बलिया।

(स्त्रोत-जिला सैनिक कल्याण एवं पुनर्वास कार्यालय बलिया)

उपसंहार

बलिया जिले की माटी, लाठी, बाटी तथा परिपाटी सदैव क्रांतिधर्मी रही है। जिस प्रकार से विनाश की कोख में विकास के बीज छिपे होते हैं, ठीक उसी प्रकार से क्रांति धर्मा बलिया की धरती में क्रोधाग्नि की ज्वाला को शीतल करने की शक्ति भी है। सतीदाह के उपरान्त क्रोध की अग्नि में जल रहे भगवान शिव की जिस दाहकता को महासागर की अथाह जलराशि नहीं बुझा सकी थी, उस तम को विमुक्त भूमि बलिया के गंगा-तमसा संगम की लघु धारा ने बुझाकर तांडव कर्ता शंकर को समाधारित स्थाणु शिव बना दिया था।

यह अतिशयोक्ति नहीं है, तारकासुर के त्रास से त्राण पाने कुमार कार्तिकेय के जन्म की देव योजना को पूर्ण करने के लिये, देवसेनापति कामदेव ने जब समाधारित स्थाणु शिव के हृदय में काम वासना को जगाने का प्रयास किया, तब प्रेम के देव रतिपति को अनंग करने वाले समाधारित स्थाणु शिव की साधना भूमि बलिया ही साक्षी थी।

मंदराचल पर्वत पर हुए ऋषि-मुनियों के समागम-महायाग में त्रिदेवों की श्रेष्ठता परीक्षण के दौरान प्रचेता-ब्रह्मा पुत्र महर्षि भृगु ने श्रीहरि विष्णु के वक्ष पर पद प्रहार करने का जो पाप किया था और विष्णुप्रिया ने जो श्राप दिया था। उस पाप और श्राप के मोचन की शक्ति भी महर्षि भृगु को विमुक्त भूमि बलिया में ही मिली थी।

यह बताना श्रेयस्कर समीचीन होगा कि आज संपूर्ण विश्व जल संकट की विभिषिका से उबरने के लिए प्राकृतिक जल स्त्रोत नदियों को अविरल-निर्मल बनाने में जुटा है, नदियाँ वर्षाजल, मिट्टी के प्रवाह की वह तरणियां हैं, जो सृष्टि के नवसृजन का कार्य करती हैं।

आज से लगभग सात हजार साल पहले महर्षि भृगु ने गोमुख से गंगासागर तक जीवन देने वाली गंगा नदी की जलधारा को अविरल निर्मल बनाये रखने के लिए अपने वनवासी शिष्य महामुनि दर्दर के नेतृत्व में जन सहयोग से उस कालखंड में अयोध्या तक ही सिमट जाने वाली वाशिष्ठी-सरयू की जलधारा को रघुवंश के कुलगुरु ब्रह्मर्षि वशिष्ठ जी से अनुज्ञा प्राप्त कर अयोध्या नरेश भगीरथ की लाई गयी गंगा-सरयू का संगम अपने भृगुआश्रम बलिया में कराया था।

गंगा-सरयू का यह मिलन इनके प्रवाह पथ ने अयोध्या को सीधे महासागर (कोलकाता, पश्चिम बंगाल) से जोड़ दिया था। जिससे उत्तर से दक्षिण को जोड़ने वाले

प्रभु श्रीराम के श्रीअयोध्याधाम को पूर्व की भक्ति, कला, संस्कृति, व्यापार और क्रांति से जोड़ने में सहायक हुआ था।

इसके माध्यम भृगुक्षेत्र-बलिया के भृगुआश्रम में रहने वाले महामुनि दर्दर उनके शिष्य एवं भृगुक्षेत्र के निवासी बनें थे। जिनके स्मृतियों का दर्दरी मेला-ददरी मेला आज भी प्रतिवर्ष कार्तिक पूर्णिमा को गंगा-सरयू संगम स्नान से लेकर मासपर्यन्त लगता है।

इस अविरल निर्मल गंगा के लोकमंगल प्रयास ने अनेक मंगल कार्य को सम्पन्न हुए। त्रेतायुग रामायणकाल में गाधिपुरी (गाजीपुर) के कौशिक कुमार ब्रह्मर्षि विश्वामित्र जी भगवती सरयू की जलधारा के किनारे चलकर ही अयोध्या नरेश राजा दशरथ जी के राजकुमार द्वय श्रीराम-लक्ष्मण को अपनी यज्ञरक्षा के लिए लाये थे। इसी सरयू तट के वन प्रदेश में प्रवेशद्वार लखनेश्वरडीह में अयोध्या के दोनों राजकुमारों को असुरों की मायावी शक्तियों से लड़ने के लिए बला-अतिबला विद्या सिखाया था।

अयोध्या धाम को आनन्द-आह्लाद का अवसर चारों राजकुमारों श्रीराम, लक्ष्मण, भरत, शत्रुघ्न को उत्तर कोसल राजवंश के राजा जनक के परिवार से मधुर संबंध जोड़वाने में भी अयोध्या से भृगुक्षेत्र पहुँचने वाली सरयू नदी की जलधारा का योगदान है।

इतना ही नहीं, जनकनंदिनी, अयोध्या की परित्यक्त महारानी सीता जी को जब गर्भवती अवस्था में वनवासी बनना पड़ा था, तब राम अनुज श्री लक्ष्मण जी को इसी भूमि के गंगा-तमसा नदियों के बीच निवास कर रहे महर्षि बाल्मीकी का आश्रम उचित लगा था। प्रभु श्रीराम-माता सीता की संतति कुश-लव की जन्मभूमि भी बालमिकिया का बलिया ही है। जिले पंचेव, बिगही (बिगल-फेंकी गयी बहू), बहुआरा (बाहर की गयी बहू), सीताकुण्ड (सीता जी के स्नान का प्राकृतिक जलागार। जो अब अवैध कब्जे से विलुप्ति के कगार पर है) गाँवों की लोक परंपराओं, लोकगीतों में आज भी जीवंत है।

आगे कपिलवस्तु के राजकुमार सिद्धार्थ को भी जब वैराग्य उत्पन्न हुआ तो सरस सलिला सरयू ही सहायक बनीं।

सिद्धार्थ गौतम सत्य की खोज में महर्षि भृगु के भृगुआश्रम पहुँच कर ध्यान, साधना, यज्ञ-कर्मकाण्ड के माध्यम से सत्य को अन्वेषित करने का प्रयास किया। यह अलग बात है कि अध्यात्म का सत्य वहाँ उन्हें नहीं मिला था और वह उरुवेला की ओर बढ़ गये थे। लेकिन सिद्धार्थ गौतम को इस अध्यात्म की उर्वर भूमि ने ऐसे नहीं छोड़ दिया था। उरुवेला तीर्थ (बोधगया, बिहार) में बुद्धत्व प्राप्त कर अर्हत बन जाने वाले तथागत बुद्ध को उरुवेला से कासियों के नगर मृगदाव (सारनाथ, वाराणसी) जाते समय पुनः भृगुक्षेत्र-बलिया जिले की बलिया सदर तहसील के अमांव गाँव में आकर यहाँ बसे मानवभक्षी मानवों को बौद्धधम्म बताना पड़ा था।

महाभारत काल में महाभारत महाकाव्य के रचयिता, पराशर-सत्यवती (मत्स्यगंधा) के पुत्र वेदव्यास की जन्मभूमि उस कालखंड के वैभवशाली पर्यटन स्थली विलासपुर-बाँसथाना-व्यासस्थान का गौरव भी बलिया को प्राप्त है। इसी व्यास जी की माता

मत्स्यगंधा-सत्यवती के साथ हस्तिनापुर नरेश शान्तनु ने दूसरा विवाह किया था। जिसके कारण हस्तिनापुर के युवराज गंगापुत्र भीष्म को ''भीष्म प्रतिज्ञा'' करनी पड़ी थी। असमय कालकवलित हस्तिनापुर के उत्तराधिकारी विचित्रवीर्य और चित्रागंद की विधवाओं की गोद में पाण्डु, धृतराष्ट्र और दासी से महाज्ञानी बिदुर से भरने वाले द्वैयपायन व्यास की जन्मदात्री, बलिया की महिमा अपरम्पार है।

जमदग्नि पुत्र ब्रह्मर्षि परशुराम जी की जन्मभूमि, ऋषि भारद्वाज पुत्र, ज्योतिष ग्रंथ ''गर्ग संहिता'' के रचयिता महर्षि गर्ग, दुर्वासा आदि अनेक ऋषि-मुनियों की साधना भूमि रहा बलिया, हर कालखंड में अपने हिस्से का अवदान करता रहा है।

यह पुस्तक ईस्ट इंडिया कंपनी एवं ब्रिटिश साम्राज्य की परतंत्रता से स्वाधीनता प्राप्ति के 75 वर्ष पूरे होने पर के अमृतमहोत्सव-हीरक वर्षगांठ पर प्रकाशित हो रही है। इसलिये इस स्वाधीनता प्राप्ति के संघर्षों की ओर चलते हैं।

ब्रितानी ईस्ट इंडिया कंपनी के विरुद्ध स्वतंत्रता का प्रथम समवेत प्रयास सन् 1857 ईस्वी में नाना साहब पेशवा, तात्यां टोपे, सदाशिवराव, सीताराम कुँवर, भीमा नायक, राजा शंकर शाह, रघुनाथ सिंह मण्डलोई, महारानी लक्ष्मीबाई, अजीमुल्ला खान, बहादुर शाह जफर, मौलवी अहमद शाह आदि लोगों ने किया था। इसके लिए संपूर्ण देश में 10 मई 1857 को एक साथ विद्रोह करने की योजना बनायी गयी थी। लेकिन विद्रोह की इस पूर्व निर्धारित तिथि के 41दिन पूर्व ही 29 मार्च 1857 को बलिया जिले की माटी में जन्में मंगल पांडे ने कंपनी सरकार के बैरकपुर सैनिक छावनी में विद्रोह कर दिया था। इस घटना को इतिहासकारों ने अपनी-अपनी दृष्टि से देखा और लिखा है। कुछ लोग इसे पूर्व निर्धारित योजना के पहले हुए विद्रोह को स्वतंत्रता की प्राप्ति में देरी का कारण भी मानते हैं। इनका मानना है कि मंगल पांडे के विद्रोह ने सारी योजना पर पानी फेर दिया और पूरे देश में एक साथ होने वाले विद्रोह की योजना को स्थगित करना पड़ा था।

यह बात अब अतीत के गर्भ में है, जब वह विद्रोह हुआ ही नहीं तो उसके परिणाम क्या होते, यह कहना कठिन है। केवल कल्पना करने से कुछ भी निष्कर्ष निकालना उचित नहीं है। मंगल पांडे के विद्रोह ने कंपनी सरकार की फौज में विद्रोह की जो चिनगारी सुलगाने का काम किया था, उसके परिणाम स्वरुप मेरठ सैनिक छावनी में विद्रोह हुआ। सैनिकों ने दिल्ली कूच किया था। जिसके कारण ब्रिटिश सरकार ने भारत के शासन को ईस्ट इंडिया कंपनी से छीनकर स्वयं अपने हाथ में ले लिया था।

1857-85 में जगदीशपुर के जागीरदार वीरवर कुँवर सिंह के विजय अभियान ने भी ब्रितानी सरकार को भारतीय पौरुष से साक्षात्कार कराया था। बलिया जिले में सारी तैयारी के बाद भी यहाँ की जनता ने जिस तरह से ब्रिटिश फौजों का मुकाबला करते हुए, वीरवर कुँवर सिंह को सुरक्षित जगदीशपुर तक पहुँचाया, उससे यहाँ की जनता के बाहुबल का ज्ञान-भान भी ब्रिटिश फौजी अफसरों को हो गया था।

कांग्रेस की स्थापना के पहले 1857 में भी बलिया जिले की जनता ब्रिटिश सरकार के अफसरों को सरकारी खजाने को लूटने, लगान नहीं देने और अवसर मिलने पर ब्रिटिश अफसरों को सबक सिखाने का कार्य करती रही थी।

1857 में भी बाबू गरीब नारायण राय (लिलकर) के नेतृत्व में विद्रोही सेना ने आजमगढ़, देवरिया, गोरखपुर, बलिया और बिहार के चम्पारण के भू-भाग से अंग्रेजों को खदेड़ दिया था।

स्वतंत्रता संग्राम के इतिहास में विशिष्ट रूप से बलिया जिले का नाम 1942 की जनक्रांति से जोड़ कर देखा जाता है। जिसमें जिले की जनता ने अपने पुरुषार्थ से ब्रिटिश सरकार से सत्ता छीन कर अपनी स्वराज की सरकार बना लिया था। इतना ही नहीं तो लगभग चौदह दिनों तक पंचायती राज की व्यवस्था के तहत अपने सुराज की सरकार को सुव्यवस्थित ढंग से चलाया भी था।

जिसको ठीक तरह से समझने और अपने स्वतंत्रता संग्राम सेनानियों के सपनों वाले रामराज्य-सुराज की एक झलक दिखाने के लिए बलिया जिले की रेवती नगरपंचायत में घटित घटनाओं का उल्लेख कर रहा हूँ–

15 अगस्त 1942 को रेवती नगरपंचायत में स्वराज की सरकार बन गयी। रेवती पुलिस चौकी के सिपाहियों को डरा-धमका कर भगा दिया गया था। अब रेवती नगरपंचायत और आस-पास के सभी गाँवों में जनता के लिये-जनता की अपनी सरकार थी।

जिसमें समाज के सभी लोगों को संपूर्ण सुरक्षा एवं सम्मान के साथ रहने के अधिकार प्राप्त हो गये थे, और सभी को अपने कर्तव्यों का पालन करना था। इसके पहले दबंग, सामंती लोगों के द्वारा कमजोर कामगारों से बेगार (बगैर मजदूरी के काम कराने की व्यवस्था) कराया जाता था। जिस पर तत्काल प्रभाव से रोक लगा दिया गया। अब कोई भी व्यक्ति किसी से बेगार नहीं करा सकता था। जिसका स्वैच्छिक अनुपालन होने लगा। जो सामंती प्रवृत्ति के लोग किसानों, कामगारों से अभद्रता से बात करते थे, वही अब इनसे सम्मान के साथ बात करने लगे। उचित मजदूरी देकर अपने काम कराने लगे थे।

बाजार में सभी को उचित मूल्य पर, सही नाप-तौल से सामानों की खरीद-बिक्री करनी थी, जमाखोरी करने पर रोक लगा दिया गया था। जिसका स्वेच्छापूर्वक बाजार के सभी व्यापारी-दुकानदारों ने पालन करना प्रारंभ कर दिया था। अब बाजार में सारा सामान उचित मूल्य, सही नाप-तौल के साथ उपलब्ध था।

कोई सरकारी नौकरी करने वाले अधिकारी, कर्मचारी, हथियारबंद, वर्दीधारी पुलिस पूरे इलाके में नहीं थी। सारी व्यवस्था सुराज सरकार के द्वारा अवैतनिक रूप से नियुक्त किए गए स्वयंसेवक संभाल रहे थे।

मात्र चौबीस घंटे में इलाके की सुरक्षा व्यवस्था को व्यवस्थित कर लिया गया था। अंग्रेजी सरकार के शासनकाल में थोड़े दिनों पहले ही गायघाट के ठाकुर राम, महंथ राम साहू के घर लाखों की डकैती हुई थी। जिसकी जाँच-पड़ताल पुलिस कर रही थी। सुराजी

सरकार के स्वयंसेवकों ने इस लाखों की डकैती का सफल अनावरण दो दिनों में कर दिया। सभी डकैतों को गिरफ्तार कर लिया गया। पुलिस चौकी में इनकी पिटाई प्रारम्भ हुई। इन लोगों ने डकैती की बात स्वीकार कर लिया, और छिपाने की जगह दिखाया। इनके पास से लाखों रुपये के सोने-चाँदी के जेवर, 42 हजार रुपये नगद बरामद किया गया। केवल इन लोगों ने जो अनाज लूटा था, वह आपस में बाँट कर खा रहे थे, जिसे छोड़ दिया गया। इन लोगों को भविष्य में लूटपाट, डकैती नहीं करने की शपथ दिलाने के बाद छोड़ दिया गया था।

एक और घटना का जिक्र करना समीचीन होगा। नृत्य-गायन करने वाली एक महिला अपने तीन साजिन्दों (वादकों) के साथ अपने जीवन भर की कमाई के रुपये, जेवर के साथ, छपरा से पैदल ही बलिया आ रही थी। चूंकि बलिया जिले में रेलवे की पटरियों को उखाड़ कर रेल सम्पर्क भंग कर दिया गया था और घाघरा नदी पर रेलवे पुल के अतिरिक्त दूसरा कोई नदी पार करने का साधन भी नहीं उपलब्ध था। इसलिये यह लोग रेलवे लाइन पकड़ कर ही आ रहे थे। सुरेमनपुर और रेवती रेलवे स्टेशनों के बीच में इलाके के कुख्यात डकैत गिरोह ने इनके सारे रुपये, जेवर और सामान को लूट लिया था।

लूटी-पिटी नृत्यांगना अपने साजिन्दों के साथ रोते-कलपते हुए सुराज सरकार की रेवती पुलिस चौकी पर पहुँचीं। वहाँ पर तैनात सुराजी सरकार के स्वयंसेवकों ने तत्काल इन लोगों के रहने, खाने की व्यवस्था गायघाट प्राइमरी स्कूल में किया। इसके बाद तुरंत ही युवा स्वयंसेवकों की टोली लुटेरों को पकड़ने के लिए निकल पड़ी। डकैतों के सरदार को पकड़ कर पुलिस चौकी लाया गया। उसने अपने साथियों के नाम, पते बताया, सभी लूटे गए सारे गहने, रुपये, सामान के साथ लाये गये। सारा सामान उस नृत्यांगना को वापस मिल गया।

डकैतों के सरदार सहित उसके साथियों को भी आगे से लूट मार बंद करने की सौगन्ध दिलाकर तीसरे दिन छोड़ दिया गया था।

इन घटनाओं को लिखने के पीछे हमारी मंशा बिलकुल स्पष्ट है कि आजादी के पहले हम भारतीयों में स्वराज-सुराज के प्रति जो पवित्र भावनाएं थी, स्वराष्ट्र प्रति जो श्रद्धा थी, जो स्वानुशासन था। जिसका पालन करना इस देश के अपराधी भी अपना पुनीत कर्तव्य समझते थे।

देश आजाद होने बाद वह पवित्र भावनाएँ, कर्तव्य, स्वानुशासन कहाँ तिरोहित हो गया है? आज जब हम अपनी स्वतंत्रता की 75 वर्षगांठ मना रहें हैं तो हमें अपने भीतर आई उन विकृतियों के कारणों को ढूंढ कर समाप्त करने का प्रयास करना होगा।

तभी हम 190 वर्षों तक अनथक संघर्ष करने वाले, अपने रक्त एवं प्राणों की आहुति से हमें स्वाधीन भारत सौंपने वाले महान पूर्वजों के स्वप्नों का भारत बना कर अपने पितरों के ऋण उतार सकते हैं।

चित्रावली

अमर शहीद मंगल पाण्डे

स्मारक, नगवां-बलिया

अमर शहीद दुःखी कोइरी

अमर शहीद शिवप्रसाद कोइरी

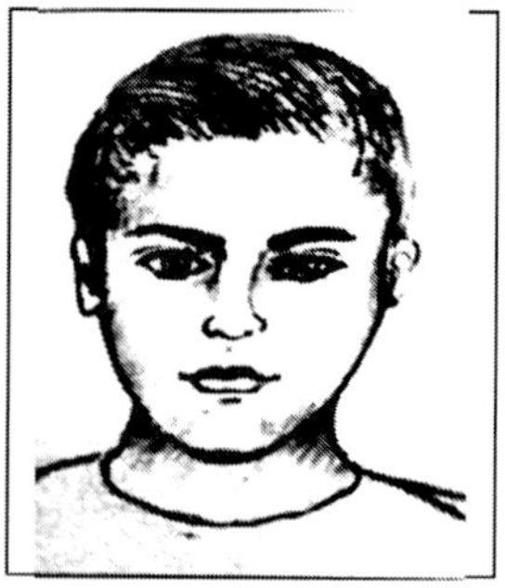

अमर शहीद सूरज मिश्र

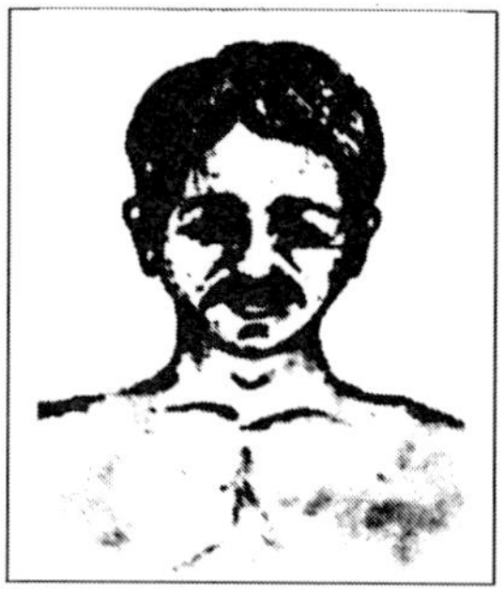

अमर शहीद ढेला दुसाध

अमर शहीद सूरज लाल

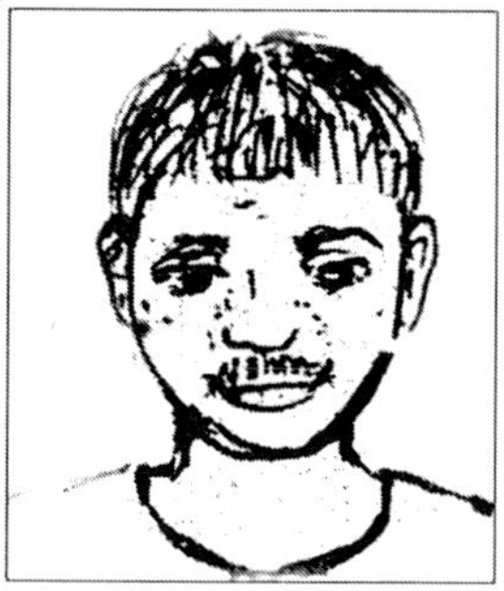

अमर शहीद रामसुभग चमार

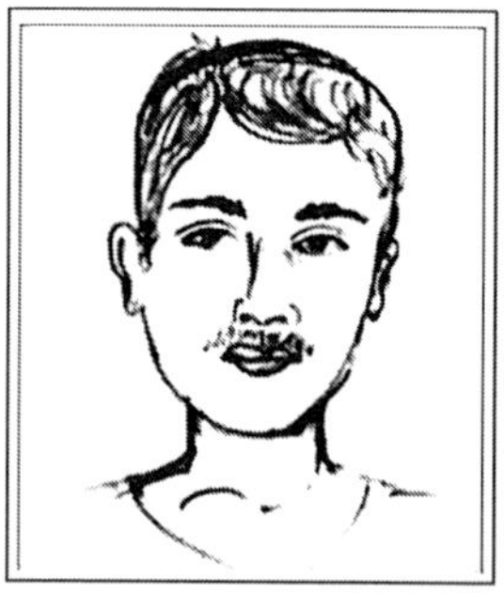

अमर शहीद विकी राम

अमर शहीद रघुनाथ अहीर

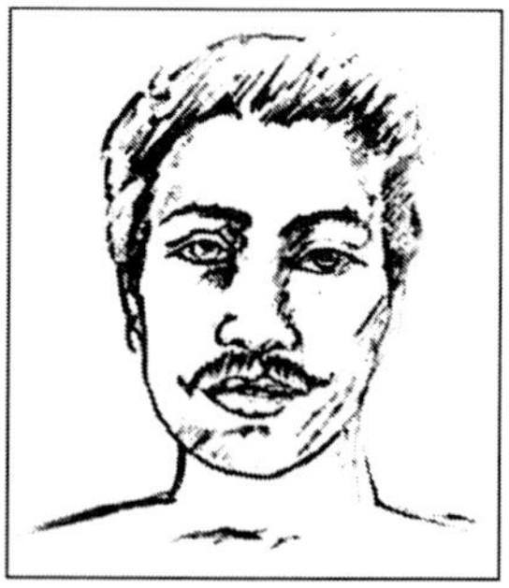

अमर शहीद देवबसन कोइरी

अमर शहीद कौशल कुमार सिंह

अमर शहीद विक्रम सोनार

अमर शहीद छठ्ठू कमकर

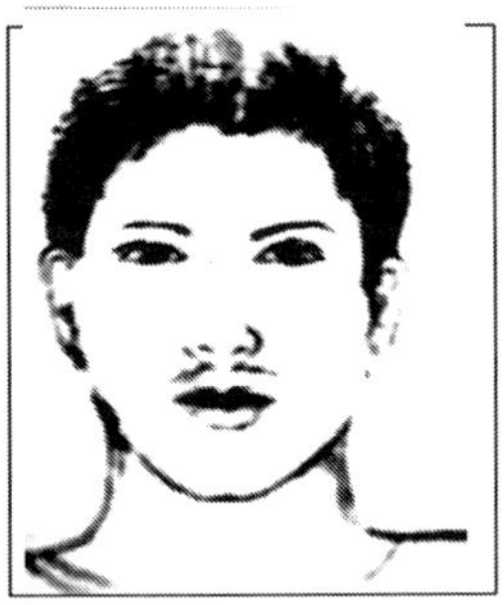
अमर शहीद रामजन्म गोड़

अमर शहीद देवकी स्वर्णकार

अमर शहीद रामदेव कुम्हार

अमर शहीद भीम अहीर

अमर शहीद मैनेजर सिंह

अमर शहीद चन्द्रदीप सिंह

अमर शहीद शिवशंकर सिंह

अमर शहीद चण्डी प्रसाद

अमर शहीद राजकुमार बाघ

अमर शहीद नरसिंह राय

अमर शहीद विक्रम सोनार

अमर शहीद राम नगीना सोनार

स्वतंत्रता संग्राम सेनानी

ठाकुर जगन्नाथ सिंह

श्री महेन्द्र प्रसाद

श्री उमाशंकर सोनार

श्रीमती जानकी देवी

श्री श्रीपति कुँवर

श्री राम लक्षन तिवारी

श्री शिवपूजन सिंह

श्री चित्तू पाण्डे

श्री महानन्द मिश्र

पं. परशुराम चतुर्वेदी

श्री राम अनंत पाण्डेय

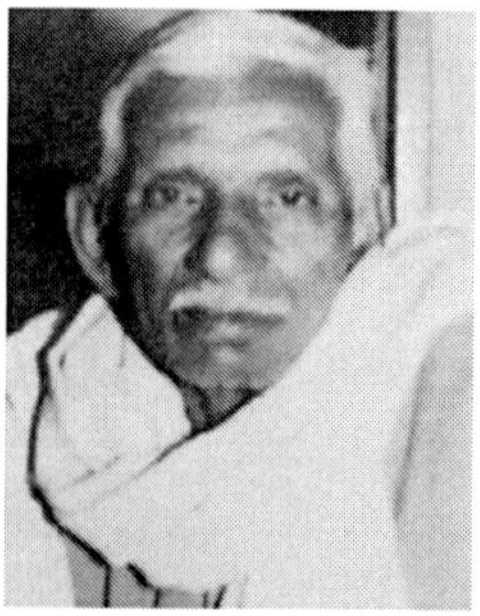

डॉ.सीताराम गुप्त

पं.देवनाथ उपाध्याय

श्री मुरली मनोहर लाल

श्री शिव प्रसाद गुप्त

का. विश्वनाथ प्रसाद मर्दाना

सरदार रामाशीष सिंह

श्री गुलाबचन्द सोनार

श्री गौरीशंकर राय, पूर्व सांसद

कामरेड कामता सिंह, पूर्व विधायक

श्री राजन गुप्ता

श्री अयूब शौकती

श्री गंगा प्रसाद

श्री राधामोहन सिंह, विधायक

गोवा सत्याग्रह के सेनानी श्रीरामविचार पांडे

अमर शहीद मंगला सिंह के पौत्र के साथ लेखक

ब्रिटिश शासन काल में कुछ वर्षों तक जिला मुख्यालय

डीएम कार्यालय

जिला कोषागार ट्रजरी

जिला कारगर

बापू भवन

कंपनी बाग बलिया

नेताजी सुभाष चंद्र बोस स्मारक, कलेक्ट्रेट बलिया

नाम पट्टिका, शहीद पार्क चौक बलिया

शहीद स्मारक चरौवां

शहीद स्मारक बैरिया

चित्तू पाण्डेय स्मारक

श्री मुरली मनोहर लाल, स्मारक, टाउन इंटर कॉलेज बलिया

शहीद स्मारक डीएवी कॉलेज बेल्थरा

शहीद रामसागर गुप्ता स्मारक फेफना बलिया

शहीद पार्क चौक बलिया

शहीद स्मारक सुखपुरा बलिया

रेवती शहीद स्मारक

सेनानी स्मारक, भरसौता हल्दी

स्वतंत्रता सेनानी स्मारक, बाँसडीह

सेनानी भोजदत्त स्मारक, बढ़बलिया बलिया

अगस्त क्रांति उत्सव बलिया

अगस्त क्रांति उत्सव बलिया

अगस्त क्रांति उत्सव बलिया

अगस्त क्रांति उत्सव बलिया

अमर शहीद मंगला सिंह का मकान, चरौवां

अमर शहीद मंगला सिंह का मकान, चरौवां